中国人民银行原行长易纲撰写学术导读

数字普惠金融

在第四次工业革命背景下重新审视贫困理论

DIGITAL FINANCIAL INCLUSION

Revisiting Poverty Theories in the Context of the Fourth Industrial Revolution

戴维·姆兰加 (David Mhlanga) 著

方晓　穆争社 译

中国金融出版社

责任编辑：王雪珂
责任校对：李俊英
责任印制：陈晓川

图书在版编目（CIP）数据

数字普惠金融：在第四次工业革命背景下重新审视贫困理论 / [南非] 戴维·姆兰加（David Mhlanga）著；方晓，穆争社译. -- 北京：中国金融出版社，2025. 6. -- ISBN 978 - 7 - 5220 - 2706 - 7

Ⅰ. F830. 2 - 39

中国国家版本馆 CIP 数据核字第 20254MA840 号

数字普惠金融：在第四次工业革命背景下重新审视贫困理论
SHUZI PUHUI JINRONG: ZAI DISICI GONGYE GEMING BEIJING XIA CHONGXIN SHENSHI PINKUN LILUN

出版 发行 中国金融出版社
社址 北京市丰台区益泽路 2 号
市场开发部 (010)66024766，63805472，63439533（传真）
网上书店 www.cfph.cn
(010)66024766，63372837（传真）
读者服务部 (010)66070833，62568380
邮编 100071
经销 新华书店
印刷 固安县保利达印务有限公司
尺寸 169 毫米×239 毫米
印张 20.75
字数 338 千
版次 2025 年 6 月第 1 版
印次 2025 年 6 月第 1 次印刷
定价 76.00 元
ISBN 978 - 7 - 5220 - 2706 - 7
如出现印装错误本社负责调换 联系电话（010）63263947

设计好正向的政策和财务激励机制，支持普惠金融商业可持续发展

中国人民银行原行长 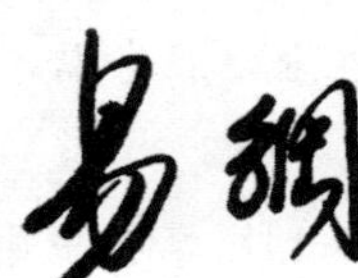

普惠金融是指立足机会平等要求和商业可持续原则，以可负担的成本为有金融服务需求的社会各阶层和群体提供适当、有效的金融服务。商业可持续，是发展普惠金融应坚持的基本原则。只有坚持商业可持续，才能有效理顺激励约束机制，使市场能够发挥资源配置的基础性作用，金融机构才能持续向普惠客户提供有质量和效率保证的金融服务。同时，商业可持续也是金融机构不断发展和开展业务创新的必要前提，从而不断开发更好的金融产品和服务，更好地满足普惠客户的金融服务需求。普惠金融往往采用“保本微利、薄利多销”的盈利模式，但归根结底仍要考虑商业可持续问题，本质上应是商业性金融。

与此同时，由于普惠金融具有较强的社会效益，政府部门往往会提供一定的政策和财务支持，这也是普惠金融发展的重要助力。在这方面，最核心的问题和难点，是如何把握好政策支持的力度，并有效防范道德风险，确保市场仍然发挥资源配置的基础性作用。

我国结构性货币政策通过建立有效的激励约束机制，运用利率优惠再贷款或激励资金，引导金融机构自主决策、自担风险，以市场化方式将金融资源配置到特定领域，在充分促进普惠金融健康发展的同时，保持了政策的总量适度、有进有退，保障了市场机制持续发挥作用，有效防范了道德风险，支持了普惠金融商业可持续发展。

一、发展普惠金融是满足弱势群体金融服务需求的有效手段

2015 年国务院发布的《推进普惠金融发展规划（2016—2020 年）》强调，小微企业、农民、城镇低收入人群、贫困人群和残疾人、老年人等特殊群体是当前我国普惠金融重点服务对象。普惠金融的主要目标是向弱势群体提供金融服务。

（一）重视满足弱势群体的金融服务需求

金融排斥是指直接或间接地排斥弱势群体获得正规金融服务的现象。英国金融服务监管局指出，金融排斥不仅源于金融机构从某一地区撤并营业网点，还在于居民虽然存在金融服务需求，但因市场或社会经济因素而无法获得金融服务。

不同收入的群体都应享有平等获得金融服务的权利。金融排斥的直接后果是使弱势群体难以获得金融服务。普惠金融致力于消除金融排斥，以服务弱势群体为主要目标。

农村是我国普惠金融发展的主战场，通过不断深化农村金融改革，创新适合"三农"特点的金融产品等供给侧结构性改革举措，促进普惠金融发展。

（二）积极借鉴普惠金融发展的历史经验

普惠金融是在消除金融排斥的过程中逐渐发展的。分析普惠金融发展历程，有利于探究发展经验、吸取教训，推动普惠金融发展行稳致远。

从国际实践看，20 世纪 70—80 年代开展的小额信用贷款是普惠金融的早期实践，典型代表是孟加拉国尤努斯博士通过小额信用贷款支持农村妇女脱贫致富而获得 2006 年度诺贝尔和平奖。2005 年，联合国开展小额信贷年活动，强调按照市场化方式，实现千年发展的首要目标"根除极度贫困和饥饿"，普惠金融在全球"开花结果"。2008 年，美国次贷危机导致全球陷入金融危机，此后引发了对向信用程度较差和收入较低者过度发放住房按揭贷款的反思，带动了对普惠金融发展边界的思考。2011 年，普惠金融联盟发布的《玛雅宣言》提出了检验普惠金融发展成果的量化标准及指标体系，探讨了发展普惠金融的具体方向。同时，普惠金融也日益受到二十国集团（G20）高度重视，自 2010 年起，G20 每年发布促进普惠金融发展倡议，在中国推动下，2016 年提出

《G20 数字普惠金融高级原则》。

从国内发展看，早在 20 世纪 30 年代，一批仁人志士就开始了探索“救活旧农村”的乡村建设，重要举措之一是发展乡村普惠金融。代表性案例包括：费孝通提出发展信贷合作社，支持乡村工业发展，解决农民生计问题；梁漱溟在山东邹平乡村建设试验区设立农村金融流通处，方便农户贷款，支持农业合作发展；晏阳初在河北定县乡村改造试验中，倡导发展农民合作银行，帮助农民获得低息贷款。20 世纪 50 年代，我国在发展生产合作、供销合作、信用合作的过程中，建立了以农村信用社为主体的农村金融体系，推动普惠金融发展。20 世纪 90 年代，一些非政府组织依靠社会捐赠等，探索发展小额信用贷款支持扶贫工作，产生了较为广泛的影响，如 1993 年杜晓山、茅于轼建立的河北易县、山西临县小额信贷试验等。2003 年我国开始深化农村信用社改革，中国人民银行以“花钱买机制”为政策目标，提供了 1800 亿元央行专项票据资金支持，强化正向激励，经过 2 ~ 5 年的努力，在农村信用社满足改革要求的前提下，该笔资金兑付成为农村信用社的资本金，填补了历史上体制原因造成的资不抵债窟窿，巩固提升了农村信用社支农服务主力军地位。2006 年，受国际小额信贷年影响，小额信贷迅速传入我国，逐渐演化为具有中国特色的普惠金融。2013 年党的十八届三中全会将发展普惠金融确定为国家战略；2015 年、2023 年国务院先后发布《推进普惠金融发展规划（2016—2020 年）》和《关于推进普惠金融高质量发展的实施意见》，普惠金融实践不断深入；2023 年召开的中央金融工作会议提出做好普惠金融等“五篇大文章”，指明了普惠金融高质量发展的方向。

二、实现商业可持续是发展普惠金融的基本要求

金融机构发展普惠金融的动力是实现商业可持续，盈利模式是“保本微利、薄利多销”，以持续向弱势群体提供可负担成本、适当有效的金融产品。

（一）实现商业可持续发展是发展普惠金融的动力

金融机构是供给普惠金融产品的市场主体。实现商业可持续发展是金融机构发展普惠金融的最终目标和持续动力，只有实现商业可持续发展，才能确保金融机构成为普惠金融产品的强大供给主体，才能激励其不断创新普惠金融产品，更好地满足弱势群体普惠金融需求。

因此，应在实现商业可持续的基础上，满足普惠金融的机会均等要求，不应要求不计成本甚至亏本向弱势群体提供金融服务。

（二）实现商业可持续的前提是提供可负担成本、适当有效的普惠金融产品

金融机构只有提供符合弱势群体需求的普惠金融产品，才能实现商业可持续发展。

普惠金融产品应能够满足弱势群体的适当有效金融需求。由于弱势群体此前接触的金融产品服务可能较少，其金融服务需求呈现逐步成长过程，而且其资产规模小、收入水平低，决定了更多需求的是比较基础的金融产品和服务，如存款、贷款、汇兑、支付等。同时，弱势群体多缺乏合格抵质押品，金融机构往往需要依据其信用评级发放信用贷款，小额信用贷款成为主要普惠金融产品。当然，随着普惠金融的深化发展，弱势群体普惠金融产品需求也将升级换代，拓展至理财、基金等投资需求。

普惠金融产品应能够满足弱势群体的可负担成本能力要求，这一要求具有可行性：普惠金融服务对象的长尾化特征，决定了普惠金融产品的规模经济特征鲜明，供给数量增加将会推动边际成本、平均成本不断下降，实现薄利多销。而普惠金融产品的初级产品特征，也可以充分运用金融机构现有的业务系统，不太需要投入高额的研发、创新成本。

（三）实现商业可持续发展的盈利模式

一是以保本微利方式向单个金融消费者提供普惠金融产品。普惠金融的服务对象是弱势群体，决定了金融产品价格只能处于覆盖其可负担成本的较低水平，只能对单个金融消费者以保本微利的方式提供金融产品。但不能因此认为普惠金融是政策性金融。二是普惠金融产品具有薄利多销的特征。普惠金融的消费群体具有长尾化特征，决定了普惠金融产品的消费者数量巨大。三是如果能实现保本微利、薄利多销的盈利模式，就能实现商业可持续发展。普惠金融产品薄利和多销的有机结合，形成良性互动循环，努力实现普惠金融的商业可持续发展。这是商业性金融的典型特征，普惠金融具有商业性金融属性。

三、发展普惠金融需要适度有效的政策和财务支持

上述分析说明，发展普惠金融应坚持市场主导原则，可适当运用政府的支

持政策推动普惠金融更好发展，财政政策和结构性货币政策是重要的支持政策。近年来，我国结构性货币政策在支持普惠金融发展方面取得了一系列突出成果。

（一）适度有效的政策和财务支持是发展普惠金融的重要手段

一是外部主体支持的作用。首先，扩大金融机构盈利空间，增强发展普惠金融积极性。金融机构是市场主体，发展普惠金融是其实现商业可持续发展的手段。可借助外部主体支持，扩大金融机构发展普惠金融的盈利空间，增强其发展普惠金融的主动性。其次，降低普惠金融产品价格，减少金融价格排斥。金融机构按照保本微利、薄利多销的盈利模式，降低金融产品价格，但仍可能超过部分弱势群体的可负担成本能力而引发金融价格排斥。可依靠外部主体支持，进一步优化金融产品定价，让更多弱势群体能够获得普惠金融服务。

二是发挥政策支持的重要作用。实践中，外部支持主体可分为非政府组织和政府部门。

非政府组织主要借助各种社会捐助等力量（如基金会、慈善机构等），获得低成本甚至免费资金，以较低价格甚至免费向弱势群体提供金融产品。但非政府组织商业可持续发展能力较差，规模较小，难以成为推动普惠金融高质量发展的主要力量。

政府部门主要运用财政政策和结构性货币政策等支持政策，在实现金融机构商业可持续发展的基础上，推动普惠金融全面发展。财政政策通过发挥财政贴息、贷款损失分摊机制、政策性融资担保公司等作用，激励金融机构扩大弱势群体金融服务。结构性货币政策是指在发挥市场配置金融资源基础性作用基础上，中央银行通过建立激励相容机制，运用优惠利率再贷款或激励资金，激励和引导金融机构将金融资源配置到特定领域。

财政政策与货币政策从资金来源到运用方式再到管理模式都有显著不同。中央银行以资产负债表扩张创造货币，包括结构性货币政策在内的各项支出都要体现在中央银行资产负债表上，花出的钱是资产，拿到钱的人会增加负债，这些钱将来还要收回，因此对于资金的管理更加严格，激励约束强，资金长期运用的效率和安全性更高。财政则是以税收为主要来源获取资金，每年都重新确定收支安排，花的钱是“泼出去的水”，不会收回，拿到钱的人直接获得收入，好处是可以帮助支持对象修复资产负债表，短期提振效果更加明显。因此，财政政策和货币政策各自独特的属性，决定了二者都非常重要并相得益彰，需要形成合力才能最大化政策效果。

在实施过程中，结构性货币政策充分尊重金融机构意愿，通过定向挂钩等方式，引导其按照市场化方式，自主发放普惠贷款，提供普惠金融服务。具体表现为：商业银行运用中央银行的激励资金，自主选择项目发放贷款，自行承担信用风险，发挥在识别项目中的专业性，将金融资源配置到特定领域符合要求的企业。结构性货币政策通过银行渠道传导，不直接补贴企业，传导效果较好，同时尽可能防范道德风险。

（二）结构性货币政策有力支持普惠金融可持续发展

国际上，结构性货币政策工具主要是在经济危机时期常规货币政策工具失效时，发达经济体中央银行为稳定经济而进行的创新性尝试。20 世纪 30 年代凯恩斯主义兴起，主流经济学理论认为货币政策应主要发挥短期需求管理作用。2008 年国际金融危机期间，金融机构风险偏好降低，在宽松的货币政策环境下也出现了“惜贷”现象，流动性淤积在金融体系。“金融加速器机制”放大了这种阻碍，导致宽松货币政策情况下长期利率依然过高。此时，出台结构性货币政策，直接向小微企业等特定领域注入流动性，可以促进货币政策传导。此外，在信息不对称条件下，金融机构难以充分掌握借款人的真实情况，更偏向借款给大型企业或抵质押品充足的企业，这使得小微企业融资成为世界性难题。结构性货币政策工具对小微企业等特定领域的“定向滴灌”，可针对性地解决小微企业等薄弱领域的融资难题，优化了货币政策传导机制，也优化了金融资源的配置。

从我国情况看，结构性货币政策的主要表现为：中国人民银行通过提供优惠利率再贷款或激励资金的方式，引导金融机构自主决策、加大对特定领域的信贷投放，降低企业融资成本。再贷款工具是中国人民银行将再贷款与金融机构对特定领域的贷款投放挂钩，通过提供优惠利率再贷款激励，引导金融资源投向实体经济和经济薄弱环节。激励资金工具是中国人民银行根据金融机构对特定领域的信贷投放，通过衍生品方式直接向其提供激励资金，引导扩大普惠小微信贷投放。

四、我国结构性货币政策支持普惠金融发展效果良好

我国结构性货币政策注重加强与财政政策（如财政贴息）的有效配合，形成“几家抬”政策合力，发挥了“四两拨千斤”作用，有力支持了普惠金融发展。

（一）结构性货币政策发展历程

主要经济体的结构性货币政策主要显见于应对2008年的国际金融危机、2020年的新冠疫情冲击。目前，已完成阶段性任务并有序退出。

我国是结构性货币政策的先行先试者，以探索解决转轨经济面临的更多结构性问题。1998年，我国货币政策由直接调控向间接调控转型，但也保留了部分结构性货币政策工具。近年来，与主要发达经济体“大起大落”的调控方式不同，我国货币政策调控有着独特的“居中之道”，即注重跨周期预调和跨区域平衡，在收紧和放松两个方向都相对审慎、留有余地。在此背景下，我国进一步丰富了结构性货币政策工具，发挥其精准滴灌功能，取得良好效果，一定程度上减轻了总量型政策的压力，提升了货币政策的自主性、有效性。

2020年以前，我国结构性货币政策的运用集中于普惠金融领域，主要是通过创设和运用支农再贷款、支小再贷款、扶贫再贷款、再贴现、定向中期借贷便利等工具，引导金融资源流向“三农”、小微和民营企业等薄弱环节。目前，扶贫再贷款和定向中期借贷便利已完成阶段性政策目标并顺利退出。

2020年新冠疫情暴发后，我国进一步丰富了结构性货币政策工具，支持企业纾困解难，同时贯彻新发展理念、促进经济结构优化调整。前者主要是根据新冠疫情防控和经济恢复发展各阶段的问题，分批次、有梯度出台的3000亿元抗疫保供再贷款、5000亿元复工复产再贷款再贴现、1万亿元全面复工复产再贷款再贴现。后者主要是进一步拓展至服务经济发展阶段重点任务的结构性货币政策工具，如普惠小微贷款支持工具，碳减排支持工具，科技创新、普惠养老、交通物流、设备更新改造等专项再贷款。上述部分工具已完成阶段性任务并及时退出。

（二）结构性货币政策支持普惠金融发展的主要模式

一是再贷款模式：支农支小再贷款、再贴现。中国人民银行长期运用支农支小再贷款、再贴现工具支持“三农”、小微企业融资，按照金融机构发放的

合格贷款，等额提供优惠利率再贷款，引导其自主决策、自担风险扩大普惠信贷投放，取得了良好效果。截至2023年末，以支农支小再贷款2.7万亿元，带动牵引涉农贷款、小微企业贷款余额分别达到56.6万亿元、70.9万亿元，为支农支小再贷款额度的21倍、26倍。

为打赢新冠疫情阻击战，2020年1月31日，中国人民银行迅速创设3000亿元抗疫保供优惠利率再贷款，引导金融机构自主决策、自担风险发放抗疫保供优惠贷款，中央财政按照优惠贷款利率的50%贴息。优惠利率再贷款与财政贴息的有效配合，"几家抬"政策合力的"四两拨千斤"作用显著。政策出台至2020年5月5日，9家全国性银行和10省市地方法人银行向7037家抗疫保供重点企业累计发放优惠贷款2693亿元，加权平均利率为2.50%，50%的财政贴息后，企业实际融资利率约为1.25%，撬动银行业金融机构为抗疫保供企业提供信贷支持达到4.5万亿元。

二是激励资金模式：普惠小微贷款支持工具。第一阶段，创设两项工具。2020年6月，中国人民银行创设两项工具，支持应对新冠疫情冲击：普惠小微企业贷款延期支持工具和普惠小微企业信用贷款支持计划。首先，向实施普惠小微企业贷款"应延尽延"政策的地方法人银行提供其延期贷款本金1%的激励资金。其次，按照实际发放普惠小微企业信用贷款本金的40%，向地方法人银行提供期限1年的优惠利率再贷款。两项工具发挥了"四两拨千斤"的撬动作用。2020年6月至2021年末，中国人民银行通过普惠小微企业贷款延期支持工具，累计提供激励资金217亿元，撬动地方法人银行延期普惠小微企业贷款本金2.2万亿元，引导银行业金融机构延期同类贷款本息16万亿元；通过普惠小微企业信用贷款支持计划，累计提供优惠利率再贷款3740亿元，支持地方法人银行发放普惠小微信用贷款1.1万亿元，引导银行业金融机构发放同类贷款10.3万亿元。

第二阶段，两项工具接续转换。2021年末，中国人民银行将普惠小微企业贷款延期支持工具转换为普惠小微贷款支持工具，按照地方法人银行普惠小微贷款余额增量的1%给予激励资金；将普惠小微企业信用贷款支持计划并入支农支小再贷款管理。该项政策效果显著，截至2023年末，全国普惠小微贷款余额达到29.4万亿元、支持小微经营主体超过6100万户、平均年利率为4.78%，分别较新冠疫情前的2019年增长2.54倍、增长2.23倍、下降1.9

个百分点。

（三）结构性货币政策支持普惠金融发展的经验

一是保持总量适度。结构性货币政策应服从货币政策总量调控目标，规模应合理适度，避免对市场配置金融资源造成扭曲。目前，我国结构性货币政策工具余额占中国人民银行总资产的比重约为15%、增量比重约为22%，与金融结构相似度较高的欧元区、英国、日本等处于同一水平。

二是有进有退。结构性货币政策工具短期内的正向激励作用较为显著，但随着时间推移，金融机构会将其视为一种半永久甚至永久性补贴，激励效果逐渐减弱，甚至产生道德风险。因此，应设置政策实施期限，政策到期后，应在科学评价实施效果和经济金融形势的基础上，作出政策工具是否按期退出，或进一步优化、延续的决定。这也是国际上中央银行的通行做法。

三是建立激励相容机制。坚持市场化运行，通过将优惠利率再贷款或激励资金与金融机构的特定领域贷款数量挂钩，引导其自主决策、自担风险扩大特定领域贷款。

四是建立约束机制，防范金融机构套利行为，避免道德风险。首先，金融机构自担风险，做好自我监督。中国人民银行通过优惠利率再贷款或激励资金的方式给予激励，金融机构自主决策、自担风险发放特定领域贷款。其次，加强工具管理运用的审计等，做好外部监督。中国人民银行要求金融机构建立贷款台账，并联合行业主管部门事后随机抽查已发放贷款，若发现异常，将要求金融机构提供符合要求的新台账，或采取收回再贷款等措施，防范违规套取资金的行为。最后，做好信息披露，接受社会监督。自2022年第二季度起，在中国人民银行官网开设结构性货币政策专栏，按季度披露最新信息，保障政策工具全过程透明，接受社会监督。这也是主要发达经济体中央银行的做法。

五是发挥政策协同效应。加强政策顶层设计，注重结构性货币政策与财政政策、产业政策等的相互配合，发挥“几家抬”合力，形成供给体系、需求体系和金融体系相互支撑的三角框架，引导金融资源投向共同关注的领域，促进经济结构转型升级。

译者序
数字普惠金融消除贫困的重要作用

一、缘起

2016年，我国打响脱贫攻坚战，致力于消灭绝对贫困；至2020年末，脱贫攻坚战取得决定性胜利。自2021年起，我国实施五年过渡期，在巩固脱贫攻坚成果基础上，实现与乡村振兴有效衔接，持续解决相对贫困。金融支持是巩固拓展脱贫攻坚成果、实现乡村振兴目标，消除绝对贫困、相对贫困的重要手段，取得了积极成效。

《数字普惠金融——在第四次工业革命背景下重新审视贫困理论》提出，第四次工业革命带来了数字技术的飞速发展，促进了数字技术与金融服务的全面深度融合，推动了传统普惠金融转型为数字普惠金融，极大降低了金融服务的平均成本、价格水平，让更多贫困者获得了金融服务，发挥了金融支持贫困者实现发展权、摆脱贫困的重要作用。这些理论分析和创新观点具有较强的实践价值，可为推动我国运用数字普惠金融支持贫困群体谋求发展、消除贫困提供重要借鉴。正是基于上述认识，译者认真翻译、积极推荐这部著作，力求为中国摆脱贫困、推进乡村振兴贡献数字普惠金融的理论和实践经验。

这部著作深入分析了数字普惠金融消除贫困的理论基础、作用渠道、实践经验等，从五个层面展开论述：第一，提出第四次工业革命带来的人工智能等数字技术创新与普惠金融服务全面深度融合，推动数字普惠金融良好发展，能够有效防范金融服务的逆向选择和道德风险。第二，研究第四次工业革命对普惠金融理论的全面冲击，以及对金融支持消除贫困理论产生的深刻影响，包括普惠金融的受益人理论、供应代理理论、融资理论等。第三，阐述第四次工业革命推动传统普惠金融向数字普惠金融全面转型，以重构普惠金融理论，包括数字普惠金融的基本要素、功能作用、发展前景与面临挑战等。第四，从不同理论学派的贫困观视角，揭示第四次工业革命催生的数字普惠金融消除贫困的作用渠道，包括古典经济学理论、新古典经济学理论、凯恩斯主义理论、激进主义理论和非经济视角理论。第五，展示中国、非洲运用数字普惠金融消除贫困的成功实践案例和重要实践经验。

为了使读者更好理解这部译著的逻辑框架、理论创新、实践价值、经验借鉴等，译者紧扣第四次工业革命背景，从普惠金融消除贫困的逻辑演进角度，以降低普惠金融服务的平均成本、价格水平，实现满足弱势群体的金融服务可负担成本能力和金融机构商业可持续要求的互利共赢为主线，全面分析了传统普惠金融、数字普惠金融支持实现弱势群体发展权、消除贫困的功能演进与渠道变迁以及面临的数字贫困者衍生的新型贫困者所带来的新挑战。

二、普惠金融消除贫困的逻辑演进

金融支持是实现弱势群体发展权、消除贫困的重要手段。普惠金融致力于消除传统金融“嫌贫爱富”导致的金融排斥，逻辑实质是降低金融服务的平均成本，让更多弱势群体获得金融服务而摆脱贫困。第四次工业革命带来飞速发展的数字技术，推动传统普惠金融快速转型为数字普惠金融，充分发挥了金融支持消除贫困的重要作用，伴随产生的数字贫困者所带来的新型贫困者，制约了数字普惠金融消除贫困的逻辑放大功能，也引起了对传统贫困内涵及消除之策的重新审视。

（一）普惠金融的逻辑实质：降低金融服务的平均成本

2015 年国务院发布的《推进普惠金融发展规划（2016—2020 年）》强调，普惠金融旨在“立足机会平等要求和商业可持续原则，以可负担的成本为有金融服务需求的社会各阶层和群体提供适当、有效的金融服务”，揭示了普惠金融的实质，是我国发展普惠金融的根本遵循。传统金融的“嫌贫爱富”导致弱势群体长期被金融排斥，难以获得金融支持而无法摆脱贫困状态。因此，普惠金融的主要目标是致力于消除金融排斥，向弱势群体提供金融服务，以发挥金融支持消除贫困的重要作用。

1. 普惠金融的逻辑起点是消除金融排斥

金融排斥是指直接或间接地排斥弱势群体获得正规金融服务的现象，是传统金融“嫌贫爱富”特征作用的结果。英国金融服务监管局（FSA）指出，金融排斥不仅源于金融机构从某一地区撤并营业网点，还在于居民虽然存在金融服务需求，但因市场或社会经济因素而无法获得金融服务。

平等获得金融服务是实现基本人权平等的体现，富人和穷人都应享有平等获得金融服务的权利。金融排斥的直接后果是剥夺了弱势群体获得金融服务的权利，这是对基本人权理念的践踏。尤为重要的是，金融支持是实现人发展权的重要手段。金融排斥导致弱势群体难以获得金融支持，进一步加剧“马太效应”，使弱势群体更加贫穷，严重影响其实现发展权，导致长期陷入贫困而难以自拔。因此，普惠金融致力于消除金融排斥，以帮助弱势群体获得金融服务为主要目标，发挥金融支持摆脱贫困的作用，实现基本人权平等。

2. 消除金融排斥的重点是解决价格排斥

金融排斥是多种因素综合作用的结果，产生的主要原因包括：一是地域排斥。指受农村地区经济欠发达、人口密度小、农业比较收益低等因素影响，金融机构在农村地区开展金融服务的成本高、风险大、收益低，难以实现商业可持续发展而导致提供金融服务积极性较低，从而使农民等弱势群体难以获得金融服务。如20世纪90年代，我国银行商业化改造，曾撤并大量农村地区经营网点，仅四大国有商业银行就撤并农村地区经营网点31000多个，即使是幸存下来的机构、网点，也大多成为吸收储蓄的窗口，较少开展贷款等金融服务，造成农民难以获得贷款等金融服务。二是价格排斥。指金融机构较高的贷款利率（价格）超过弱势群体获得贷款的可负担成本能力，导致其被迫放弃金融服务。三是条件排斥。指金融机构为了降低贷款风险，要求贷款主体提供合格抵质押担保品等，弱势群体因抵质押担保品缺失，难以达到贷款条件而无法获得贷款的现象。

上述三种金融排斥中，金融的价格排斥是核心、关键，金融的地区排斥、条件排斥最终都将表现为价格排斥。一是地域排斥表现为价格排斥。我国长期呈现“城市与农村”的二元结构特征，导致我国农村经济发展水平低下，农村是欠发达地区、农业是弱势产业、农民是弱势群体，金融机构在农村地区开展金融服务面临较高的经营成本、金融风险，按照贷款利率（价格）应充分覆盖成本、风险的商业可持续原则，金融服务应实行高价格，但将会超过弱势群体金融服务需求的可负担成本能力，造成其获得金融服务的能力不足而被迫放弃金融服务，呈现为实质上的价格排斥。二是条件排斥本质上是价格排斥。文前分析说明，条件排斥发生的实质原因是缺乏合格抵质押担保品导致的贷款高风险。按照贷款利率（价格）应充分覆盖贷款风险的商业可持续原则，条件排斥隐含的高风险就会导致贷款的高价格（利率），超过弱势群体金融服务需求的可负担成本能力，迫使其放弃金融服务，说明贷款的条件排斥本质上是价格排斥。

综上所述，金融的地域排斥、条件排斥的实质是价格排斥，消除金融排斥的重点和核心是消除价格排斥。同时也说明，我国农村是金融排斥的重灾区，突出表现为“三农”融资难、融资贵问题长期存在；农村是我国普惠金融发展的主战场，应致力于深化农村金融改革，通过创新适合“三农”特点的金融产品等供给侧结构性改革举措，促进普惠金融发展。

3. 消除金融价格排斥的关键是降低普惠金融服务的平均成本

由于金融排斥的长期影响，弱势群体巨大的潜在金融服务需求未被有效满足，形成了普惠金融的卖方市场，普惠金融服务的价格更多由供给方金融机构决定。供给方一般按照成本加成定价法确定普惠金融服务价格，在加成水平（合理盈利水平）确定的情况下，普惠金融服务的平均成本就成为决定其价格水平的关键因素，表现为普惠金融服务的平均成本越高，其价格就越高。

消除金融价格排斥的有效方法，就是降低普惠金融服务的价格水平，使其低于弱势群体获得金融服务的可负担成本，从而使其有能力获得普惠金融服务。价格水平的基础是平均成本，消除金融价格排斥的关键是降低普惠金融服务的平均成本，同时确保金融机构的商业可持续发展，形成持续供给普惠金融服务的强大供给主体，促进普惠金融发展，为金融支持消除贫困创造良好市场环境。

（二）传统普惠金融发展的逻辑着力点：借助规模经济效应和范围经济效应降低金融服务平均成本

普惠金融的服务对象长尾化和产品初级化特征，奠定了其规模经济效应和范围经济效应的市场和经济基础，推动降低金融服务平均成本，两者相互促进、良性循环，不断扩大普惠金融服务边界，让更多弱势群体获得金融服务，以金融支持消除贫困。

1. 普惠金融的服务对象和产品特征

一是服务对象及其特征。普惠金融的服务对象是弱势群体。传统金融具有“嫌贫爱富”的天然属性，由于大企业和富人的财务及经营信息披露质量高、信用状况良好、承受金融服务高价格的能力较强，能给金融机构带来丰厚的利润，天然受到传统金融的青睐。小微企业、农民等弱势群体则由于财务信息缺乏，主体征信缺失，抵质押担保品不足等原因，导致金融机构为实现商业可持续要求实行金融服务的高价格，超过弱势群体的金融服务可负担成本能力，从而受到传统金融的价格排斥。普惠金融的目标是为社会各阶层和群体提供适当有效的金融服务；受到传统金融排斥、金融服务需求未能有效满足的阶层和群体就是弱势群体。因此，弱势群体成为普惠金融的服务对象，主要包括小微企业、农民、城镇低收入人群、贫困人群和残疾人、老年人等特殊群体。

普惠金融的服务对象呈现长尾特征。根据长尾理论，在金融市场上，20%的头部客户更受传统金融青睐，80%极具金融需求潜力的弱势群体则成为普惠金融的服务对象，弱势群体数量巨大，长尾特征显著。中国是世界上贫富差距较大的国家之一，2020 年十三届全国人大三次会议记者会上，时任总理李克强指出中国有“6 亿中低收入及以下人群，他们平均每个月的收入也就 1000 元左右”[①]，说明我国普惠金融服务对象人数众多，长尾化特征尤其显著。我国基尼系数的变化趋势也凸显了此问题，2010 年之后，我国基尼系数虽整体有所下降，但仍多处于0.46～0.47，超过了国际公认的0.4警戒线，表明弱势群体在我国占据更大比例，超过了“二八定律”中的80%。

二是普惠金融的产品特征。由于弱势群体长期被金融排斥，其金融服务需求、金融素养有一个逐步学习、成长的过程，而且弱势群体的资产规模小、收入水平低、抗风险能力弱，这些因素共同作用导致了相对于富人而言，弱势群体更多需要的是初级金融产品，如存款、贷款、汇兑、支付等金融产品。同时，弱势群体多缺乏合格抵质押担保品，决定了金融机构多以弱势群体的信用评级为依据发放信用贷款，小额信用贷款成为主要的普惠金融产品。

弱势群体普惠金融产品的初级化特征，决定了金融机构应按照弱势群体的金融产品需求特征创新、发展普惠金融，不应追求金融产品的高大上，脱离弱

---

① 《全面脱贫在即，为何仍有“6 亿人每月收入 1000 元”?》，https：//baijiahao. baidu. com/s? id = 1669074449742781186&wfr = spider&for = pc。

势群体的初级化金融产品需求，造成金融产品的功能过剩、浪费，既不利于更好满足弱势群体金融需求，降低金融产品的使用成本等，也会造成金融机构难以有效销售普惠金融产品，实现商业可持续发展。当然，随着普惠金融的深入发展，弱势群体普惠金融产品需求也会升级换代，如从存款、贷款需求升级为理财、基金等投资需求，但相对于不断发展的富裕群体金融服务需求，依然是动态发展中的初级化金融产品。

2. 借助规模经济效应和范围经济效应降低平均成本

一是普惠金融服务对象的长尾化特征，形成了普惠金融产品具有规模巨大的消费者群体，规模经济效应和范围经济效应十分显著，可有效推动降低普惠金融产品的平均成本。规模经济效应指供给方提供单位产品的边际成本、平均成本随着产品供给量的增加逐渐下降；范围经济效应指供给方同时提供多种产品的成本低于分别提供每种产品所需成本的总和，消费者数量的增加将引起每种产品的平均成本下降。普惠金融服务对象显著的长尾化特征，导致普惠金融产品消费量（供给数量）巨大，规模经济效应和范围经济效应将发挥综合作用，推动普惠金融产品的边际成本、平均成本不断下降，进而形成两者的良性互动循环。因此，在实现金融机构商业可持续发展的前提下，普惠金融产品平均成本下降具有坚实的市场基础。

二是普惠金融产品的初级化特征，决定了其基本是金融市场上比较成熟的金融产品，不是前沿高端的创新性产品，不需要金融机构投入高额研发、创新成本等，降低普惠金融产品的平均成本具有坚实的经济基础。

3. 平均成本水平决定着传统普惠金融的服务边界

上述分析说明，借助规模经济效应和范围经济效应的综合作用，能够推动普惠金融产品的平均成本、价格水平不断下降，使更多弱势群体的普惠金融产品可负担成本能力超过普惠金融产品价格水平而使其获得普惠金融产品，由此形成更多弱势群体获得普惠金融产品与规模经济效应和范围经济效应相互促进的良性循环，普惠金融产品的平均成本、价格水平进一步下降，获得普惠金融产品的弱势群体数量大幅上升，表现为普惠金融的价格排斥不断被削弱，普惠金融服务边界不断扩展，更多弱势群体获得金融支持摆脱贫困。但需要注意的是，在商业可持续原则作用下，金融机构依然需要以一定价格水平供给普惠金融产品，虽然价格已经处于较低水平，但仍会超过部分弱势群体的普惠金融产品可负担成本能力，对其形成金融的价格排斥。

这说明，发展传统普惠金融虽会扩大金融服务边界，但受制于普惠金融产品平均成本、价格水平下降具有的下限约束，仍然存在金融的价格排斥，不可能向所有弱势群体提供普惠金融服务，传统普惠金融存在服务边界，只不过相对于传统金融，扩大了金融服务边界，让部分弱势群体获得了金融服务。因此，不应认为“普惠金融”如同阳光普照大地一样，可无条件洒向社会各阶层和群体，让所有阶层和群体都能获得金融服务。不应挥舞着道德大棒，站在道德制高点，要求金融机构不计成本甚至免费向弱势群体提供金融服务，这将导致金融机构难以实现商业可持续发展，不仅会使金融机构失去开展普惠金融服务的积极性，而且容易导致金融机构自身难以发展壮大，甚至萎缩，造成普惠金融供给主体缺失，最终将使普惠金融发展丧失根本源泉。同时，以弱势群体普惠金融产品可负担成本能力的价格水平向其提供普惠金融服务，有利于引导弱势群体节约使用稀缺的普惠金融资源，使其发挥更大效用，否则，将会造成普惠金融资源的浪费、滥用。

（三）数字普惠金融发展的逻辑放大功能：运用数字技术大幅降低金融服务平均成本

第四次工业革命以数字技术的快速发展为显著特征，数字技术与普惠金融业务全面深度融合，迎来了数字普惠金融大发展的时代。数字普惠金融运用数字技术大幅降低普惠金融产品的平均成本，进一步扩大普惠金融服务边界，让更多弱势群体以金融支持的方式消除贫困。

1. 普惠金融产品的成本构成

一是供给方（金融机构）的成本。金融机构提供普惠金融产品的成本包括：资金成本、研发成本、获客成本和风控成本。首先，供给方提供普惠金融产品的资金成本，是指为供给金融产品筹集资金的有关费用，主要是利息支出，与传统金融基本一致；普惠金融产品多为初级产品，因而研发、创新成本等较低，可忽略不计；考虑到普惠金融的资金成本和研发成本的上述特征，在分析其供给方成本构成时，可不予考虑。其次，需求方（弱势群体）的长尾化特征、小额分散的金融需求特点，以及扫街获客等方式导致传统普惠金融的获客成本较高；弱势群体（尤其是从事农业生产的农民）的自然风险和市场风险较高且传染性较强，以及缺乏合格抵质押担保品衍生的抗风险能力弱，导致传统普惠金融的风控成本较高。因此，供给方成本主要包括获客成本和风控成本，决定着普惠金融产品的价格水平，文后将以此展开有关分析。

二是需求方（弱势群体）的成本。弱势群体是普惠金融产品的需求方，从金融机构获得普惠金融产品，其成本包括普惠金融产品的价格和交易成本。一方面，需求方成本的一部分是为获得普惠金融产品而支付的价格，由于获客成本和风控成本较高而呈现高价格。另一方面，需求方面临的交易成本高，因为弱势群体多居住在偏远农村等，到银行实体网点办理金融业务需要付出更多的路费、时间等“皮鞋成本”。

综上所述，传统普惠金融产品的成本主要由获客成本、风控成本以及交易成本构成，呈现高成本特征。传统普惠金融虽然可借助规模经济效应和范围经济效应降低普惠金融产品的平均成本、价格水平，进而扩大普惠金融服务边界，但其效果有限。

2. 数字普惠金融大幅降低金融服务平均成本的路径

数字普惠金融运用数字技术，通过降低获客成本、风控成本、交易成本，能够大幅降低普惠金融服务的平均成本、价格水平，更多弱势群体可以此获得金融服务从而摆脱贫困。

一是数字普惠金融以数字平台的网络效应降低获客成本。首先，通过平台多元主体信息搜寻降低获客成本。数字普惠金融通过数字平台（如手机银行、微信银行以及“三农”金融发展平台、金融产品共享平台、农村征信平台等）连接需求方、供给方等多元主体，形成了网络效应，即平台上的客户越多，每个客户能够创造的信息价值越高。数字普惠金融能够利用人工智能、大数据、云计算等数字技术挖掘客户特质信息，如抗风险能力、经营能力等数据信息，搜寻高信用等级客户，无须“扫街”即可获得更多潜在高等级信用客户，降低获客成本。

其次，普惠金融服务对象的长尾化特征进一步降低了获客成本。普惠金融服务对象呈现的长尾化特征放大了数字平台的规模经济效应和范围经济效应，增强了平台多元主体相互促进的良性循环作用，强化了平台网络效应，使得供给方获取客户信息的边际成本、平均成本快速大幅下降，甚至趋近于零，进一步降低了获客成本。

二是数字普惠金融以数据信息的非竞争性降低风控成本。首先，以数据资产替代实物抵质押担保品防控风险降低风控成本。数据信息的非竞争性表现为数据信息能够以趋于零的成本被大量复制、传递和交易，即数据信息规模越大，边际成本下降越快，甚至会快速趋于零。因此，数据信息形成的数据资产能够以近乎零成本实时更新，能够提高客户信用评级和行为动态监测的精准性，以替代实物抵质押担保品防控风险，有效降低了风控成本。普惠金融服务对象的长尾化特征与数据信息的非竞争性相互强化，推动了数据资产边际成本、平均成本的快速大幅下降，进一步降低了风控成本。

其次，深度挖掘数据信息降低风控成本。一方面，数字普惠金融供给方借助弱势群体的行为数据信息，如电商平台、公共事业和缴费平台等的数据信息，掌握了个人客户、小微企业等弱势群体生活、经营和社交的数据信息，通过风控模型和算法对普惠金融需求方弱势群体进行评信、增信等，提高授信科学性，减少其逆向选择行为，降低贷前调查成本。另一方面，普惠金融供给方运用大数据、云计算等数字技术，融合电商平台等内外部数据信息，加强客户贷后行为动态监测，实现贷后风险防控的模块化、数字化和智能化，防范道德风险，降低贷后风险管理成本。

三是数字普惠金融以数字技术的去中心化降低交易成本。首先，打破普惠金融需求方获取普惠金融产品的时空限制降低交易成本。数字普惠金融通过数字平台，以“去中心化”的服务模式打破了传统普惠金融营业时间及实体网点分布的限制，农户、小微企业等弱势群体足不出户即可实现 24 小时、跨地域获取普惠金融产品，降低了“皮鞋成本”等交易成本。

其次，增强金融市场竞争促进降低交易成本。越来越多的金融机构借助数字普惠金融下沉农村金融市场，打破了农村金融市场的垄断格局，促进形成良性竞争的农村金融生态环境，提升普惠金融服务效率，降低需求方交易成本。

四是数字普惠金融以数字技术降低普惠金融需求方的使用成本。数字普惠金融供给方凭借数字技术，实时了解普惠金融需求方实物流、资金流的动态变化，可据此分析其金融需求规律和趋势，为设计开发合适、有效的普惠金融产品指明了方向，有利于防止提供功能过剩的普惠金融产品，降低普惠金融需求方的使用成本，促进普惠金融发展。

3. 数字普惠金融显著扩大了普惠金融服务边界

按照文前分析，数字普惠金融显著降低了普惠金融产品的平均成本、价格水平，让更多弱势群体获得了普惠金融服务，显著扩大了普惠金融服务边界，推动了普惠金融高速发展，但受“数据鸿沟”和“数字鸿沟”的影响，普惠金融产品的平均成本、价格水平降低具有下限约束，因而不可能将所有弱势群体纳入其金融服务对象范围，仍存在服务边界，影响了其金融支持消除贫困功能的放大作用。“数据鸿沟”是指在农村地区存在数据标准化程度低、数字化程度不足和数据来源较为分散等问题，造成数据资产质量低下、数据孤岛等诱发的“数据悖论”，即需要依靠数据资产降低信息不对称，却难以获得合格数据资产。“数字鸿沟”是指弱势群体缺乏获取和使用网络、数字技术的能力，制约其获得数字普惠金融产品，或对数字普惠金融的不了解和不信任引发的金融排斥导致其无法获得数字普惠金融产品。

目前，我国的大型商业银行正是借助了数字普惠金融手段，成功实现了商业可持续与普惠金融业务下沉双赢，以“掐尖”现象为特征深入农村金融市场开展普惠金融服务，让更多农民等弱势群体获得了金融服务，在一定程度上消除了金融排斥，扩大了金融服务边界，但无法为受“数据鸿沟”和“数字鸿沟”阻碍的弱势群体客户提供金融服务。因此，这部分农民等弱势群体仍将是农村中小银行的服务对象。未来，农村中小银行应充分发挥自身的人缘、地缘等优势，进一步深耕农村金融市场更底层，为受“数据鸿沟”和“数字鸿沟”影响的弱势群体创新合适有效的金融服务，从而形成与大型商业银行错位发展的市场格局寻求发展空间。大型商业银行深入农村发展普惠金融的成功实践验证了数字普惠金融发展的逻辑放大功能，但也应看到数字普惠金融发展仍存在服务边界，不可能将所有弱势群体纳入普惠金融服务对象范围，发挥金融支持作用以摆脱贫困。

（四）数字普惠金融发展的逻辑新难题：数字技术排斥造成数字贫困者制约降低金融服务平均成本

第四次工业革命带来飞速发展的数字技术进步，必然导致对部分社会群体的数字技术排斥，使其成为数字贫困者。数字普惠金融是数字技术与金融业务的全面深度融合，将造成数字贫困者难以获得金融服务，成为新的金融排斥对象，陷入贫困而难以自拔，必然影响数字普惠金融发展的逻辑放大功能，也会引起对贫困问题的重新审视，这是因为数字贫困者难以降低使用数字金融产品的平均成本，从而形成新的金融价格排斥。

1. 数字贫困者也包括传统金融的部分富裕群体

文前关于数字普惠金融功能的分析是沿着传统普惠金融的服务对象弱势群体展开的，虽然数字普惠金融显著降低了普惠金融产品价格水平，但仍会对部分弱势群体形成金融的价格排斥，导致其难以获得金融支持而摆脱贫困状态。这部分被金融价格排斥的弱势群体中包含部分数字贫困者，是数字技术排斥引起的金融价格排斥对象。

第四次工业革命带来了数字技术迅速发展，促进了数字普惠金融高速发展，表现为数字技术全面深度融入金融服务，在迅速扩大传统金融，尤其是传统普惠金融服务对象范围的同时，也必然导致部分社会群体因数字技术排斥成为数字贫困者而无法获得金融服务。数字贫困者不仅包括文前分析涉及的普惠金融服务对象中的部分弱势群体，因为这部分弱势群体大多数字技术、数字金融技术素养较低，而且包括传统金融服务对象富裕群体中数字技术、数字金融技术素养较低的人群，尤其是老年人群体。数字贫困者将会因为数字金融技术素养较差，无法获得金融支持而陷入贫困状态难以自拔，成为第四次工业革命背景下的新型贫困者，引发对传统贫困内涵及消除之策等的重新审视。

2. 数字贫困者的主要类型

综合文前分析，数字贫困者不仅包括传统意义上的部分低收入人群等弱势群体，这部分群体是普惠金融的服务对象，而且包括传统金融服务的、无法获得或不会使用数字技术的富裕群体。总体而言，数字贫困者是指不能使用数字技术的群体，而其缺乏数字技术服务或没有能力使用数字技术，是第四次工业革命背景下数字技术高速发展引起的数字技术排斥的结果。主要包括以下四类群体：

一是极度缺乏数字技术素养的群体。这部分群体受年龄和学习能力限制，对数字技术及其服务的理解不够深入，导致其无法使用数字技术获取信息，也难以获得数字技术所能发挥的潜能。

二是极度缺乏运用数字技术能力的群体。这部分群体受制于供给或人力资源等因素影响，如教育水平较低、文盲率较高，缺乏运用数字技术的能力。

三是只能被动使用数字技术的群体。数字设备接入和数字技术使用并没有改变这部分群体与信息提供者的沟通内容，而仅仅是取代了传统的信息消费和传播方式。

四是缺乏数字技术需求的群体。部分富裕群体虽然有能力使用互联网资源、政府电子应用程序或参与信息和通信技术服务等数字技术活动，但因需求不足而未使用数字技术。

数字贫困者的生成原因可分为供给障碍和需求问题。供给障碍主要是由于缺乏电脑和互联网连接等数字技术服务设备问题，导致数字技术供给不足而形成的数字贫困者。需求问题主要是由于数字技术需求不足而造成的数字贫困者，或虽然可以获得互联网连接中心提供的有关数字技术服务，但因收入水平较低难以承受数字技术使用费用等而主动放弃数字技术服务所造成的数字贫困者。

3. 数字贫困对普惠金融服务边界的影响

一是数字贫困造成个别富裕者难以获得金融服务。数字技术和传统金融业务的深度融合，在推动传统金融发展的同时，设定了获得传统金融服务的数字技术使用能力门槛，对传统金融服务对象中数字技术使用能力较低的个别富裕者形成了数字技术排斥，使其难以获得金融支持而逐步陷入贫困，成为第四次工业革命背景下的新型贫困者。

二是数字贫困造成部分弱势群体被数字普惠金融排斥难以获得金融服务。数字技术与普惠金融的深度融合推动数字普惠金融发展，如文前所述，在显著扩展普惠金融服务边界的同时，也会使传统普惠金融的部分服务对象因数字贫困而被迫放弃数字普惠金融服务，虽然这部分群体有能力获得传统普惠金融服务，但缺乏使用数字技术获得金融服务的能力，如缺乏购买数字技术设备的能力，或获得数字普惠服务的数字技术能力较低，从而因数字技术排斥造成金融排斥而仍然处于贫困状态。

文前分析表明，第四次工业革命背景下，数字普惠金融高速发展，推动普惠金融服务边界迅速扩大。同时，也因为造成了数字贫困者，将会使其难以获得金融服务而陷入贫困，成为数字技术与金融深度融合后所产生的新型贫困者。这些新型贫困者成为第四次工业革命背景下支持帮助摆脱贫困的新对象。这就需要重新审视消除贫困问题，因为传统贫困者更多是收入较低的群体，但第四次工业革命背景下的贫困者却包括数字技术排斥的部分富裕群体。虽然总体上可以判断，数字技术与金融业务全面深度融合催生的数字金融、数字普惠金融，扩大了传统金融、传统普惠金融的服务边界，但数字技术排斥也产生了数字贫困者，导致传统金融、传统普惠金融服务边界的结构性缩小问题，典型表现就是数字技术排斥所产生的新型贫困者。这就需要在第四次工业革命背景下重新审视传统贫困的内涵以及消除贫困问题。数字贫困者成为影响数字普惠金融发展的逻辑放大功能的重要障碍。需要探索消除数字贫困者进而发挥金融支持作用解决新型贫困问题。

（五）结论与启示

传统金融的“嫌贫爱富”导致弱势群体长期被金融排斥，无法获得金融支持而难以摆脱贫困状态。在平等获得金融服务权利是基本人权理念的推动下，普惠金融的主要目标是致力于消除金融排斥，向弱势群体提供金融服务，支持其实现发展权，有效摆脱贫困。

受弱势群体获得普惠金融产品可负担成本能力较低的影响，发展普惠金融的逻辑实质是降低普惠金融产品平均成本、实行普惠金融产品的合理低价格，以消除金融的价格排斥，同时确保金融机构实现商业可持续，成为持续供给普惠金融服务的强大主体，让更多弱势群体持续获得金融服务，以支持摆脱贫困。

普惠金融的服务对象长尾化和产品初级化特征，奠定了传统普惠金融借助规模经济效应和范围经济效应，降低普惠金融产品的边际成本、平均成本、价格水平的市场和经济基础，让更多弱势群体能够以可负担成本获得普惠金融服务，两者相互促进、良性循环，消除了金融的价格排斥，扩大了其服务边界，推动了传统普惠金融发展，发挥了金融支持消除贫困的重要作用。但传统普惠金融仍面临平均成本、价格降低的下限约束，会对部分弱势群体形成金融的价格排斥，导致其仍面临服务边界约束，但相较于传统金融而言，还是显著扩大了金融的服务边界。

数字普惠金融是数字技术与普惠金融的深度融合，借助数字技术，大幅降低了金融机构的获客成本、风控成本、弱势群体的交易成本，降低了普惠金融产品的平均成本、价格水平，显著消除了金融的价格排斥，大幅扩大了传统普惠金融的服务边界，使更多弱势群体能够借助金融支持摆脱贫困。受“数据鸿沟”和“数字鸿沟”的影响，数字普惠金融的平均成本、价格水平降低仍具有下限约束，虽相较于传统普惠金融而言，大幅扩大了金融服务边界，但金融的价格排斥仍会使部分弱势群体难以获得金融服务。

第四次工业革命带来了数字技术的飞速发展，全面深入渗透于金融服务，部分社会群体因数字技术排斥成为数字贫困者，导致难以降低金融产品的平均成本而产生金融的价格排斥。进而演变为新型贫困者，包括传统意义的部分弱势群体贫困者和富裕群体中的数字技术素养较低的贫困者。这就需要重新审视传统贫困内涵，需要结合新型贫困者的数字技术排斥成因，从供给侧和需求侧着力提高数字技术、数字金融素养等，进一步降低金融服务的平均成本、价格水平，增强新型贫困者获得金融服务能力，有效发挥金融支持消除贫困的重要作用。

三、感谢

这部译著的筹划、翻译、出版得到了中国金融出版社的大力支持，王雪珂编辑认真负责、精益求精的专业精神和指导大幅提升了翻译质量。这部译著是方晓、穆争社两位译者良好合作、辛勤努力的成果，展现了两位译者强烈的社会责任感。墨尔本大学商业与经济学院研究生穆博起草了译者序、翻译了部分章节、制作了图表等，也贡献了力量。

在此，对给予这部译著翻译、出版支持帮助的领导、同仁表示衷心感谢！当然，这部译著中存在的疏漏和不足之处由译者负责，敬请广大读者批评指正。

译者

2025 年 2 月

前　言

在第四次工业革命的煌煌巨力下，数字技术和金融行业正在加速融合，这一趋势带来了以数字手段推动普惠金融发展的重要新范式。第四次工业革命正在飞速地重塑人类经济、社会和政治的全域，将我们的物理世界、数字世界和生物世界融为一体。这次革命在创造全球财富、提高全球人类生活质量方面蕴含巨大潜力，但也带来重大挑战，包括收入不平等、失业、贫困、政局动荡、经济摩擦、网络暗战、电信犯罪和技术壁垒等。但不论如何，第四次工业革命显然能促进数字普惠金融发展，那些传统上被金融服务排斥在外的群体，现在可以凭借低成本的数字工具享受正规金融服务。为了让社会金字塔底层的群体正常融入正规金融市场，全球必须加强数字普惠金融行动。发展数字普惠金融是消除贫困和收入不平等以及实现可持续发展目标的关键途径。这是因为，金融排斥是一个亟待解决的社会顽疾，全球目前有超过75%的低收入、弱势群体没有自己的银行账户，无法享有价格公平的贷款和保险服务，尚有超过10亿人生活在贫困泥淖中，尤其是南亚和撒哈拉以南非洲地区。显然，数字普惠金融工作理应得到更多重视。好消息是，全球的银行业正在普遍运用第四次工业革命的数字工具，扩大低收入群体的金融服务渠道。

本书试图提出与学术史上相关理论不同的见解，其特色是将普惠金融及消除贫困与当前的第四次工业革命联系起来。本书不囿于探讨开立账户、小额信贷等普惠金融的技术方案，而是侧重于解释第四次工业革命在支持数字普惠金融方面的巨大潜力。具体而言，本书回顾、重构了普惠金融理论，覆盖传统普惠金融和数字普惠金融的相关观点，评估数字普惠金融工具对消除贫困绩效的影响，并对部分发展中国家的数字普惠金融成功案例进行了分析，以飨读者。

致　　谢

作者在此感谢 Palgrave Macmillan 出版公司的编辑人员提供的审阅、编辑和排版协助。衷心感谢 Tula Weis、Ellie Duncan、Ananda Kumar Mariappan、Faith Su 和 Susan Westendorf 对本书的贡献和支持。此外，作者还想借此机会感谢 Stephen Partridge 对本书的宝贵建议，并感谢他将本书引荐给出版社的前任编辑 Ruth Jenner，后者促成了本书付梓。最后还要特别感谢 Tula Weis 和 Ellie Dunca 提供的编辑支持工作。

目　　录

第一部分　引言

第二部分 第四次工业革命背景下的普惠金融理论

第三部分　重构普惠金融：从传统普惠金融到数字普惠金融

第四部分　评估数字普惠金融工具与影响

第一部分

引　言

1. 数字普惠金融导论：回顾第四次工业革命背景下的贫困理论

1.1 研究背景

金融与数字的结合催生了普惠金融的重要发展范式。近年来，科技的发展降低了获取金融服务的门槛，而后者经常被认为是长期消除贫困工作的关键所在。然而，尽管近几年金融服务领域采用的科技越发先进，但对于金融机构而言，将服务范围扩大到贫困人口依然困难重重。因此，人们对数字普惠金融改变金融服务业的能力充满信心（Ji 等，2021；Lai 等，2020）。

Wang 和 He（2020）认为，改善融资渠道经常被认为是消除贫困的最关键政策之一，但金融机构在金融服务覆盖贫困人口方面面临困难。金融机构实施的各种政策有时收效甚微。

Ahmad 等（2021）对此持反对意见，认为近期数字普惠金融的快速扩张，特别是在新兴经济体的扩张，显著提高了金融服务的可得性和负担能力，因而主要惠及了那些此前被金融排斥的群体，并为经济增长作出了积极贡献。根据 Ji 等（2021）的说法，由于数字技术的使用，金融体系发生了变化，使得此前被排除在外的人有机会获得正规金融服务。通过解决金融借贷的信息不对称问题，大数据和云计算正在提高此前被金融排斥的家庭的贷款可得性，并能准确描绘出消费者的信用状况（Ji 等，2021；Mhlanga，2020a）。

此外，数字技术的应用克服了物理空间的限制，解决了金融服务的“最后一公里”问题，降低了服务成本，拓宽了服务群体（Ji 等，2021）。不仅如此，互联网和移动设备在众多新兴行业的发展也为金融服务和数字技术的融合提供了有益支持。数字普惠金融在企业对企业（B2B）交易、点对点（P2P）

交易、企业对消费者（B2C）交易等形式上都取得了进展。除为客户和个人提供高效的金融支持外，数字普惠金融的范围还可以延伸到企业，通过数字化运营显著降低交易成本，并且可以通过跟踪数字信息足迹来调整贷款资金流向（Mhlanga，2020a，2020b）。Ji 等（2021）指出，普惠金融的数字化提升了包括供应链金融、微型金融（microfinance）、租赁等在内的金融服务的运行效率，有效拓展了企业层面的融资约束，为小微企业提供了金融支持。农村居民在消费、投资、创业、风险管理等方面都得到了金融支持。这得益于数字普惠金融取得的全面应用成果。金融服务和数字技术的融合将有助于普惠金融发展，提高金融服务可得性和普惠性，并缩小城乡差距（Aziz 和 Naima，2021；Khera 等，2021；Mhlanga，2020a；Wang 和 He，2020）。

然而，尽管全球生活在极度贫困中的人口比例从 1990 年的 36% 下降到 2010 年的 16%，再下降到 2015 年的 10%，但统计数据表明，距离在 2030 年前实现将全球极度贫困人口比例降低到 3% 以下的目标还有一定距离（Guterres，2019；World Bank，2019）。尽管全球范围内的极度贫困人口有所减少，但与贫困的斗争仍在继续，并且进展缓慢（Mhlanga，2020b）。统计显示，根据基线预测，到 2030 年，全球仍将有 6% 的人口生活在极度贫困中，距离消除贫困的目标还非常遥远（Guterres，2019；Mhanga，2020b；World Bank，2019）。

极度贫困作为一种根深蒂固的现象持续存在，而且会不时因暴力冲突和自然灾害的影响雪上加霜。有一种说法是，如果有严格的社会保障体系、政府在基础服务上的大量投入，以及更完善的普惠金融政策，贫困人口就可以摆脱贫困。然而，这些服务必须得到进一步加强（Mhlanga，2020b）。撒哈拉以南非洲的情况更为严峻，根据 Guterres（2019）的数据，2018 年该地区贫困劳动人口比例约为 38%，2018 年仍有 8% 的家庭生活在极度贫困之中。

世界银行的证据表明，撒哈拉以南非洲仍是贫困最集中的地区。根据 2019 年的统计数据，尽管全球贫困率有所下降，但下降速度参差不齐，撒哈拉以南非洲地区仍居住着全球一半以上的极度贫困人口（Mhlanga，2020b，2020c；World Bank，2019）。此外，有文献估计，2015 年撒哈拉以南非洲地区的贫困家庭数量增加了 900 万户，那里有 4.13 亿人每天的生活费不足 1.9 美元，这个数量高于全球其他地区的总和。

根据世界银行的数据，全球大多数贫困人口生活在农村地区，这些人口没有接受过正规教育，从事农业工作，年龄大多在 18 岁以下；按照目前的趋势，到 2030 年，全球 90% 的极度贫困人口将集中在撒哈拉以南非洲（Mhlanga，2020c；Moffitt 等，2019；World Bank，2019）。然而，世界银行表示，要消除极度贫困仍面临许多障碍，如全球经济增长疲软等（Moffitt 等，2019；World Bank，2019）。Wang 和 He（2020）提出反对意见，表示这将导致人们对通过数字普惠金融（也称为被金融排斥的群体通过数字途径获取和使用正规金融服务）发展数字金融创新抱有极大的乐观态度。继 2007 年在肯尼亚推出 M - Pesa［首个在（P2P）移动支付方面的重大创新］之后，数字普惠金融的成功商业模式已传播到全世界。Pesa 用于通过移动网络运营商进行现金储存和汇款，该服务首先在坦桑尼亚提供，后来相继在阿富汗、南非、印度、罗马尼亚以及阿尔巴尼亚推广。

在此背景下，本书提出了当前影响全球的 4 个主要问题，它们分别是：第四次工业革命浪潮（它带来了机遇和挑战）、贫困（可持续发展目标 1 中提出的全球性困难之一）、普惠金融和数字普惠金融。The UN Capital Development Fund（UNCDF）（2022）表示，普惠金融在联合国 2030 年可持续发展目标（SDG）中，被强调为是实现其他发展目标的关键推动因素，涉及其 17 个目标中的 8 个——包括“SDG 第 1 项：消除贫困；SDG 第 2 项：消除饥饿；SDG 第 3 项：健康福祉；SDG 第 5 项：性别平等和女性赋权；SDG 第 8 项：推动经济增长和保障就业；SDG 第 9 项：推动工业创新和基础设施建设；SDG 第 10 项：减少不平等；在关于加强执行手段的 SDG 第 17 项中，通过增加储蓄流动性，调动投资和消费以刺激增长，普惠金融的隐含作用也得以体现”。Kelikume（2021）、Wang 和 He（2020）、Lyons 等（2020）、Polloni - Silva 等（2021）、Mhlanga 等（2020d），以及 Wang 和 Fu（2020）的学术研究表明，普惠金融模式可以推动整体经济增长，实现更大的发展目标（2021）。根据 The UN Capital Development Fund（2022）的研究，仅数字金融一项就可以通过推动共同增长来帮助数十亿人，使新兴国家的国内生产总值（GDP）在 10 年内增长 3.7 万亿美元。

联合国资本发展基金会（UNCDF）（2022）进一步指出，对肯尼亚移动支付服务 M - Pesa 的长期影响研究结果显示，这项技术已帮助 19.4 万个家庭

（占该国总人口 2%）脱离贫困，并显著提高了低收入女性和女户主家庭成员的经济福祉。联合国资本发展基金会（UNCDF）（2022）表示，越来越多的证据表明，普惠金融有助于提高金融体系和经济的稳定性，调动国民储蓄以增加国内资源，并为政府创造收益。

1.2 框架结构

本书对当前关于普惠金融和消除贫困的学术研究提出了自己的观点。本书与关于上述主题的现有论述的区别之处在于，它将上述主题与第四次工业革命联系了起来。我们将深入探讨第四次工业革命对数字普惠金融的推动作用，更进一步探讨第四次工业革命如何支持数字普惠金融，如何帮助贫困人口摆脱贫困，并对有关第四次工业革命、普惠金融和消除贫困的文献进行了丰富和补充。什么是第四次工业革命、数字普惠金融和贫困？第四次工业革命期间贫困问题将发生什么变化？第四次工业革命对贫困现象有何影响？数字普惠金融面临哪些挑战和机遇？是否有案例研究表明数字普惠金融对贫困的影响？如此等等，本书将围绕这些重要问题进行阐述。

本书围绕 5 个主题展开。第一个主题是简介部分，包括 3 个章节，引言（第 1 章）、第四次工业革命的基本要素（第 2 章）、普惠金融和第四次工业革命（第 3 章）。

第二个主题是第四次工业革命背景下的普惠金融理论，包括普惠金融的受益人理论（第 4 章）、普惠金融的供应代理理论（第 5 章），以及普惠金融的融资理论（第 6 章）。

第三个主题对普惠金融理论进行重构：从传统普惠金融到数字普惠金融，包括第四次工业革命中的数字普惠金融（第 7 章）、数字普惠金融推动非正规金融体系向正规金融体系的转变（第 8 章），以及第四次工业革命中的金融科技创新的前景和挑战（第 9 章）。

第四个主题是评估数字普惠金融的工具和影响，包括第四次工业革命中的贫困（第 10 章），普惠金融消除贫困的渠道、第四次工业革命数字技术在此过程中的作用是什么（第 11 章），第四次工业革命古典贫困理论视角下普惠金融对贫困的影响（第 12 章），第四次工业革命新古典贫困理论视角下普惠金融对贫困的影响（第 13 章），普惠金融对贫困的影响：第四次工业革命的凯恩斯主义或自由主义视角（第 14 章），普惠金融与第四次工业革命中的激进主义贫困理论（第 15 章），以及第四次工业革命中普惠金融与社会排斥、社会资本和心理学的贫困理论（第 16 章）。

第五个主题是数字普惠金融的案例研究，包括发展中国家数字普惠金融成功案例精选（第 17 章）、数字普惠金融与新兴市场的前进之路：实现可持续发展（第 18 章），以及全书的总结（第 19 章）。

1.3　主要内容

第 2 章重点介绍了第四次工业革命与前几次工业革命之间的显著差异。本章论证了向第四次工业革命的转变是一场根本性的、新的工业革命。在教育、金融、制造业、物流等多个行业积累的产业创新和系统性变革体现了这种根本性转变。本章还重点讨论了第四次工业革命的特殊性，以及在几个重要方面与以往工业革命的不同之处。例如，第四次工业革命带来了挑战，即通过对系统进行全面自动化，工人可能从生产系统中被淘汰。第四次工业革命还导致世界各地人们的支付交易方式发生转变，由从银行和借款人处支取或用支票和现金支付等传统方式，转变为使用移动支付、ATM 和线上交易等电子方式。

第 3 章的目标是对普惠金融进行定义，探讨其含义，并阐述第四次工业革命的技术将如何影响普惠金融。这一章重点介绍了不同文献对普惠金融的定义。本章还重点介绍了普惠金融的很多理论，如受益人理论、供应代理理论以及融资理论。本章发现，推动第四次工业革命的技术正在通过消除普惠金融的障碍来改变金融业。普惠金融的最大障碍之一是信息不对称。信息不对称使得弱势群体很难获得信贷额度，从而极大增加了金融排斥。然而，第四次工业革命的技术正在改变这一现状，使得经济上被排斥在外的个人能够通过发送信号、筛选、信息交互和创建数字身份等方式参与其中。

第 4 章旨在从第四次工业革命的角度提出普惠金融的受益人理论。关于谁应该从普惠金融的成果中受益，存在许多相互对立的观点和假设。一些学者明确表示，经济和金融体系应该从普惠金融中受益；另一些学者认为，贫困群体应该从中受益；还有一些人认为，受益人应该是女性群体。本章还强调，除了上文提到的群体外，其他群体也可从普惠金融中受益，如儿童、老年人、住院病人、残疾人，以及过去因多种障碍被排除在金融服务范围之外的人。本章探讨了普惠金融理论，包括弱势群体理论、不满意理论和公共产品理论。此外，本章还探讨了第四次工业革命对普惠金融的受益人概念的影响。

第 5 章讨论了普惠金融的供应代理理论。本章明确指出，对于谁应遵守原则向公众提供普惠金融服务，大家众说纷纭。一些学者认为，应该通过公共部门和私营部门之间的合作向公众提供普惠金融；另一些学者则认为，政府应该对此负责。本章讨论了公共服务理论、特殊代理理论、协同干预理论、普惠金融素养普及理论、普惠金融社区梯队理论。结论部分探讨了第四次工业革命对普惠金融供应代理假说的影响。

第 6 章讨论了普惠金融的融资理论。本章列举了关于谁应该为一国民众的普惠金融提供资金支持的各种观点。部分学者认为政府应该提供资金；但另一些学者则认为私营部门应该承担提供资金的责任；其他学者则认为，普惠金融的有关投入和计划应该得到来自各方干预资助者的支持，而不是占用国家资金。本章涵盖的理论包括普惠金融的私人资金理论、普惠金融的公共资金理论和普惠金融的干预基金理论。本章的结论部分从资金角度强调了第四次工业革命对普惠金融理论的影响。

第 7 章在第四次工业革命背景下，对数字普惠金融的定义进行了重新审视。本章将数字普惠金融定义为使用可访问的数字手段向此前在金融上被排斥的群体提供正规金融服务。另一种表述方式是，服务不足的群体通过数字方式广泛获取和使用正规金融服务。本章的前提是，在关于如何激励经济金字塔底层的群体参与金融活动的讨论中，必须越发意识到数字普惠金融的重要性。本章详细介绍了数字普惠金融几个组成部分所涉及的各种工具，并讨论了数字普惠金融的目标、要素以及数字金融服务的提供方。

第 8 章描述了数字普惠金融如何帮助人们完成从非正规金融体系向正规金融体系的转变。数字金融与普惠金融之间的关系基于以下理念：相当一部分被排斥在金融服务之外的人可以使用移动电话，而通过移动电话和相关数字设备提供的金融服务正在增加以前被金融排斥的群体获取金融服务的机会，包括弱势群体、女性和青年群体等，并使这部分群体从不受监管的货币市场转向受监管的金融体系。

第 9 章探讨了不同利益相关者，特别是企业和女性在获得数字金融服务方面遇到的困难。本章提及了若干对企业的阻碍因素，包括波动性、收入限制和区域限制等。其他关注问题还包括基础设施缺乏、风险资本和技术生态系统欠发达、扫盲和信任问题，以及贫穷。难以获得官方身份证、法律对拥有银行账户女性的歧视、对女性就业和获得数字金融服务的态度、女性较低的数字化教育水平和经济水平，以及女性拥有手机的可能性远低于男性的事实，都是女性面临的诸多困难，不胜枚举。数字金融服务的好处之一是，在收入水平低、缺乏适当金融基础设施的发展中国家，人们难以获得正规的金融服务，而数字金融服务正好可以填补上述不足。本章最后概述了实现数字普惠金融可采取的步骤，如降低数字服务成本、提升数字化教育程度，以及利用人工智能消除系统性、根深蒂固的偏见。

第 10 章研究了第四次工业革命对几个贫困相关定义的影响。在长期以来被许多经济思想流派所接受的对贫困的所有定义中，我们可以看到考量因素从纯金融考量到对贫困的追根溯源，乃至诸如政治参与度和社会排斥等多维考量的思维方式的转变。而这种转变的程度大小，可以从对贫困各种定义的讨论，特别是在第四次工业革命的背景下对贫困定义的讨论中略窥一二。本章将着重讨论第四次工业革命对这些（定义贫困的）标准的影响，并明确第四次工业革命中贫困的定义是否会发生变化。此外，本章还对第四次工业革命数字技术中的弱势群体进行了概述。

第 11 章描述了利用普惠金融消除贫困的方法。在深入开展文献综述的基础上，作者明确了利用普惠金融消除贫困的各种方式。第四次工业革命的进展及其对贫困的影响都是本章的研究主题。本章强调，经济学研究的一个关键主题是金融市场扩张、经济增长和消除贫困之间的联系。本章还强调，自 2007 年国际金融危机以来，人们越发关注金融发展与经济增长之间的联系。并再次重申，虽然有一些理论可以解释普惠金融与贫困之间的关系，但这些理论并不总是准确无误的。最后，本章说明了数字普惠金融对贫困的影响。

第 12 章全面讨论了第四次工业革命及数字普惠金融与消除贫困之间的关系，及其对消除贫困的影响。本章主要目标是，从古典经济学的角度评估消除贫困的手段，以及第四次工业革命是否会对古典经济学提出的消除贫困理论产生影响。最后，本章从古典经济学角度对第四次工业革命的发展及其对贫困的影响进行了探讨。

第13章探讨了第四次工业革命和普惠金融对贫困的影响。这一章的主要目的是从新古典经济学视角评估贫穷意味着什么，以及第四次工业革命是否会对新古典经济学提出的贫困理论产生影响。本章着重讨论了新古典主义学派是如何建立在古典经济学原理和背景之上的。通过借鉴古典传统理论，马歇尔指出，在自由市场经济体制下，不平等的人才禀赋、不平等的技能和不平等的资本对个人生产力产生重大影响，并导致了贫困的出现。与之类似，新古典经济学将贫困归因于外部性、道德风险、不利选择和信息不足带来的市场失灵。换言之，由于穷人更容易受到对其生活质量产生负面影响的冲击（如衰退、疾病和家庭破裂），不确定性将使贫困状况恶化。最后，本章从新古典主义角度对第四次工业革命的发展及其对贫困的影响进行了探讨。

第14章阐释了在第四次工业革命的背景下，普惠金融如何影响凯恩斯的贫困理论。本章说明了贫困是由各种表现形式的经济欠发达造成的，而不仅仅是由于市场的不完善。本章还指出，自由主义者认为，经济扩张能够大力推动经济发展，而经济发展对缓解贫困至关重要。自由主义者认为，有几个问题（尤其是非自愿失业问题）需要政府通过财政政策和货币政策进行宏观经济干预才能解决。凯恩斯主义经济学家认为，如果非自愿失业的问题能够得以解决，一个国家的贫困程度就会下降，特别是对受贫困影响的群体而言尤其如此。本章最后一节讨论了在凯恩斯理论视角下，第四次工业革命和普惠金融对贫困的影响。

第15章从第四次工业革命下激进主义理论的角度审视了普惠金融如何影响贫困。本章明确指出，该理论认为，市场从本质上是割裂的，市场的表现也不尽如人意，这导致资本主义国家工资水平始终较低，人们普遍贫困。同时，市场中存在若干失业风险。本章提出，严格的市场监管（如实行最低工资制度），可能会终结资本主义国家的贫困状况。该学派认为，分层的劳动力市场、种族主义和腐败问题就是造成贫困的结构性问题的具体例子。由于劳动力市场无法正常运作，本章强烈建议政府对劳动力市场进行监管。该理论认为，政府管制的目标应该是改善雇员工作环境，提高雇员收入水平。作为其主要政策建议，这一学派主张改变劳动力市场，并颁布反歧视法。上述调整对消除阻碍人们工作并最终导致贫困的结构性障碍是必不可少的。最后，本章讨论了在激进主义理论视角下，普惠金融和第四次工业革命是如何影响贫困的。

第16章旨在分析各种非经济学视角的贫困理论。社会排斥理论和社会资本理论从包括社会学和心理学在内的其他视角得出了其前提和结论。本章强调，社会排斥是造成贫困的一个主要的范式原则（类似于政治经济学理论）。本章还列举了针对社会排斥和社会资本理论的反对意见，因为这些反对声音源自许多社会学家，了解这些反对观点能帮助我们理解普惠金融和第四次工业革命如何对贫困产生影响。本章最后部分围绕普惠金融和第四次工业革命发展分析社会排斥理论、社会资本理论和心理学理论对贫困的影响。

第17章介绍了新兴国家成功利用数字普惠金融的情况。许多富裕国家都可以获得数字金融服务，这要归功于它们在这一领域非常成熟的基础设施，包括大型跨国公司、尖端技术和强大的经济。本章探讨了中国等发展中国家围绕数字普惠金融问题开展的成功案例，并讨论了中国和非洲各国采用各种数字金融服务的情况。本章的后半部分介绍了肯尼亚 M－Pesa 和 M－Tiba 的经验，我们认为这是非洲开展普惠金融和数字普惠金融的有益案例研究。

第18章广泛讨论了非洲数字普惠金融的诸多细节，并探讨了数字普惠金融的一些机遇，在非洲研究文献中，这类批判性分析并不多见。数字普惠金融对非洲消费者、公司、政府和经济都有利，但仍存在一些问题。一旦这些问题得以解决，可能会有效提升数字金融服务个人、服务企业、服务政府的能力。本章最后一节介绍了政府应采取的一些措施，以确保数字金融服务能为可持续发展作出更大贡献。

第19章对全书进行了总结。

参考文献

1. Ahmad, M., Majeed, A., Khan, M. A., Sohaib, M., & Shehzad, K. (2021). Digital financial inclusion and economic growth: Provincial data analysis of China. *China Economic Journal*, 14 (3), 291－310.

2. Aziz, A., & Naima, U. (2021). Rethinking digital financial inclusion: Evidence from Bangladesh. *Technology in Society*, 64, 101509.

3. Guterres, A. (2019). Report of the Secretary－General on SDG Progress

2019: Special edition (pp. 1 –64). United Nations Publications.

4. Ji, X., Wang, K., Xu, H., & Li, M. (2021). Has digital financial inclusion narrowed the urban – rural income gap: The role of entrepreneurship in China? Sustainability, 13 (15), 82 –92.

5. Kelikume, I. (2021). Digital financial inclusion, informal economy, and poverty reduction in Africa. Journal of Enterprising Communities: People and Places in the Global Economy.

6. Khera, P., Ng, M. S. Y., Ogawa, M. S., & Sahay, M. R. (2021). Is digital financial inclusion unlocking growth? International Monetary Fund.

7. Lai, J. T., Yan, I. K., Yi, X., & Zhang, H. (2020). Digital financial inclusion and consumption smoothing in China. *China & World Economy*, 28 (1), 64 –93.

8. Lyons, A., Kass – Hanna, J., & Greenlee, A. (2020). Impacts of financial and digital inclusion on poverty in South Asia and Sub – Saharan Africa. Available at SSRN 3684265.

9. Mhlanga, D. (2020a). Industry 4. 0 in finance: The impact of Artificial Intelligence (AI) on digital financial inclusion. International Journal of Financial Studies, 8 (3), 45.

10. Mhlanga, D. (2020b). Artificial Intelligence (AI) and poverty reduction in the Fourth Industrial Revolution. Preprints, 2020090362.

11. Mhlanga, D. (2020c). Financial inclusion and poverty reduction: Evidence from the small – scale agricultural sector in Manicaland Province of Zimbabwe [Doctoral dissertation, North – West University (South Africa)].

12. Mhlanga, D., Dunga, S. H., & Moloi, T. (2020d). Financial inclusion and poverty alleviation among smallholder farmers in Zimbabwe. *Eurasian Journal of Economics and Finance*, 8 (3), 168 –182.

13. Moffitt, R. A., Danziger, S. H., & Haveman, R. H. (2019). Understanding poverty. *Industrial and Labor Relations Review*, 57 (3), 469.

14. Polloni – Silva, E., da Costa, N., Moralles, H. F., & Sacomano Neto, M. (2021). Does financial inclusion diminish poverty and inequality? A panel data

analysis for Latin American countries. Social Indicators Research, 158 (3), 889 –925.

15. UN Capital Development Fund (UNCDF). (2022). Financial inclusion and the SDGs.

16. Wang, X., & Fu, Y. (2021). Digital financial inclusion and vulnerability to poverty: Evidence from Chinese rural households. *China Agricultural Economic Review*.

17. Wang, X., & He, G. (2020). Digital financial inclusion and farmers' vulnerability to poverty: Evidence from rural China. *Sustainability*, 12 (4), 1668.

18. World Bank. (2019). Poverty Overview. World Bank.

2. 第四次工业革命的基本要素

2.1 导言

世界经济论坛创始人兼执行主席 Klaus Schwab 于 2016 年出版了《第四次工业革命：转型的力量》一书，分析了 21 世纪新兴技术对社会规范、国家政治态度、国际关系以及经济发展的影响（Mhlanga，2022a；Philbeck 和 Davis，2018）。Schwab（2016a）将第四次工业革命描述为技术革命的前沿，它正在改变我们的生活方式、工作方式以及彼此交往的方式。第四次工业革命的规模、范围和复杂性使其成为人类历史上前所未有的独特而全新的革命（Schwab，2016a，2017）。Schwab（2016a）指出，尽管我们尚不清楚第四次工业革命将如何开展，但有一点是明确的，即我们在应对第四次工业革命时，应综合全盘考虑，将包括公共部门、私营部门、学术界和民间社会在内的利益相关者全部考虑在内。要了解第四次工业革命，首先要了解历史上其他三次工业革命。值得注意的是，工业革命不仅仅是简单的技术引入和发展的时代。从某种意义上说，工业革命时代的技术变革与更广泛的社会变革密切相关。正如 Schwab（2016a）所说，工业革命带来的变化超越了技术发展本身，甚至导致了整个权力体系的转变。

2.2 工业革命的历史

工业革命因其对人们生活带来的重大影响而成为人类历史上最深刻的革命（Coleman，1956；National Geographic，2020；Plpkova 等，2019）。工业革命（industrial revolution）一词描述了 18 世纪英国的一个历史时期，当时人们的生活因技术革命而发生了重大变化。技术创新催生了新工具和新机器的发明，对劳动力、生产过程和资源的使用产生了重大影响。技术（technology）一词源自希腊语 techne，意思是工艺，涵盖创新的各个方面，包括工具和机器的发明（Coleman，1956；National Geographic，2020）。Coleman（1956）认为，技术革命和生活方式的快速变化早在 18 世纪之前就已经发生，并且一直持续至今。技术与工业的融合是工业革命的显著特征之一。经济中人类活动的所有现有部门都围绕工业生产线的标准设置，并创造出新的行业。图 2.1 直观展示了第一次工业革命到第四次工业革命的进程。

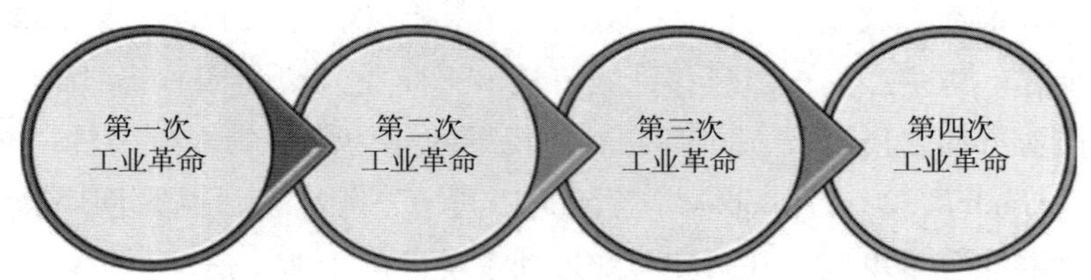

图 2.1　工业革命进程

2.2.1　第一次工业革命

第一次工业革命的特点是，1760—1840 年，欧洲和美国向全新的先进制造工艺的过渡。向新的先进制造工艺的过渡包括从手工生产方法转向机器、新的化学制造和钢铁工艺，以及更多地使用蒸汽动力和水力发电。第一次工业革命的特点还包括机床和机械化工厂的发展（Mhlanga，2021；Xu 等，2018）。第一次工业革命发生在 18 世纪末到 19 世纪初，人们普遍认为，人类从依赖畜力、人力和生物质作为主要能量来源，转向使用化石燃料和机械动力（Su 等，2020）。因此，在第一次工业革命中，机器取代了动物和人力劳动，导致人口增长率上升。随着第一次工业革命的推进，取代体力劳动的工业技术模式得以发展（Li 等，2017；Schwab，2016a）。蒸汽运输的出现导致铸铁产品的制造及其分销的物流发生巨大变化。

1. 农业与能源业

农业、能源业和其他行业的发展共同推动了第一次工业革命带来的变化。在农业方面，在多种因素的共同作用下，长期以来西欧耕作方法日趋完善，推动生产力水平大幅提升，在 18 世纪达到顶峰（Crafts，2011；National Geographic，2020）。上述因素包括 Jethro Tull 在 1701 年左右研发的新型高效农业设备，如播种机。在作物轮作、土地有效利用以及改善土壤健康技术方面也取得了较大发展。此外，农业方面令人感兴趣的话题还包括作物新品种和畜牧业的开发（Coleman，1956）。上述发展推动产量持续提升，为不断增长的人口提供食物，人们的营养状况得到显著改善。除其他因素外，新农业设备的发展推动了从小规模自给型农业向大规模商业化农业的转变，这种转变一直持续到 19 世纪乃至今天（Crafts，1996）。第一次工业革命的发展使贫困农民的生活变得越发艰难，他们发现依靠自给型农业的传统生产方式难以维持生计。圈地运动的兴起推动了农业市场化，公有牧场被私有化，导致农民工原本艰难的生活雪上加霜。许多家庭被迫迁移到城市从事工商业劳动（Mhlanga，2020）。

在能源方面，16 世纪英国的森林砍伐导致作为燃料的木材大量短缺（National Geographic，2020；Popkova 等，2019）。17 世纪末，英国彻底转变为以煤炭为主要能源，煤炭的开采和分配推动了英国的工业化运动。燃煤蒸汽机是第一次工业革命的杰出技术之一。蒸汽动力最早用途之一是将水从矿井中抽出。另一种用于实现相同功能的技术是风车，风车也被用于在低洼洪水泛滥地区抽水，但风车的缺点之一是风力的不可预测性。在欧洲工业化之前，水力是谷物和其他类型磨坊最重要的能源，但在 18 世纪的最后 25 年间，James Watt 和他的商业伙伴 Mathew Boulton 对蒸汽机的设计进行了改进，使蒸汽机的效率大幅提升，功能也更加多样。蒸汽机成为英国和欧洲工业的常用动力来源。机械化工厂生产的车轮由蒸汽机驱动。制造商不再将工厂建在水源附近，大型企业也在不断发展的工业化城市中如雨后春笋般拔地而起。

2. 冶金业和纺织业

冶金学是一门金属与合金的科学，可分为三大类：制造冶金学（又称化学冶金学）、物理冶金学和机械冶金学（Gupta 等，2014）。在英国，16 世纪的木材短缺使人们从使用木炭转向使用焦炭，焦炭是冶炼过程中煤炭的产品之一。焦炭被证实是冶炼生产的高效能源，实验的进步使得其他先进冶金方法的开发在 18 世纪成为可能。其中的一个例子包括开发出一种特殊类型的熔炉，该熔炉能够将煤炭隔离，并防止其污染金属。普德林法（puddling）或搅炼法（stirring）的发明实现了大规模熟铁的冶炼。由于与生铁相比，熟铁具有延展性，熟铁使机械制造成为可能，并且更加高效。

此外，在1750—1850年第一次工业革命期间，棉花等织物的生产成为英国经济发展的重要支柱之一。在第一次工业革命期间，棉花的生产从小型家庭作坊式手工业转变为大型机械化工厂工业。棉花生产依赖小规模生产，农村家庭可以在家中进行纺纱和织布工作。基于工厂的大型机械化产品（如珍妮纺纱机、走锭细纱机和动力织布机）的出现，推动生产力发展成为可能。动力织布机、梳棉机和其他专业化设备最早由人力驱动，然后是水力驱动，最后发展为蒸汽驱动。轧棉机是第一次工业革命期间的创新之一，于1793年在美国发明。

3. 化学工业和运输业

化学工业的出现在一定程度上源于对棉花和其他制成品更先进的漂白技术需求的增长。第一次工业革命期间，对人造染料、炸药、溶剂、肥料和药品的需求也推动了化学研究。农业产量和加工产品的增加创造了将这些产品有效交付给最终消费者的需求。在欧洲和北美，人们建设公路陆路和运河，在现有水道之间搭建海上走廊。蒸汽机作为动力被广泛运用，19世纪初出现了汽船。1825年后在英国运行的铁路机车也被引入，这些铁路机车由高压蒸汽机提供动力。铁路运输在欧洲和北美迅速普及，并在19世纪下半叶覆盖亚洲等地。铁路扩大了工业化社会的疆域，成为全球领先行业之一。农业、能源业、冶金业、纺织业、化学工业和运输业的发展在推动第一次工业革命的变革中发挥了至关重要的作用。

简言之，第一次工业革命于18世纪在英国爆发。这场革命伴随着蒸汽动力和工厂政治而来，在男性主导的工作场所文化中，女性失去了在制造业中的立足之地。机械化生产和蒸汽动力的结合使得产能大幅提升。第一次工业革命期间的发明提升了产量和产能，进而推动了城市化进程、区域市场经济和全球市场经济的发展，民主政府的重要性与日俱增，最终带动了西半球中产阶级的崛起。第一次工业革命激发了人们对科学技术的渴求和对各学科学术领域的完善，新的文学形式应运而生。国家资助的科学项目得以有力推动，创业行为受到鼓励，新兴行业有了更多突破，人们对新兴学科有了新的认识。综上所述，第一次工业革命发明的关键时间节点始于1712年Thomas Newcomen发明蒸汽机。蒸汽机是工业革命期间最重要的技术之一，尽管其他学者认为第一次工业革命始于1760年。1752年，Benjamin Franklin发明了避雷针，为研究电力打下了基础。Eli Whitney 在 1794 年发明的轧棉机是第一次工业革命的另一个重要里程碑。轧棉机有助于加快棉花种子和棉花纤维的分离速度。

2.2.2 第二次工业革命

第二次工业革命实现了技术和社会的又一次伟大飞跃（Vale，2016）。第二次工业革命的特点是，工业快速发展，主要集中在英国、德国、美国等国家。其他经历了这种快速工业化过程的国家有法国、意大利和日本。第二次工业革命始于 19 世纪末，以第一次工业革命的发明为基础，也被称为技术革命。第二次工业革命与第一次工业革命不同，其特点是大规模铁路建设、大规模钢铁生产、机械制造的广泛应用，以及蒸汽动力、电报和石油的大量使用。第二次工业革命期间，电力开始投入使用。第二次工业革命也是首次在众多领域大量使用现代组织方法经营大型企业的时期。第二次工业革命一般被认为发生在 1870—1914 年，即第一次世界大战开始之前（Engelman，2015）。

制造和生产技术的巨大进步推动了电报和铁路等技术系统的应用。集中在少数地区和城市的燃气、供水和污水处理系统等技术在第二次工业革命期间也被广泛应用。在第二次工业革命中，由于 1870 年后铁路和电报线路的大规模扩张，出现了前所未有的大规模人员流动，货物和人员的流动最终助推了新一轮全球化浪潮。第二次工业革命中比较重要的是电力的使用和电话的发明，这场革命一直持续到 20 世纪，出现了早期工厂电气化和生产线等成果，直到第一次世界大战爆发。如果没有第二次工业革命期间的发明，我们今天拥有的一些现代化通信方式就不可能实现。前文提到的一个例子是 Alexander Graham Bell 在 1876 年发明的电话，以及 Guglielmo Marconi 在 1901 年跨越大西洋发送的无线电波。造纸术的创新在第二次工业革命期间也非常突出。Charles Fenerty 和 Friedrich Gottlob Keller 发明的造纸机使纸张变得更便宜，书籍和报纸的发行量急剧增加。其他值得一提的发明包括钢笔、批量生产的铅笔，以及整合驱动的转轮印刷机。上述所有发明都出现在第二次工业革命期间。第二次工业革命使运输变得更加容易，至今仍在为汽车提供动力的内燃机也是在第二次工业革命期间发明的。发动机开始使用天然气和空气，此后开始使用汽油等液体燃料。正是因为有了这些发明，我们今天才能使用飞机和汽车。

第二次工业革命在经济领域也产生了显著影响，尤其是 1870—1890 年的经济繁荣。这一时期的经济和生产力大幅提升，这一变化在工业化国家尤为明显。这一时期的另一个特点是，由于商品和服务价格大幅下降，人们的生活条件显著改善。在此期间，饥荒和营养不良的问题得以解决，因为农村地区通过交通基础设施与大型市场相连通，农作物歉收等问题不会成为压垮贫困和家庭被排斥的最后一根稻草。工业化的发展使得在田间劳作的人数大幅下降。

另一个显著成就是公共卫生的改善。城市污水处理系统的发展为改善公共健康作出了巨大贡献，同时出台了一些法律，对过滤水供应以及最低水质标准进行了规范。污水处理设施的建设和规范过滤水供应法律的出台极大降低了各种疾病的感染率和死亡率。然而，情况并不总是那么美好，电力驱动的机械化导致各个经济领域失业率的上升。第二次工业革命是一个快速发展和持续进步的时期，船舶等重要资产在短期内被淘汰。人们失去了大量财富，失业率飙升。

在第二次工业革命中，社会也发生了巨大变化。部分社会变化包括，随着人们为了离工厂更近，纷纷迁至城市，城市化进程加快。较为突出的社会现象之一是，由于工作地点从家里转移到工厂，家庭成员开始分居。由于要求工人遵循例行时间表，工作的季节性发生了较大变化。工厂恶劣、不健康的工作环境一定程度上损害了工人们的健康。由于工作地点机器的增加，工作岗位的可得性变得难以预测。需求的增减变化也影响了工作岗位的可得性。在第二次工业革命期间，卖淫等社会问题变得异常猖獗，因为制造业的工作岗位被机器取代，女性开始失去在工厂的工作。专门从事某种工作的人，如工匠和手工艺人，被迫失去工作，因为他们无法与大规模生产商品的低成本竞争。在婚姻方面，结婚年龄开始提前，因为传统的婚姻障碍（即对土地的需求）不复存在。在生活质量方面，人们开始负担得起工厂制造的商品，这有助于提高他们的生活质量。与工人阶级意识相关的问题，也开始在第二次工业革命期间出现。

简而言之，Engelman（2015）认为，第二次工业革命推动社会进入了镀金时代，这在美国北部和西部尤为明显。这是一个以两极分化为标志的时期，“巨大的财富，普遍的贫困，极速的扩张，极度的萧条，崭新的机遇，以及更大范围的标准化”。19 世纪 70 年代和 90 年代的萧条使许多人失去了工作，其他人则受到降薪的影响。那些继续从事工业化工作的人们则必须忍受危险的工作环境，如长时间工作，有时是没有工伤赔偿、没有养老金，工资待遇较低。另一方面，一些工人开始享有部分自由，因为技术工人的工资较高，此时拥有一项技术比拥有店面和工具更加重要。

综上所述，第二次工业革命的主要时间节点包括托马斯·爱迪生在 1879 年发明白炽灯泡，以及为发明灯泡提供电力的纽约市电网的发展。在灯泡发明之前，泰特斯维尔（Titusville）地区成为了美国石油钻探和炼油工业区之一。1888 年，George Westinghouse 发明了交流电（AC）输电变压器技术。19 世纪 90 年代初，交流电成为电力传输的主要形式。该行业的标准化发展推动电力网络在全球范围内迅速普及，为工厂供电，从而促进经济繁荣。1943 年，英国人研制出第一台数据处理机。发明这种数据处理机的目的是破译第二次世界大战期间的纳粹密码。第二次工业革命期间的另一个杰出发明是在 1950 年，当时艾伦·图灵（Alan Turing）发表了一篇论文，提出了创造出一台能够思考的机器的可能性。许多人认为这标志着人工智能的诞生。1956 年，人工智能领域作为一门学科成立，其目的是人工创造出能够思考的大脑。美国在 1965 年建成了第一个数据中心，通过将数百万份纳税申报表和指纹记录传输到计算机磁带中进行数据储存。虽然该项目后来被废止，但它标志着建立电子储存区域的第一次尝试。1968 年，Dick Morley 起草了一份备忘录，推动了可编程逻辑控制器（Programmable Logic Controller，PLC）的开发。

2.2.3 第三次工业革命

第三次工业革命大约起源于 20 世纪 50 年代，随着数字系统、通信和计算能力的快速发展，催生了生成、处理和共享信息的新方式。工业革命利用电子和信息技术实现自动化生产（Schwab，2016a）。第三次工业革命也被称作数字革命，其特点是全球化（类似于数字技术）和万维网。第三次工业革命的触发因素之一是美国国防部高级研究计划署网络（ARPANET，阿帕网）的发展。阿帕网是一个早期的数据包交换网络，是第一个实现 TCP 或 IP 协议套件的网络（Roberts，2015）。阿帕网是互联网的前身，而后者引领我们进入了信息时代。

从这个意义上来说，制造业、能源业和交通运输业等的发展推动了第三次工业革命。第三次工业革命有两个层面的含义，一是本地层面出现了“全球本地化”（glocal）一词，二是全球层面产生了全球化趋势。如同此前的革命一样，第三次工业革命极大改变了人们的工作方式、生产方式，甚至是娱乐方式。简而言之，第三次工业革命的标志是自动化和数字化的大规模应用。在第三次工业革命期间，由于互联网的发明，电子技术和计算机的使用日益增多。在能源领域，核能的发现给行业带来了翻天覆地的变化。电子技术的使用推动工厂流程实现了自动化，而电信技术的普及推动了全球化发展，使各行业能以较低成本在海外生产商品和提供服务。

以下是第三次工业革命期间取得的部分技术创新成果，1969 年，目前用于互联网通信的许多协议，已由美国国防部高级研究计划署网络（阿帕网）成功开发。1972 年，日本早稻田大学通过 WABOT－1 项目研发出世界上第一款真人大小的智能人形机器人。1973 年，加利福尼亚州 Xerox Palo Alto 研究中心（PARC）的 Bob Metcalfe 发明了以太网。Bob Metcalfe 写了一份备忘录，其中描述了以太网系统的工作原理。以太网是一种可以将先进计算机工作站进行互联的系统，使其能相互或向高速激光打印机发送数据。1974 年，全球出现首个互联网服务提供商（ISP）。同年，阿帕网的商业版本问世，称为 Telenet。1983 年，以太网完成标准化，建立了包括 . com，. org，. gov 和 . net 等在内的域名系统，该系统为网站进行命名。

第三次工业革命期间的另一个重要术语是 William Gibson 引入的网络空间。1986 年，可编程逻辑控制器与个人计算机相连，1989 年，Tim Berners－Lee 开发了 HTML 语言，并向公众介绍了万维网。第三次工业革命期间的另一个重要而杰出的成就是 John Romkey 发明的第一个物联网设备，一个可以通过互联网打开和关闭的烤面包机。第三次工业革命中其他代表性事件还包括，互联网成为商业场所，亚马逊、eBay 和 Craigslist 等网站于 1995 年正式上线。

2.3　第四次工业革命

第四次工业革命是一个以数字化、数字化转型、工业物联网（IoT）、个人互联设备、人工智能技术、自动化和数据分析为特点的时代。第四次工业革命也是一个物理、数字和生物领域直接面临挑战的时代。有人担心第四次工业革命将彻底改变人们的生活方式，工厂开始使用云、大数据分析和物联网等各种技术。在第四次工业革命中，技术变革推动了各行业和社会领域的相关变革。第四次工业革命代表了经济、政治方面的变革，新的社会价值产生、交流并传播开来。

Schwab（2016a）认为，第四次工业革命正处于一场技术革命的边缘，这场技术革命正在改变人们的生活方式、工作方式以及相互联系的方式。第四次工业革命是独一无二的，因为其规模、范围和复杂性前所未有。Schwab（2016a）提出的一个观点是，虽然我们不得而知第四次工业革命的具体开展方式，但人类应对的方式必定是综合全面的，所有利益相关者都参与其中。公共部门、私营部门和民间社会都应该积极响应。由于以下几点原因，第四次工业革命成为了与第三次工业革命截然不同的新革命。一是第四次工业革命的发生速度、覆盖范围和系统影响与此前不同。二是突破性进展发生的速度是史无前例的，第四次工业革命的发生速度是指数性而不是线性的，给每个国家的所有行业带来了颠覆性改变。人们还相信，第四次工业革命正在为国家、个人甚至行业带来了难以置信的机遇。人工智能、物联网、量子计算和区块链等技术有望进一步优化系统。

第四次工业革命将改变人们的行为和身份，特别是对隐私的界定、消费模式、对休闲和工作的时间投入，以及职业发展方式产生的影响。另一方面，企业正受到第四次工业革命的深远影响。在供给方面，新技术的引入伴随着满足现有需求的新方式的出现，正在颠覆传统产业价值链。在需求方面，透明度和消费者参与度的提高，以及由移动设备带来的消费者行为新模式，正在促使企业改变其设计、营销、销售以及分销产品和服务的方式。总而言之，第四次工业革命对企业的影响主要有四个方面：客户期望、产品改进、协作创新，以及组织形式。

物理世界、数字世界和生物世界的融合，以及新技术、新平台的出现，使公众能够与政府密切接触，表达自己的意见。公众甚至还可以联合起来规避公共当局的监督。另外，政府不断获得技术力量，利用无处不在的监控系统和对数字化基础设施的控制能力，加强对公众的控制。第四次工业革命将加大政府的压力，要求政府改变其传统的公众参与和政策制定方式。技术导致了权力的重新分配和去中心化，这开始威胁到政府在决策中的核心地位。政府能否存续将取决于政府的适应能力。

第四次工业革命带来的部分挑战包括，由于劳动力市场发生了颠覆性变化，第四次工业革命可能造成更大的不平等。由于机器取代了人力，资本回报率与劳动力回报率之间的差距将会进一步扩大。然而，也有人认为，随着工人被技术取代，第四次工业革命能够整体上增加更加安全、报酬更为丰厚的工作岗位的数量。

第四次工业革命的一些突出事件包括，2010 年，传感器价格大幅下降，导致智能手机普及率上升，个人电脑开始普及。Facebook 活跃用户数量激增至 4 亿，其他社交媒体网站（例如 Instagram 和 Pinterest）相继问世。2011 年，随着自携设备（Bring Your Device）开始变得普遍，个人设备的使用有所增加。美国皮尤研究中心（Pew Research Center）的调查结果显示，2013 年美国使用网上银行业务的比例上升至 51%。2016 年，科技界发生了几件大事，比如谷歌助手的出现，聊天机器人和工业物联网加入了这场网络竞赛。2018 年，世界互联网统计中心数据显示，全球有 55% 的人口在使用互联网。根据德国 Statista 平台统计，截至 2021 年 1 月末，全球约有 46.6 亿人是活跃互联网用户，占全球人口的 59.5%。有趣的是，在上述人群中，有 43.2 亿人（占比 92.6%）通过移动设备访问互联网。

2.3.1　推动第四次工业革命的技术

图 2.2 列举了推动第四次工业革命的部分技术，具体包括人工智能、虚拟现实、增强现实、生物技术、3D 打印、区块链、机器人技术和物联网等。此外，还有云计算等其他技术。

第四次工业革命特色鲜明，成就斐然。上述特征的代表是，教育、金融、制造、物流等多个行业积累的产业创新和系统性变革的广泛应用。这些变化对物流和制成品产生了重大影响。第四次工业革命要求在工业化生产过程中完全摒弃使用劳动力，确保实现全面自动化。第四次工业革命还导致世界各地人们的货币交易方式发生转变，由从银行和借款人处支取或用支票和现金支付等传统方式，转变为使用移动支付、ATM 和线上交易等电子方式。

正如 Erboz（2017）和 Mhlanga（2021）所述，下文描述了如何将第四次工业革命应用于实践的示例。

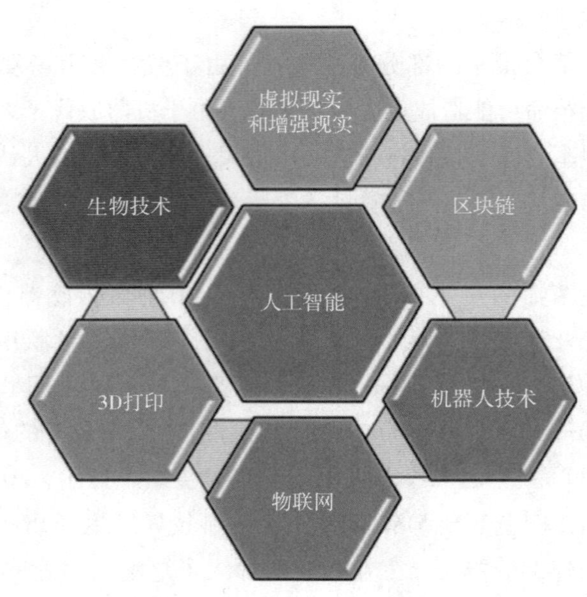

图 2.2 推动第四次工业革命的技术

图 2.3 总结了第四次工业革命是如何付诸实践的。具体包括可穿戴技术和增强现实、对计算机系统资源的按需访问、数据可视化，以及由其他重要应用程序中的事件提示的实时培训。

2.3.2 第四次工业革命的关键主题

下文将根据 Marr（2016）、Bonner（2017）、Erboz（2017）和 Mhlanga（2021，2022）提出的 4 个主题对第四次工业革命进行总结。

互联：不同类型的设备（包括人、机器和传感器）利用物联网或人联网相互连接和通信的能力。信息透明度：工业 4.0 技术带来了更高的开放性，为运营商作出决策提供了完整的信息。借助互联互通，运营商可以从生产过程中的各个节点获得大量数据和信息，这使得他们能够识别可以通过增强功能而获益的关键领域。技术援助指各种系统为人类决策和解决问题提供支持的技术能力，以及帮助人们完成困难或危险任务的能力。去中心化决策指网络物理系统独立作出决策，并以尽可能自主的方式履行职责的能力。当且仅当发生例外情形、存在干扰或出现相互矛盾的目标时，职责将被授权给更高的级别进行决策。

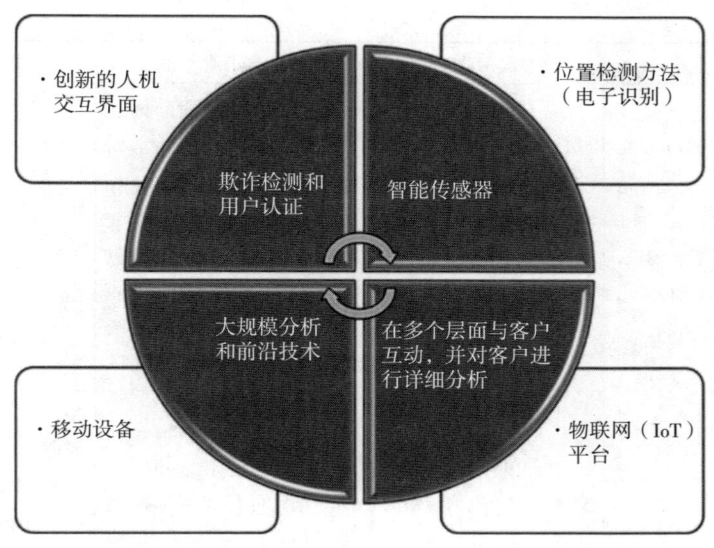

图 2.3　第四次工业革命应用于实践的案例

表 2.1 展示了几次工业革命及主要事件时间表。需要注意的是，表 2.1 的内容并未详尽，仅包括了每次工业革命期间发生的部分主要事件。第四次工业革命的部分主要事件包括 2010 年传感器价格的下降，导致智能手机和个人电脑得以普及。2011 年，自携设备（BYOD）开始流行，谷歌助手问世，聊天机器人加入互联网竞赛，2016 年物联网愿景也随之出现。正如本章前文所述，得益于第四次工业革命带来的巨大发展，移动支付、自动柜员机（ATM）和网上交易等数字化方式正在兴起。全球范围内人们支付交易方式正在发生转变，从传统方式（例如，从银行和借款人处支取或用支票和现金支付等）转变为数字化方式。

表 2.1　历次工业革命主要事件的时间表

第一次工业革命	第二次工业革命	第三次工业革命	第四次工业革命
1712 年，Thomas Newcomen 发明了蒸汽机，成为第一次工业革命期间最重要的技术之一。 1753 年，Benjamin Franklin 发明了避雷针。避雷针成为研究电学的基础。	在美国，随着 1859 年在泰特斯维尔发现了石油，第二次工业革命开始了。泰特斯维尔成为了石油钻探和炼油工业的中心。	1969 年，美国国防部的阿帕网开发了许多目前用于互联网通信的协议。 1972 年，日本早稻田大学通过 WABOT - 1 项目研发出世界上第一款真人大小的人形智能机器人。 1973 年，以太网被发明。	2010 年，传感器价格的下降，导致智能手机和个人电脑在 2011 年得到普及，自携设备（BYOD）开始流行。

续表

第一次工业革命	第二次工业革命	第三次工业革命	第四次工业革命
Eli Whitney 在 1794 年的发明对第一次工业革命也至关重要。Eli Whitney 发明了轧棉机，有助于加速棉花种子与棉花纤维的分离。	1879 年，Thomas Edison 获得首个实用白炽灯泡的专利。	1974 年，出现了阿帕网的商业版，这是第一个互联网服务提供商（ISP），被称为 Telenet。1983 年，以太网完成标准化，建立了包括 .com，.org，.gov 和 .net 等在内的域名系统，该系统为网站进行命名。	
	19 世纪 90 年代初期，交流电成为电力传输的主要方式。	1984 年，William Gibson 创造了“网络空间”一词。 1986 年，可编程逻辑控制器（PLC）与个人电脑（PC）实现连接。	2013 年，美国皮尤研究中心的一项调查结果显示，51% 的美国成年人表示他们使用网上银行业务。
	1943 年，英国人发明了第一台数据处理机。	1989 年，欧洲核研究组织（CERN）的科学家 Tim Berners - Lee 开发了 HTML 语言和万维网。	2016 年，谷歌助手问世，聊天机器人加入互联网竞争，物联网的愿景出现。
	1950 年，Alan Turing 发表的论文引发了对能够思考的机器的猜测。许多人认为这标志着人工智能的诞生。	1990 年，第一台物联网设备诞生。John Romkey 发明了一种可以通过互联网开关的烤面包机。	2018 年，世界互联网统计中心数据显示，全球有超过 55% 的人口使用互联网。
	1956 年，人工智能领域作为一门学术学科成立。	1991 年，Tim Berners - Lee 创建了第一个网页。	
	1965 年，美国政府提出了数据中心的设想，通过将所有记录转移到计算机磁带上，以储存数百万份纳税申报表和指纹数据。	1992 年，可编程逻辑控制器的连接被引入，同时第一批音频和视频通过互联网传播。 1993 年，联合国和美国白宫网站正式上线。 1995 年，亚马逊、eBay 和 Craigslist 网站正式上线。	

续表

第一次工业革命	第二次工业革命	第三次工业革命	第四次工业革命
	1968 年，Dick Morley 起草了一份备忘录，1970 年发明了可编程逻辑控制器（PLC）。	1997 年，机器对机器（M2M）之间的无线连接变得普遍。 1998 年，谷歌搜索引擎诞生。	
		1999 年，Kevin Ashton 创造了物联网这一术语。 2002 年，云技术与亚马逊网络服务（AWS）分庭抗礼。	
		2004 年，随着 Facebook 问世，社交媒体开始兴起。 2005 年，Roger Douglas 创造了“大数据”一词。	

2.4　小结

本章旨在分析第四次工业革命与其他工业革命之间的主要区别。这是本书最关键的一章，概述了第四次工业革命的背景知识。本章讨论了以下问题：什么是第四次工业革命？为什么这场革命是独一无二的？本章表明，与早期工业革命相比，第四次工业革命具有新颖性、独特性和广泛性。此外，本章还指出，由于第四次工业革命，移动支付、ATM 和在线交易量日益增长。随着人们从银行和借款人处借款等传统方式转向数字化方式，人们的支付交易方式也发生了改变。

参考文献

1. Bonner，M.（2017）. What is Industry 4.0 and what does it mean for my manufacturing?

2. Coleman, D. C. (1956). *Industrial growth and Industrial Revolutions.* Economica, 23 (89), 1.

3. Crafts, N. (2011). Explaining the first Industrial Revolution: Two views. European Review of Economic History, 15 (1), 153 – 168.

4. Crafts, N. F. R. (1996). The First Industrial Revolution: A guided tour for growth economists. *American Economic Review*, 86 (2), 197 – 201.

5. Engelman, R. (2015). The Second Industrial Revolution, 1870 – 1914—US History Scene.

6. Erboz, G. (2017). How to define Industry 4.0: Main pillars of Industry 4.0. Managerial trends in the development of enterprises in the globalization era, 761, 767.

7. Gupta, G. S., Sarkar, S., Chychko, A., Teng, L. D., Nzotta, M., & Seetharaman, S. (2014). Process concept for scaling – Up and plant studies. *Treatise on Process Metallurgy*, 3, 1100 – 1144.

8. Li, G., Hou, Y., & Wu, A. (2017). Fourth Industrial Revolution: Technological drivers, impacts, and coping methods. *Chinese Geographical Science*, 27 (4), 626 – 637.

9. Marr, B. (2016). What everyone must know about Industry 4.0. Forbes.

10. Mhlanga, D. (2020). Industry 4.0 in finance: The impact of Artificial Intelligence (AI) on digital financial inclusion. *International Journal of Financial Studies*, 8 (3), 45.

11. Mhlanga, D. (2021). Artificial Intelligence in the Industry 4.0, and its impact on poverty, innovation, infrastructure development, and the sustainable development goals: Lessons from emerging economies? *Sustainability*, 13 (11), 5788.

12. Mhlanga, D. (2022a). Stakeholder capitalism, the Fourth Industrial Revolution (4IR), and sustainable development: Issues to be resolved. *Sustainability*, 14 (7), 3902.

13. Mhlanga, D. (2022b). The role of artificial intelligence and machine learning amid the COVID – 19 pandemic: What lessons are we learning on 4IR and the sustainable development goals. *International Journal of Environmental Research*

and Public Health, 19 (3), 1879.

14. National Geographic. (2020). Industrial revolution and technology. National Geographic Society.

15. Philbeck, T., & Davis, N. (2018). The Fourth Industrial Revolution. *Journal of International Affairs*, 72 (1), 17 –22.

16. Popkova, E. G., Ragulina, Y. v., & Bogoviz, A. v. (2019). Fundamental differences of transition to Industry 4.0 from previous industrial revolutions. *Studies in Systems, Decision and Control*, 169, 21 –29.

17. Roberts, B. H. (2015). The Third Industrial Revolution: Implications for planning cities and regions secondary cities programmes.

18. Schwab, K. (2016a). The Fourth Industrial Revolution: What it means and how to respond. World Economic Forum.

19. Schwab, K. (2016b). The Fourth Industrial Revolution. www. weforum. org.

20. Schwab, K. (2017). The Fourth Industrial Revolution. Currency.

21. Su, C. W., Qin, M., Tao, R., & Umar, M. (2020). Financial implications of the fourth industrial revolution: Can bitcoin improve prospects of energy investment? Technological Forecasting and Social Change, 158, 120178.

22. Vale, R. (2016). Second industrial revolution: The technological revolution.

23. Xu, M., David, J. M., & Kim, S. H. (2018). The Fourth Industrial Revolution: Opportunities and challenges. *International Journal of Financial Research*, 9 (2).

3. 普惠金融与第四次工业革命

3.1 导言

普惠金融是推动社会包容性的关键因素，但更重要的是其对于消除贫困和收入不平等的意义（Omar 和 Inaba，2020）。普惠金融实现了更大的社会包容性，为女性、青年、小企业、残疾人、农村地区的家庭和个人，以及穷人等弱势群体提供了机会（Mhlanga，2020a）。Omar 和 Inaba（2020）还强调，普惠金融作为一种政策工具，有助于实现多层面的宏观经济稳定、促进可持续和包容性经济增长、消除贫困、改善收入平等、创造就业。Mhlanga（2021b）还指出，实现联合国 17 项可持续发展目标的一个途径就是发挥普惠金融作用。只有当社会底层民众方便地获取并使用正规金融服务时，普惠金融才能实现（Omar 和 Inaba，2020）。由于收入水平较低和市场歧视等诸多问题（尤其是在发展中国家），数百万人依然被非自愿地排除在正规金融体系外。这种金融排斥导致这些人无法进行存款，无法积累可用于投资的资金，无法挖掘创造财富的潜力（Mhlanga，2021a）。普惠金融能做的就是解决上述问题，并营造一个所有家庭和企业能够获得金融服务的环境。普惠金融的另一个重要作用是，它能够促进处于社会底层的群体参与经济活动，促进生产资源的有效、高效配置，从而实现包容性发展（Omar 和 Inaba，2020）。业界还普遍认为，普惠金融可以通过提高家庭的创业意向、激发女性的经济能力、促进家庭投资于金融教育和风险管理等方式，最终改善家庭和个人福祉（Koomson 等，2020）。

此外，Mhlanga（2020b）还强调，第四次工业革命带来了传统银行业的变革，事实证明这是有益于普惠金融的。手机和互联网等数字化工具的使用让许多此前被排除在外的人开始积极参与金融市场。Mhlanga（2020b）接着指出，在有关如何确保穷人中的弱势群体能够积极参与金融市场的政策讨论中，数字普惠金融正变得至关重要。非银行类机构正在与银行建立合作伙伴关系，以确保被排除在金融服务之外的群体也被纳入金融服务范围。Li 等（2021）也提到了第四次工业革命期间造福社会和改善福利的一些金融创新服务。Li 等（2021）认为，第四次工业革命推动的金融创新有助于被排斥的群体获得金融产品和投资渠道，从而满足社会发展需求。在此背景下，本章旨在探讨第四次工业革命背景下普惠金融的意义。本章将首先给出普惠金融的定义，接着将介绍普惠金融的理论背景、普惠金融理论起源，以及普惠金融与第四次工业革命的关系。

3.2　普惠金融理论

3.2.1　普惠金融的定义

历史文献中对普惠金融有多种定义。Leeladhar（2006）将普惠金融定义为，以可承受的成本向广大弱势群体和低收入群体提供银行服务的过程。农村居民、女性、小企业、小农户、青年人等群体具备获得正规金融服务的条件时，Leeladhar（2006）将其称为普惠金融。Thorat（2007）将普惠金融定义为，通过正规金融体系向被排斥群体提供可负担的金融服务的过程，如获得支付服务、汇款服务、储蓄、贷款和保险服务等。上述两位作者的定义有一些相似之处。他们主张中的重要信息是，只有当那些被排除在外的个人和家庭能够获得金融产品和服务时，才能实现普惠金融。Leeladhar（2006）、Thorat（2007）和 Sarma（2008）都将普惠金融定义为“确保每个人都能轻松访问、获取并使用正规金融体系的行为”。Sarma（2008）的定义包含了普惠金融的更多维度，包括正规金融产品和服务的可用性，以及使用的便捷性。

Arun 和 Kamath（2015）对普惠金融的定义：“公民能够以可以承受的价格和便利的方式，充分获得优质的金融服务，所有客户都享有充分尊严和尊重。”Arun 和 Kamath（2015）通过增加对金融服务质量的表述，完善了对普惠金融的定义。Arun 和 Kamath（2015）认为，普惠金融强调的不仅仅是金融服务的可得性，服务也应该是高质量的。由此看来，要全面实现普惠金融，还应该考虑金融服务的质量。Arun 和 Kamath（2015）定义中的另一个重要因素是服务成本。Arun 和 Kamath（2015）表示，要实现普惠金融，金融服务对于那些被排斥在外的人而言，应该是能够负担的。如果不认真考虑成本因素，金融服务的确是可得的，但弱势群体将没有能力获得这些服务。Arun 和 Kamath（2015）的定义中的另一个重要观点是，应以便捷且有尊严的方式为所有客户提供金融服务。这意味着仅仅获得金融服务是不够的，这些金融服务应该为使用服务的人带来便利。

另一个需要定义的重要术语是金融排斥（financial exclusion），它与金融普惠截然相反。Leyshon 和 Thrift（1995）将金融排斥定义为限制社会中或某些社会群体中的个人进入金融体系的情况。从某种意义上说，Leyshon 和 Thrift（1995）认为所有限制人们进入正规金融市场的条件、壁垒或障碍都应被视为金融排斥。这些限制条件与人们的社会经济地位有关，一部分群体的社会经济地位使其无法满足正规银行体系的要求。还有一些相关因素是收入水平、教育水平，以及与金融机构的地理距离。Sinclair（2001）将金融排斥定义为个人无法以适当形式获得必要的金融服务的情形。与 Leyshon 和 Thrift（1995）类似，Sinclair（2001）将金融排斥视为限制人们获得正规金融服务的任何情形。此外，Carbó 等（2005）将金融排斥定义为社会中的特定群体没有能力或没有意愿获得主流金融服务。通过强调人们没有意愿获取主流金融服务，Carbó 等（2005）提出了另一种金融排斥的观点，即金融普惠的非经济障碍。该定义明确指出，金融排斥可能是由于受影响群体主观不愿获得正规金融服务造成的。有些人可能不希望与主流金融市场有关联，原因包括对风险的恐惧，甚至是宗教等自我信仰，这些人更偏好传统的商业金融产品。

Mohan（2006）将金融排斥定义为："社会各阶层从正规金融服务提供商处获得合适、低成本、公平和安全的金融服务的机会有限。"Mohan（2006）的定义与早期的定义一致，因为这个定义也强调了普惠金融的成本障碍。此外，欧洲委员会（European Commission）还将金融排斥定义为，人们在正规金融市场获得和使用金融产品和服务时面临挑战的过程——这些金融产品和服务原本能够满足他们的需求，使他们能够在其所属的社区中过上正常的社会生活（Carbó 等，2005）。欧洲委员会提出了一个有趣的论点，其定义强调了个人由于无法获得正规的金融服务而无法满足自己的需求和愿望。此外，欧洲委员会还认为，金融服务的获取和使用方面受限主要是因为所提供的金融产品和服务的特征、适用的法律，以及客户的财务能力（Carbó 等，2005）。

在本章中，我们将普惠金融定义为，个人、企业和整个社区平等获得并使用有益、可负担的金融产品和服务的情况——这些金融产品和服务能够满足其各种需求，例如以可持续和负责任的形式，进行支付、提款、存款，以及参与借贷和保险等交易。这一定义结合了 Leeladhar（2006）、Thorat（2007）和 Sarma（2008）的定义版本。本章的定义强调了普惠金融的不同维度，包括金融产品和服务的可得性、金融产品和服务的使用、金融产品和服务的成本，以及金融产品和服务的质量。前文所强调的普惠金融的各个维度构成了所谓的普惠金融体系。更重要的是，在大多数情况下，银行是获得最基本的金融产品和服务的机构。因此，银行普惠或银行排斥通常等同于金融普惠或金融排斥。在本研究中，银行普惠（包括所有形式的正规金融服务）被用来代表普惠金融。本章将评估第四次工业革命对普惠金融的影响。

3.2.2　普惠金融理论的背景

由于金融排斥及其与粮食安全、不平等和贫困等发展问题的直接和间接联系，自 21 世纪初以来，普惠金融的重要性在文献中日益显现（Levine，2005）。联合国将普惠金融的目标定义为，社区所有家庭都能够以可负担的价格获得金融产品和服务，并建立起健全、安全、具有明确监管和行业绩效标准的机制。另一个目标是金融和体制的可持续性，以及保证市场竞争，从而为客户提供各种可负担的金融产品和服务（Chowhan 和 Pande，2014）。2003 年 12 月 29 日，前联合国秘书长 Kofi Annan 表示："严峻的现实是，世界上最贫困的人依然无法获得可持续的金融服务，无论是储蓄、信贷还是保险。我们面临的最大挑战是解决阻碍人们充分参与金融活动的制约因素。我们可以共同建立普惠金融部门，帮助人们改善生活（Chowhan 和 Pande，2014）。"

普惠金融的主要宗旨是确保未获得金融服务的人、未获得适当金融服务的人，以及在参与金融活动方面活跃度较低的人在金融产品和服务的可选范围、质量和可用性方面得到改善（Akileng 等，2018）。更重要的是，普惠金融在分配生产资源时非常有效，有助于降低资金成本。据称，普惠金融体系有助于对非法信贷提供者（例如，臭名昭著的高利贷放债人）进行限制（Sarma 和

Pais，2011）。普惠金融的重要性得到了政策制定者的广泛认可，并已成为许多国家政策制定者优先考虑的事项（Masiyandima 等，2017）。零售金融市场和金融产品在 20 世纪 80 年代逐渐得到认可，当时许多人有机会获得广泛的金融产品和服务。根据 Kempson（1994）的研究，20 世纪 70 年代中期，英国只有不到一半的家庭拥有活期存款账户。在 20 世纪 70 年代初期，英国仅有近1/4 的家庭能够充分获得信贷服务，而这一数字在 20 世纪 90 年代上升到了 70%（Berthoud 和 Kempson，1992）。金融市场的管制放松和评估风险技术的引入，是金融产品和服务使用增加的两个主要原因（Kempson 和 Whyley，1999）。

因此，许多人从金融市场的发展中受益，例如，在此期间获得稳定收入的人（Zhijun，2007）。然而，在同一时期，许多少数群体在获得最基本的金融产品和服务（例如，拥有活期存款账户和保险）方面依然面临挑战（Zhijun，2007）。这种无法充分参与正规金融服务的情况正日益成为与社会排斥相关的令人担忧的问题（Kempson 和 Whyley，1999）。因此，金融排斥问题因其与经济和社会排斥的关联而被全世界视作重大关切问题（Zhijun，2007）。基于对金融排斥产生原因的一般性分析，Leyshon 和 Thrift（1995）指出，尽管认定个人在金融上活跃的程度在不同社会和不同时段有所不同，但总体而言，金融体系具有歧视穷人的天然倾向。在使用正规金融机构服务时，穷人通常处于劣势。大多数穷人没有信用记录，也不满足使用正规金融机构服务的所有要求。与之类似，Demirgüç - Kunt 等（2008）提到，金融部门的改革是发展议程的核心，以确保金融产品或服务的普惠性。然而，很少有人研究普惠金融发展的直接和间接影响。

除了物理意义上的准入排斥，Kempson 和 Whyley（1999）提出了几个金融排斥的驱动要素，包括条件排斥、价格排斥、营销排斥，自我排斥，以及资源排斥。准入排斥的定义是，出于不利风险评估的原因，人们获得金融产品和服务受到限制（Devlin，2005）。条件排斥指人们因无法满足金融产品或服务附带的条件而无法享受某些金融服务的情形（Devlin，2005）。价格排斥指在某一社区或环境中，某些个人无法承担金融服务提供者所要求的金融服务价格，而无法获得金融服务（Kempson 和 Whyley，1999）。营销排斥指个人被排除在金融服务提供商的目标市场和销售对象之外的情形（Devlin，2005）。自我排斥指人们可能会对使用金融产品心怀疑虑，因为他们担心自己的申请被拒绝的情形。资源排斥指人们可能没有足够的收入为未来进行储蓄（Devlin，2005）。

3.2.3 普惠金融理论的起源

Leyshon 和 Thrift（1993）认为，“金融排斥”一词在 1993 年首次被学者使用，他们担心由于银行分支机构的关闭，人们无法获得银行服务。然而，在 20 世纪 90 年代，其实已经有越来越多的研究发现，社会某些阶层的人们在进入传统金融体系时面临障碍。有关影响金融排斥因素的学术讨论也已经改变了轨迹，从地理排斥方面转向其他实际因素（Hogarth 和 O’Donnell，1999；Kempson 等，2000）。作为回应，欧洲委员会归纳了几种金融服务排斥类型，如银行排斥、储蓄排斥、信贷排斥和保险排斥（Claessens，2006）。有学者认为，社会上所有人都应该获得这些不同的金融服务。

亚当·斯密的追随者、名为 Walter Bagehot 的古典经济学家首次创立了一种理论，认为金融体系是经济增长和发展的重要方面（Stolbov，2013）。更重要的是，Bagehot 的作品在 19 世纪 70 年代初传入英国似乎是一个合乎逻辑的现象。在那段时间，英国为世界强国之一，拥有最发达的金融体系（Stolbov，2013）。在他的著作中，Bagehot 详细描述了金融领域的流程是如何与实体经济条件相关联的。详情参见“伦巴第街：货币市场概述”（1873）（Stolbov，2013）。Bagehot 举了许多例子来说明英国货币市场上的各种逐利活动对该国的经济溢出影响（Stolbov，2013）。在其著作中，Bagehot（1873）假定可贷资金通过多种渠道促进经济活动。由此得出的结论是，当可贷资金分配给不同投资者时，将激励人们在生产中采用新技术。当新技术被采用，经济体中的商品和服务的生产将在数量和质量上得到改善，而这一过程将慢慢向经济中溢出。

同样，Goldsmith（1975）率先引入了普惠金融指数，该指数表现为金融相互关系的比率（Leyshon 和 Thrift，1995）。Goldsmith 指数的主要目的是，通过银行分支机构的数量、客户数量以及资本总额来解释金融体系的渗透程度。即使在今天，Goldsmith 的分析仍有重大意义。近年来，普惠金融已成为多国政府的一项重要政策目标。各国政府、金融监管机构，以及各类金融机构都提出了实现普惠金融的新方式，各国也通过了新的立法规则。下一节将简要介绍普惠金融的理论。

3.2.4 普惠金融理论的框架

理论的重要性在于它能指明方向，验证或证伪特定现象（O’keefe，2015；Schmitt，1994）。换言之，理论有助于解释现象本质、事物的存在方式以及采取某些行动的原因。此外，理论还解释了我们现有概念之间的关系。在某种程度上来说，理论使我们能够识别问题，并就如何改变某种情况制订计划。根据 Ozili（2020）的观点，普惠金融的理论之所以重要，是因为这些理论能帮助我们将普惠金融及其结果联系起来。普惠金融理论将在后续章节提及，这些理论将综合阐释普惠金融的目标、过程及其结果，并进一步强化普惠金融政策文献中的设想和论点（Ozili，2020）。普惠金融理论还提供了一些原则，这些原则将作为普惠金融实践的基础。普惠金融理论也为发现普惠金融实践中的异常模式提供了平台。一旦识别出这些异常，就很容易对其进行进一步研究，以理解实际工作中存在这些偏差的原因。如图 3.1 所示，普惠金融理论可以分为普惠金融受益人理论、普惠金融供应代理理论，以及普惠金融融资理论。这些理论将在第 4 章、第 5 章、第 6 章中详细分析。下一节内容将分析第四次工业革命对普惠金融的影响。

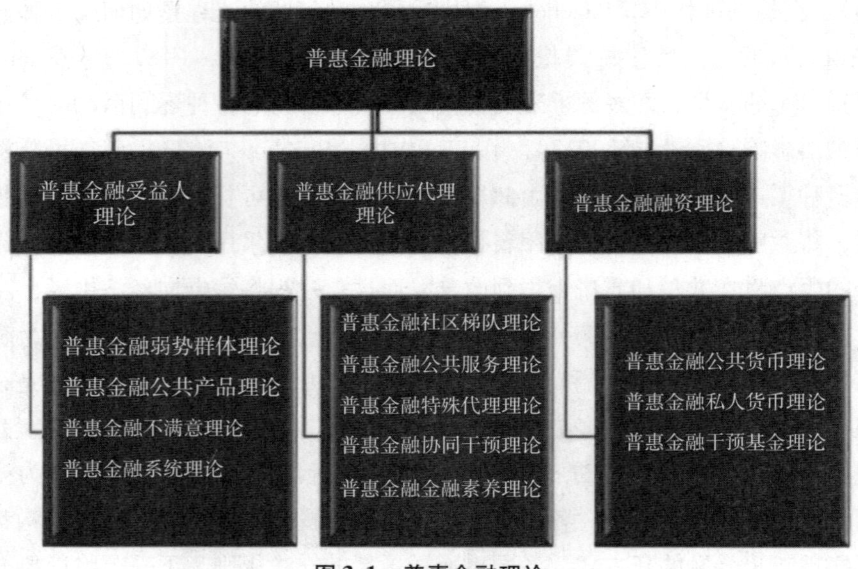

图 3.1 普惠金融理论

3.3 第四次工业革命推动普惠金融发展

第四次工业革命的特点是物理、数字和生物世界的融合，以及新技术的出现。推动第四次工业革命的技术正在彻底颠覆金融业，普惠金融面临的一些障碍正在得到大力解决。信息不对称造成的信用风险是普惠金融面临的主要障碍之一。根据 Mhlanga（2021b），信用风险被定义为借款人无法履行约定信用条款的义务。金融机构通常进行信用风险评估，最大限度减少风险威胁，提高银行的风险调整收益率。在进行信用风险分析的过程中，银行会设定一些条件，在多数情况下，这些条件是评估借款人风险状况的变量。纳入考量的部分变量包括信用记录和抵押担保等。由此产生的问题是，许多穷人、女性、青年和残疾人等弱势群体没有信用记录、所需证明文件和抵押担保品，这限制了他们参与信贷市场，甚至是简单开立银行账户的能力。结果是这些人被排斥在正规金融市场之外。

金融机构不重视这部分人的原因之一是信息不对称造成的信息缺口。信息不对称指交易中的一个主体比另一个主体拥有更多的信息，从而导致交易中的权力分配出现不均衡，最终导致市场失灵的情况。这种信息不对称导致了两个问题，即事后道德风险和事前逆向选择。道德风险和逆向选择是导致许多穷人无法进入金融市场的两个信息不对称问题。然而，在第四次工业革命过程中，就普惠金融和信息不对称问题而言，技术发展带来了一些改变。人工智能和机器学习等技术为解决这一问题作出了巨大贡献。

3.3.1 人工智能和信息不对称问题

Mhlanga（2021b）、Marwala（2015）、Moloi 和 Marwala（2020a）认为，人工智能有助于应对信息不对称带来的挑战。人工智能在信贷市场上的应用有助于解决信息不对称，从而进一步解决金融排斥问题。图 3. 2 概述了信息不对称和由此产生的其他相关问题，以及有助于解决第四次工业革命中金融排斥问题的相关变量。

Marwala 和 Hurwitz（2015）认为，人工智能可以通过信号传递和大数据来解决信息不对称问题。信号传递被定义为：一方（可被称为代理人）以可信的方式向另一方（委托人）传递信息的行为（Connelly 等，2010）。信号传递作为一种理论模型，深刻刻画了双方（无论是个人还是组织）在获得不同信息时的行为。根据 Marwala 和 Hurwitz（2015）以及 Mhlanga（2021b）的研究，人工智能在解决信息不对称问题方面发挥作用的一种方式是社交网络，如 Facebook、Instagram、WhatsApp 和 Twitter 等，这些社交网络由人工智能驱动，以比人类更准确的方式传递信息。金融机构可以利用社交媒体的信息共享来评估信用风险及相关问题，这有助于解决金融排斥问题。

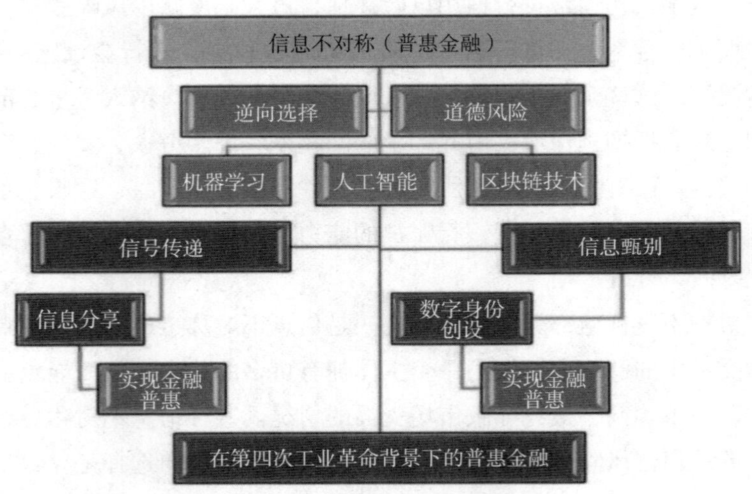

图 3.2　第四次工业革命与普惠金融

人工智能帮助解决信息不对称问题的一个重要方面是能强化信息甄别过程（Marwala 和 Hurwitz，2015）。诺贝尔奖获得者 Joseph Stiglitz（1974a，1974b）是甄别理论的泰斗，甄别理论的含义是，信息有限的主体诱导信息丰富的主体揭示更多信息。人工智能和互联网的存在有助于这个甄别过程，其程度已经相当完备，以至于不需要额外的人来参与这个甄别过程。互联网在获取其他人的信息方面发挥着至关重要的作用。现在，人们可以从互联网上获取信息，如其他人的个人资料，与来自代理人提供的信息对照，互联网生成的信息似乎更为准确和有信息量。至于为什么互联网生成的信息更为准确，原因是，人类通常很容易忘记，而且在许多情况下，由于各种原因，人们不想透露信息（Marwala 和 Hurwitz，2015）。

3.3.2　逆向选择与第四次工业革命

逆向选择是信息不对称产生的问题之一，如图 3.2 所示。反选择（Anti - selection）或逆向选择出现在签订信贷合约之前的初始阶段。当人们在理解金融产品或服务的本质方面遇到障碍时，就会产生这种挑战。在信贷市场中，当贷款人无法评估借款人的信息时，就会出现逆向选择。Akerlof（1970）将该问题称为逆向选择，它发生在签订信贷合同之前，因为借款人的信息存在被掩盖的情况。在信贷关系中，低质量的借款人和高质量的借款人之间总是存在这个问题，在大多数情况下，低质量借款人通过隐瞒重要信息来表明他们是风险较低的高质量借款人，从而将自己伪装成高质量借款人（Tfaily，2017）。在许多情况下，高质量借款人的行为会将低质量的借款人挤出金融市场。实际情况是，金融市场往往无法将借款人按照质量进行区分。其结果是，高质量的客户被驱逐出金融市场。为了解决这个问题，金融机构需要开发一些机制，区分高质量的借款人和低质量的借款人。

Stiglitz 和 Weiss（1981）强调，由于信息不对称，识别高质量客户的过程非常困难，这迫使银行为所有客户提供单一利率，以最大限度地提高预期回报。这种单一利率构成了对某些客户群体的森严壁垒，迫使这些群体被金融排斥。

如图 3.2 所示，由人工智能驱动的第四次工业革命时代正在推动各类经济主体建立关系，包括信息共享，从而使人们能够获得和积累大数据。大数据形式的信息随时可用，使金融机构能够利用人工智能的力量进行信用风险评估。根据 Moloi 和 Marwala（2020a）的说法，分析和连接大数据的过程是人类难以完成的，但人工智能可以更准确、更清晰地完成这些操作。因此，在第四次工业革命中，由于大数据的出现以及人工智能能力的增强，处理逆向选择问题变成了可能（Moloi 和 Marwala，2020b）。因为信息不对称和逆向选择，女性、小企业和青年等弱势群体无法进入金融市场，但由于大数据和人工智能的助力，他们现在可以参与金融市场。金融机构可以基于大数据使用人工智能对这些群体进行评估。

3.3.3　道德风险与第四次工业革命

事后信息不对称会带来信用合同签订后的道德风险问题。道德风险问题的产生是因为合同中的一个经济主体无法观察另一个经济主体的行为（Mhlanga，2021a）。即信用协议出现某些新条件，导致与最初约定的条件不同。实际上，道德风险主要通过下列方式产生，不知情的经济主体缺乏合同中其他经济主体行为的信息，而合同中信息资源较多的经济主体可能会以投机的方式利用另一个经济主体信息不灵通的缺陷。在许多情况下，这些经济主体的行为方式旨在寻求他们的私有利益（Tfaily，2017）。验证经济主体行为的过程非常困难，因为其他经济主体无法得知哪些事情正在发生。道德风险还伴随着资产替代问题，因为借款人具备了信息优势，借款人有动机去参与那些可能失败的风险项目（Stiglitz 和 Weiss，1981）。综上所述，不遵守信用协议是道德风险的主要驱动因素。

第四次工业革命为信贷市场的道德风险问题带来了解决契机。道德风险与逆向选择问题密不可分，正如前文所述，在第四次工业革命背景下，解决道德风险问题出现了可能。随着人工智能技术的发展，市场不再依赖经济主体通过披露重要信息来保持公平性，也不再必须通过劝服、惩罚和威胁经济主体披露关键信息（Moloi 和 Marwala，2020c）。由人工智能等各种技术驱动的第四次工业革命使人们能够建立高效和有效的关系，包括数据共享，从而能够收集和存储大数据。金融机构现在使用这些数据进行信用风险评估（Moloi 和 Marwala，2020c）。

尽管相关技术也带来了其他问题，如失业和加剧收入不平等，但第四次工业革命为那些被金融排斥的家庭和个人提供了更多机会。使用公司注册信息、社交媒体数据、网络信息、卫星图像等替代数据源，金融机构能够进行认真的信用分析，使以前被排斥在金融体系外的家庭能够获得信贷。传统的银行体系下，不少群体无法获得正规金融服务，主要障碍是传统的抵押担保和身份识别要求，这使得社会底层的人很难参与正规金融服务。一个例子是 MyBucks 公司，这是一家使用人工智能和机器学习验证潜在借款人资质、生成借款人画像、并评估其支付能力的公司。MyBucks 还为乌干达、马拉维和赞比亚等国家的客户提供小额贷款和保险服务。另一个对解决金融排斥问题有很大帮助的技术的例子是区块链。根据 Ravikumar 等的研究（2021），全球约有 24 亿人没有数字身份，这些人无法开立账户进入金融体系。不过，新兴的区块链技术可以使用面部和语音等生物识别技术来帮助他们创建数字身份。Ravikumar 等

（2021）指出，在使用区块链技术时，用户不再需要传统形式的抵押品和身份证明，如身份证、护照、电子邮件或驾照等。区块链技术创建的数字身份可用于开立银行账户和使用其他形式的抵押品。

3.4　小结

本章的目的是探讨普惠金融的含义，并描述第四次工业革命技术对普惠金融产生影响的大背景。本章指出，学术文献中对普惠金融的定义存在分歧。本章还介绍了普惠金融的各种理论，包括普惠金融的受益人理论、普惠金融的供应代理理论和普惠金融的融资理论。本章发现，推动第四次工业革命的技术正在彻底改变金融部门，而普惠金融的一些发展障碍正在得到有效解决。普惠金融的主要发展障碍之一是信息不对称，这使得一些群体很难获得信贷服务，从而导致严重的金融排斥现象。但第四次工业革命的相关技术正在通过信息传递、信息甄别、信息共享和数字身份创建等方式改变这一现状，从而将被金融排斥的群体纳入金融体系。

参考文献

1. Akerlof, G. （1970）. The market for lemons: Qualitative uncertainty and the market mechanism. *Quarterly Journal of Economics*, 84, 488 – 500.

2. Akileng, G., Lawino, G. M., & Nzibonera, E. （2018）. Evaluation of determinants of financial inclusion in Uganda. *Journal of Applied Finance and Banking*, 8 （4）, 47 – 66.

3. Arun, T., & Kamath, R. （2015）. Financial inclusion: Policies and practices. *IIMB Management Review*, 27 （4）, 267 – 287.

4. Bagehot, W. （1873）. Lombard street: A description of the money market: By Walter Bagehot. Henry S. King & Company 65 Cornhill & 12 Paternoster Row.

5. Berthoud, R., & Kempson, E. （1992）. Credit and debt: The PSI report （No. 728）. Policy Studies Institute.

6. Carbó, S., Gardener, E. P., & Molyneux, P. （2005）. Financial exclu-

sion in the UK. In Financial Exclusion (pp. 14 – 44). Palgrave Macmillan.

7. Chowhan, S. S., & Pande, J. C. (2014). Pradhan Mantri Jan Dhan Yojana: A giant leap towards financial inclusion. *International Journal of Research in Management & Business Studies*, 1 (4), 19 – 22.

8. Connelly, B. L., Certo, S. T., Ireland, R. D., & Reutzel, C. R. (2010). Signalling theory: A review and assessment. *Journal of Management*, 37 (1), 39 – 67.

9. Davis, E. P., & Sanchez – Martinez, M. (2015). *Economic theories of poverty*. Joseph Rowntree Foundation.

10. Demirgüç – Kunt, A., Levine, R., & Detragiache, E. (2008). Finance and economic development: The role of government. *Policy Working Paper*, 3955.

11. Devlin, J. F. (2005). A detailed study of financial exclusion in the UK. *Journal of Consumer Policy*, 28 (1), 75 – 108.

12. Goldsmith, R. W. (1975). The quantitative international comparison of financial structure and development. *The Journal of Economic History*, 35 (1), 216 – 237.

13. Hogarth, J. M., & O' Donnell, K. H. (1999). Banking relationships of lower – income families and the governmental trend toward electronic payment. Fed. Res. Bull., 85, 459.

14. Kempson, E. (1994). Outside the banking system: A review of households without a current account.

15. Kempson, E., & Whyley, C. (1999). Extortionate credit in the UK. Department of Trade and Industry.

16. Kempson, H. E., Whyley, C. M., Caskey, J., & Collard, S. B. (2000). In or out? Financial exclusion: A literature and research review. *Financial Services Authority*.

17. Koomson, I., Villano, R. A., & Hadley, D. (2020). Effect of financial inclusion on poverty and vulnerability to poverty: Evidence using a multidimensional measure of financial inclusion. *Social Indicators Research*, 149, 613 – 639.

18. Leeladhar, V. (2006). Taking banking services to the common man – fi-

nancial inclusion. Reserve Bank of India Bulletin, 60 (1), 73 – 77.

19. Levine, R. (2005). Finance and growth: Theory and evidence. *Handbook of Economic Growth*, 1, 865 – 934.

20. Leyshon, A., & Thrift, N. (1995). Geographies of financial exclusion: Financial abandonment in Britain and the United States. *Transactions of the Institute of British Geographers*, 312 – 341.

21. Li, J. P., Naqvi, B., Rizvi, S. K. A., & Chang, H. L. (2021). Bitcoin: The biggest financial innovation of the Fourth Industrial Revolution and a portfolio's effi – ciency booster. *Technological Forecasting and Social Change*, 162, 120383.

22. Marwala, T. (2015). Impact of artificial intelligence on economic theory.

23. Marwala, T., & Hurwitz, E. (2015). *Artificial intelligence and asymmetric information theory*.

24. Masiyandima, N., Mlambo, K., &Nyarota, S. (2017, May). Financial inclu – sion and quality of livelihood in Zimbabwe. In 14th African Finance Journal Conference – Africa growth Institute.

25. Mhlanga, D. (2020a). Financial inclusion and poverty reduction: Evidence from small scale agricultural sector in Manicaland Province of Zimbabwe.

26. Mhlanga, D. (2020b). Industry 4.0 in finance: The impact of artificial intelligence (AI) on digital financial inclusion. *International Journal of Financial Studies*, 8 (3), 1 – 14.

27. Mhlanga, D. (2021a). Financial access and poverty reduction in agriculture: A case of households in Manicaland Province, Zimbabwe. *African Journal of Business and Economic Research*, 16 (2), 73 – 95.

28. Mhlanga, D. (2021b). Financial inclusion in emerging economies: The applica – tion of machine learning and artificial intelligence in credit risk assessment. *International Journal of Financial Studies*, 9 (3), 39.

29. Mohan, R. (2006). Economic growth, financial deepening and financial inclu – sion. Reserve Bank of India Bulletin, 1305.

30. Moloi, T., & Marwala, T. (2020a). Advanced information and knowl-

edge processing.

31. Moloi, T. , & Marwala, T. (2020b) . Adverse selection. In Advanced information and knowledge processing (pp. 71 – 79) . Springer.

32. Moloi, T. , & Marwala, T. (2020c) . Moral hazard. In Advanced information and knowledge processing (pp. 81 – 88) . Springer.

33. O' keefe, D. J. (2015) . Persuasion: Theory and research. Sage.

34. Omar, M. A. , & Inaba, K. (2020) . Does financial inclusion reduce poverty and income inequality in developing countries? A panel data analysis. *Journal of Economic Structures*, 9 (1), 1 – 25.

35. Ozili, P. K. (2020) . Theories of financial inclusion. *SSRN Electronic Journal.*

36. Ravikumar, T. , & Suhashini, &. (2021) . Blockchain technology: Is it an accelerator for the incomplete agenda of financial inclusion? Role of Project Management Methodologies in Business Value Creation View Project. www. tjprc. org.

37. Sarma, M. (2008) . Index of financial inclusion (Working paper No. 215) .

38. Sarma, M. , & Pais, J. (2011) . Financial inclusion and development. *Journal of International Development*, 23 (5), 613 – 628.

39. Schmitt, N. (1994) . Method bias: The importance of theory and measurement. *Journal of Organizational Behavior*, 393 – 398.

40. Sinclair, S. P. (2001) . Financial exclusion: An introductory survey. Edinburgh College of Art/Heriot Watt University.

41. Stiglitz, J. E. (1974a) . Incentives and risk sharing in sharecropping. *Review of Economic Studies*, 41 (2), 219 – 255.

42. Stiglitz, J. E. (1974b) . Incentives and risk – sharing in sharecropping. Review of Economic Studies. *Oxford Journals*, 41, 219 – 255.

43. Stiglitz, J. E. , & Weiss, A. (1981) . Credit rationing in markets with imperfect information. *The American Economic Review*, 71 (3), 393 – 410.

44. Stolbov, M. (2013) . The finance – growth nexus revisited: From origins to a modern theoretical landscape. *Economics*, 7 (1) .

45. Tfaily, A. (2017). Proceedings of the 11th International Management Conference "The Role of Management in the Economic Paradigm of the XXIst Century." Managing Information Asymmetry and Credit Risk – a Theoretical Perspective.

46. Thorat, S. (2007, August). Economic exclusion and poverty: Indian experience of remedies against exclusion. In IFPRI and ADB Conference in Manila (pp. 9 – 10).

47. Zhijun, W. (2007). Financial exclusion: The experiences of the United Kingdom. *World Economy Study*, 2, 12.

第二部分

第四次工业革命背景下的普惠金融理论

4. 第四次工业革命背景下的普惠金融受益人理论

4.1 导言

普惠金融对确保经济增长的包容性和可持续性非常重要（Triki 和 Faye，2013）。在上一章中，我们将普惠金融定义为一系列机制，该机制使正规金融服务对国家中的每个人都是可用、可获得的、负担得起的。Triki 和 Faye（2013）认为，探讨普惠金融，应该首先关注金融排斥，一些群体因收入水平、收入波动、性别、人种、所处地点和金融素养等问题而被排斥在金融服务之外。普惠金融能够挖掘企业和个人未开发的金融潜力，因为这些企业和个人目前获得的金融服务不足，被排斥在正规金融市场之外（Mhlanga，2021a）。普惠金融可以对这些人能够进行认真的金融素养培育，加强他们的物质和人力资本积累，普惠金融还可以让这些人参与创收项目，并管理好那些可能影响他们生计的风险因素。因此，普惠金融不仅仅是获得信贷，它还包括获得储蓄和风险管理产品和服务，以及使用功能良好的基础设施充分参与经济活动。

第四次工业革命正在引发许多变化，许多学者希望了解在当下这个以复杂金融创新为特征的世界中的普惠金融问题（Ozili，2020）。而在解释这些变化及其影响时，重要的是要有理论来建立一些描述普惠金融实践的一般性原则。鉴于此，本章旨在从第四次工业革命的角度分析普惠金融的受益人理论。本章将按以下方式展开：第一节将从受益人的角度概述普惠金融的各种理论，第二节分析第四次工业革命对普惠金融受益人理论的影响。本章将讨论普惠金融的公共产品理论、普惠金融的不满意理论和普惠金融的弱势群体理论等理论。

4.2 普惠金融的受益人理论

学者们对普惠金融的受益人是谁持不同意见。一般共同观点是，社会“金字塔”底层的弱势群体是普惠金融的受益人。然而，一些学者认为，底层群体中的穷人最应该从普惠金融中受益，另一些学者认为受益人应是女性群体，还有一些学者明确表示，经济和金融体系应该从普惠金融中受益（Bhandari，2018；Ghosh 和 Vinod，2017；Lal，2018；Mhlanga，2020；Mhlanga 等，2020；Omar 和 Inaba，2020；Ozili，2020，Swamy，2014；Urrea 和 Maldonado，2011）。而 Ozili（2020）指出，除了女性和穷人之外，还应该有其他普惠金融的受益人，如年轻人、老年人、被收容者、病人、残疾人以及之前因刑事犯罪而被金融部门排斥在外的个体。Swamy（2014）发现，与男性相比，女性通常从普惠金融计划中受益更多。Swamy（2014）给出的原因是，在大多数情况下，女性会用她们从普惠金融计划中获得的资源来改善家庭福祉，会用这些资源提高家庭的储蓄水平。Urrea 和 Maldonado（2011）调查了各种金融工具对哥伦比亚最贫困家庭脆弱性的影响。他们的研究发现，非正规存款等金融产品对于缓解哥伦比亚贫困家庭脆弱性的作用最大。Urrea 和 Maldonado（2011）研究发现，正规和非正规信贷在保护家庭免受严重脆弱性方面都很重要，特别是，与正规信贷相比，非正规信贷在防范脆弱性方面被证明更为有效。非正规信贷在解决脆弱性问题方面之所以更为重要，是因为它更具灵活性，能够在意外冲击后更有效地帮助家庭。然而，Urrea 和 Maldonado（2011）提出，这种最重要的保护家庭的金融工具却也是最昂贵的金融工具之一。

Lal（2018）研究了合作银行普惠金融对消除贫困的影响。研究发现，通过合作银行促进普惠金融发展对消除贫困有影响。当家庭能够获得储蓄、贷款、保险和信贷等金融产品和服务时，其对穷人的生活会产生重大影响，会对脱贫行动产生长期助力。Mhlanga（2021a）还发现，交易账户、借贷和储蓄作为小农户消除贫困工具具有重要作用。

综上所述，学者们对普惠金融的最终受益人的理解并不一致。下一节将详细解释普惠金融的受益人理论。这些理论包括普惠金融的弱势群体理论、普惠金融的公共产品理论、普惠金融的不满意理论和普惠金融的系统理论。

4.2.1 普惠金融的弱势群体理论

普惠金融的弱势群体理论是获得共识最多的一个观点，世界各地许多学者都对此认同。这一理论认为，任何旨在提高普惠金融水平的行动或计划都应该关注社区中的弱势群体、贫困人群和家庭、青年人、女性、残疾人和老年人（Burlando 和 Canidio，2015；Ozili，2020）。弱势群体理论的主要主张是，将弱势群体纳入正规金融部门，因为他们往往更容易受到金融冲击乃至经济危机的影响。根据世界银行（2018）的数据，自 2010 年以来，世界各国纷纷承诺改善弱势群体的普惠金融水平。在这些国家中，60 多个国家要么已经启动了国家战略，要么正在制定国家战略。在普惠金融方面取得最关键进展的国家，往往会制定应对金融排斥问题的政策，且特别会针对弱势群体出台措施。

一些国家在实现弱势群体普惠金融方面取得了更大成就，第一项举措是大规模普及数字身份证，如印度的 Aadhaar 或 Pradhan Mantri Jan Dhan Yojana（PMJDY）——简称为 JDY 账户，在短时间内覆盖了超过 12 亿居民（世界银行，2018）。第二项举措是利用政府支付实现普惠金融。这是富有成效的策略之一，因为在低收入国家，大约 35% 接受政府支付的成年人为此目的开设了金融账户。政府鼓励那些接受政府对个人（G2P）社会现金转移的弱势群体开设正式账户，并将这笔钱存入其中。政府将这些现金转移存入穷人、女性、老年人、年轻人的金融账户，并激励这些弱势群体利用正规金融部门享受社会现金转移福利。通过上述努力，弱势群体的普惠金融水平将会提高。第三项举措可以用来鼓励弱势群体使用正规金融市场的办法是大力发展移动金融服务，以及鼓励新的商业模式，如利用电子商务数据促进普惠金融。第四项可用举措是制定国家普惠金融战略（NFIS），该战略可以将金融监管机构、电信公司、教育部门等不同的利益相关者纳入统一行动范围。此外，还可以加强金融消费者权益保护和金融素养培育，从而确保为这些人提供可持续的金融服务。弱势群体理论的政策意义在于，普惠金融的所有努力都应针对社区中的弱势群体，以提高普惠金融水平为目标。

普惠金融弱势群体理论的优缺点。普惠金融的弱势群体理论有三个优点。第一个优点是，它针对的是受金融排斥影响最大的弱势群体，旨在减少社会的金融排斥现象。根据 Eurodiaconia（2020）的说法，获得金融服务对人们的正常生活至关重要，在欧洲社会权利支柱（EPSR）下，这甚至是一项必需的权利。Eurodiaconia（2020）指出，那些没有经济手段、缺少所需证明文件，以及社会、文化、精神甚至身体能力不足的弱势群体是受金融排斥影响最大的群体。Eurodiaconia（2020）还指出，面临金融排斥风险的最弱势群体是负债过多的人、无家可归者、失业者，尤其是长期失业者。而老年人、移民，以及囚犯等许多群体也是金融排斥风险群体。世界银行报告也称，大多数没有银行账户的人都是生活贫困的人——大约75%的没有银行账户者都生活窘迫。有人认为，不解决金融排斥问题，贫困问题就没有尽头。因此，普惠金融的弱势群体理论的价值在于，它针对的是面临金融排斥和贫困风险的最弱势群体。

弱势群体理论的第二个优点是，在这一理论下，政府很容易发现被排斥在金融服务之外的群体。这些人可以通过年龄、性别、收入水平和其他人口统计特征等变量来识别。正如前一章所述，许多普惠金融的定义都将弱势群体获得金融产品的程度作为一个维度指标。例如，Leeladhar（2005）将普惠金融定义为，以负担得起的成本向广大弱势群体和低收入群体提供银行服务的行为。这些群体包括农村居民群体、女性群体、小企业、小农家庭、青年和其他群体。与此同时，Thorat（2007）将普惠金融定义为，为被排斥的弱势群体提供可负担的金融服务，如支付、汇款、储蓄，以及通过正规金融体系向其提供贷款和保险服务。如果我们确定那些被排斥在金融服务之外的人还是比较容易的，因为可以通过各种人口和非人口特征来观察这些人的脆弱程度。

普惠金融的弱势群体理论的第三个优点是，将行动资源导向弱势群体，在某种程度上比提升全体人口的普惠金融水平更具成本效益。比如之前利用政府支付的例子，当社会现金转移支付被存入个人银行账户时，它在某种程度上鼓励人们有效地使用正规金融服务。

普惠金融的弱势群体理论也有一些缺点。第一，该理论下的受益人是有选择性的，不是一个国家中的所有人。该理论只关注弱势群体，而没有考虑到可能还有其他群体也受到金融排斥，他们不属于弱势群体，比如那些对现有金融服务不满意的人，他们是正规金融市场的一部分，但由于银行手续费高等各种因素而决定不参与。第二，弱势群体的标准不明确，与收入一样，用于确定一个人是否弱势的变量有很大争议性，而且由于该理论没有关注非弱势群体，使得这一问题更加严重。毫无疑问，非弱势群体也像弱势群体一样需要金融服务。弱势群体理论的另一个问题是，假设女性属于弱势群体，而倾向于将男性排除在外。这一理论认为，男性不是弱势群体的一部分。在我们生活的这个世界上，男性和女性为平等机会而竞争。因此，将女性视为弱势群体而排斥男性的做法，会带来一个长期的普惠性问题，可能会导致不平衡，即女性在金融方面比男性更活跃（Ozili，2020）。可能的结果是，男性对专门针对女性的项目感到不满，这也可能导致冲突。第三，仅针对弱势群体进行普惠金融行动还会造成一个意外后果，这可能会导致社会不平等。当普惠金融和社会政策有利于某一群体时，可能会导致另外的社会不平等。当弱势群体在相当长的一段时间内比其他群体更好地获得正规金融服务时，也将导致收入不平等。

4.2.2　普惠金融的公共产品理论

公共产品定义为非排他性和非竞争性的产品（Cornes 和 Sandler，1985）。其意思是，不能排斥任何人使用这种产品，而且任何人消费这种产品时，不会降低该产品对其他人的可用性。在经济学中，公共产品包括国防、街道照明和新鲜空气等（Warr，1983）。另一些产品，如基本医疗保健和初等教育，在经济意义上可能不是公共产品，但在许多国家，这些产品现在被视为公共产品，以至于社会普遍认为将任何人排斥在这些产品之外是不可以接受的（Warr，1983）。经济理论认为，公共产品是市场失灵的一个例子，在这种情况下，个人追求最大化利益的市场行为无法产生有效结果。生产公共产品时，它们会产生所谓的正外部性，而这种外部性是没有报酬的。很多时候，私人组织自愿生产公共产品的动机是不够的，因为私人组织并没有从公共产品中获得全部好处。在大多数情况下，消费者使用公共产品，而不对其创造作出任何贡献。当许多消费者选择“搭便车”时，私人成本将超过私人收益，私人参与者生产更多此类产品或服务的动机便消失了（Cornes 和 Sandler，1985）。在这种情况下，市场将无法生产出人们所需的这种产品或服务。问题是，普惠金融在多大程度上应该被视为公共产品（Vasile 等，2021）？从纯经济角度看，普惠金融不是一种公共产品，因为个人可能被排斥在这一服务之外，但就像基本医疗保健和初等教育一样，普惠金融可以被视为一种公共产品。普惠金融越来越被视为一种公共产品，因此将一部分人排斥在保险、储蓄和交易账户等基本金融服务之外是不可取的，也是不公平的。

因此，普惠金融的公共产品理论认为，金融产品和服务应被视为公共产品（Kamal 等，2021；Ozili，2020）。该理论认为，基于公共产品的定位，正规金融机构提供的金融服务应该给所有人，从而使相关利益惠及每个人（Ozili，2020）。该理论进一步认为，应该取消对获得正规金融服务的所有限制，这样每个人都可以不受限制地获得正规金融服务。当普惠金融被视为一种公共产品时，一个人对正规金融服务的消费不会减少其他人可用的服务（Ozili，2020）。这意味着，当普惠金融被视为一种公共产品时，所有社区的所有人都可以成为正规金融部门的一部分，这将使所有人都能过得更好。

普惠金融的公共产品理论认为，社会的所有成员都应该是普惠金融的受益人，没有人应被排斥在正规金融市场之外。公共产品理论提出了一些重要观念，有助于确保普惠金融行动惠及那些被金融排斥者。开立交易账户或简单银行账户的个人和小企业应获得免费借记卡，免除自动柜员机（ATM）的费用，从而让这些人在没有交易成本的情况下进行交易。Ozili（2020）认为，商业银行、建筑协会和金融公司等正规金融服务的提供商应该承担提供金融服务的成本，这些成本应该是经营的沉没成本。另一个重要方面是政府在提供免费正规金融服务方面的作用。该理论提出，政府也应出一份力，如为金融机构提供补贴，使这些机构能够承担免费向公民提供正规金融服务的成本。

普惠金融公共产品理论的优点。公共产品理论的观点有几个优点。第一个优点源于它的主张，即每个人，无论性别、年龄、收入水平、种族、所处地点，都可以获得正规的金融服务，并将从普惠金融中受益。公共产品理论的这一论点是普惠金融最重要的支柱之一。应无条件地向每个人提供正规金融服务。当这个理念和服务得以普及后，即使在有许多弱势穷人的贫困社区，人们也有机会实现发展。第二个优点是，它明确了当普惠金融服务被视为公共产品时，政府应该发挥的作用。该理论提出，政府应该补贴金融机构提供正规金融服务的成本。当政府参与提供正规金融服务时，弱势群体才真正有可能参与正规金融市场，因为金融机构会免费提供这些服务。第三个重要优点是，它为国家政府提供了一个推动普惠金融行动的机遇。所有由政府参与的普惠金融行动平台都会被认真对待，因为政府在其中发挥着至关重要的作用。

普惠金融公共产品理论的局限。第一个局限是仅仅将金融服务视为公共产品，以此解决金融排斥问题是非常困难的。造成金融排斥的因素太多了，很难仅仅通过将提供金融服务视为公共产品来解决。Vasile 等（2021）认为，区分普惠金融目标的因素还包括年龄组以及地理区域等其他因素。如果年龄是限制某些人获得金融资源的因素之一，那么，即使将金融服务视为公共产品，也很难使特定年龄的人能够参与正规金融市场。普惠金融公共产品理论的第二个局限是，它要求政府向正规金融服务商提供补贴，以便他们能够以可承受的成本提供免费金融服务。这种补贴可能会成为政府的成本，耗费既有公共资源。如果同时政府还在执行其他关键社会项目，则将遇到财务困境（Kamal 等，2021；Ozili，2020）。普惠金融公共产品理论的第三个局限是，它提出，当正规金融服务被视为公共产品时，这些服务应该免费或以较低的成本提供给用户。与此相关的问题是，即使政府支持金融机构提供低廉的正规金融服务，但从长远来看，任何程度的普惠金融也都是不可持续的，尤其是在金融服务定价过低的情况下。

4.2.3　普惠金融的不满意理论

普惠金融的不满意理论认为，普惠金融计划应侧重于那些属于正规金融部门的个人，他们在与正规金融部门或金融中介打交道后感到体验不佳，或者对正规金融部门参与规则感到不满意（Ozili，2020）。根据这一理论，这些问题完全解决时，将有效提高那些原先不满意的人的普惠金融水平。不满意理论还提出，应该通过说服，让以前脱离正规金融市场的人重新进入市场。这意味着，让那些曾经是正规金融市场一部分的人回来是较为容易的，特别是在说服这些人的最佳和最有效的方法已经到位的时候。在某种程度上，普惠金融的不满意理论更多地涉及那些自愿排斥在正规金融部门之外的群体。一些可能促使人们自愿退出正规金融市场或导致人们不满意的因素包括：高昂的银行手续费、取款存款的长时间排队、成为欺诈的受害者，以及资金被盗问题等。不满意理论暗示的一点是，在试图处理金融排斥问题时，政策制定者应该尽最大努力首先针对主动离开正规金融市场的人员，然后再制订针对其他被排斥群体的计划。

不满意理论的优缺点。一方面，与之前的公共产品理论一样，不满意理论有一些优点。第一个优点是，政府很容易在金融部门识别出这些不满意的人。因为他们曾经是金融部门的参与者，他们的详细信息已经存储在金融机构中。

通过说服，很容易让这些人重返正规金融市场。也就是说，相比那些以前不属于金融部门的个人，针对以前有银行账户的个人推进相关工作，似乎更容易实现普惠金融目标。不满意理论的第二个优点是，该理论不需要政府补贴，因为该理论完全取决于人际说服技巧和能力。

另一方面，普惠金融的不满意理论因其主张也存在一些缺点。第一个缺点是，不满意理论并没有强调社会中所有人的普惠金融水平，该理论只关注那些以前是正规金融市场一部分的人。因此，该理论排斥了那些以前没有进入正规金融市场的人。根据 Mhlanga（2020）的研究，在许多情况下，很多小农户以前都从未参与过正规金融市场。根据这一理论的主张，普惠金融举措应侧重于那些以前是正规金融市场一部分的人，这意味着很多人将被排斥在正规金融市场之外。

该理论的第二个缺点是，金融排斥可能是由许多因素造成的，其中包括宗教，甚至是个人的品位和偏好。而该理论简单地将金融排斥归因为客户对正规金融部门参与规则的不满意，这可能会产生误导。Ali 等的一项研究（2020）在调查伊斯兰金融排斥的决定因素时发现，导致金融排斥的因素包括缺乏金融知识和个人所处位置，这表明自愿性金融排斥的原因存在争议，不满意理论的结论是不完整的。

该理论的第三个缺点是，对金融部门不满意的人并不总会离开正规金融部门，特别是如果所在的国家在金融服务方面更为依赖正规金融部门。虽然金融部门并不总是尽如人意，但一些国家更依赖正规金融服务，在这些国家中，不满意理论或许并不成立。

4.2.4 普惠金融的系统理论

普惠金融的系统理论指出，经济、社会和金融系统对实现普惠金融目标至关重要。Ozili（2020）认为，现有的经济、社会和金融等子系统是普惠金融所依赖的基础，当普惠金融程度更高时，其积极效益将使这些子系统受益。Ozili（2020）给出的一个例子是对金融部门中介机构的监管。其论点是，对金融部门中介机构的监管有助于确保机构的需求与用户的需求相一致，防止其通过价格歧视和其他形式侵害用户权益。普惠金融系统理论的主要观点是，一个国家普惠金融行动的成功是以子系统的效率和有效性为前提的。同样，以该理论来看，普惠金融行动的最终受益人也应是社会经济和金融子系统。

普惠金融的系统理论的优缺点。一方面，普惠金融系统理论的优点之一是，它强调了一个国家的经济、社会和金融系统在促进普惠金融方面的作用。这一认识非常关键，因为如果没有正常运作的国家系统，就很难实现可持续的普惠金融水平。系统理论的另一个优点是，与其他关注微观经济视角的理论相比，该理论具有宏观经济视角。关注宏观经济视角非常重要，因为任何普惠金融计划都旨在满足所有利益相关者的需求。此外，与其他理论相比，系统理论深度思考了普惠金融所依赖的子系统之间的相互关系，这是一个巨大的理论优势。另一方面，普惠金融的系统理论也存在一些局限性。局限性之一是，该理论只关注子系统对普惠金融的影响，没有考虑可能影响普惠金融水平的其他外部因素（Ozili，2020）。系统理论的另一个缺点是，它主张普惠金融水平与其所依赖的系统之间存在直接关系，但这并不总是正确的。有的国家可能会出现另一种情况，即普惠金融水平与其所依赖的系统之间没有直接关系。

4.3　第四次工业革命对普惠金融受益人理论的影响

在前一章中，第四次工业革命被定义为第四工业时代，其特征是数字化、数字转型、物联网（IoT）、个人连接设备、人工智能技术、自动化和数据分析。这场革命给物理世界、数字世界和生物世界带来了直接挑战。第四次工业革命在许多方面影响了普惠金融的受益人理论，但更重要的是，正是那些推动工业革命的技术对以前处于不利金融地位的个人的普惠金融水平产生了影响。在某种程度上，第四次工业革命的到来，正在帮助那些此前无法进入正规金融服务的弱势群体获得各种金融服务。

推动第四次工业革命的技术使得政府能够出台措施，大规模地将以前处于不利地位的家庭和个人纳入金融市场。本章给出的一个例子是印度的通用数字身份证—Aadhaar 或 Pradhan Mantri Jan Dhan Yojana（PMJDY）。在技术力量的支持下，印度在短时间内为12 亿居民开立了银行账户（世界银行，2018）。第四次工业革命的技术使这些针对弱势群体的计划变得有效和高效。同样，通过技术，政府可以利用其社会转移支付项目，确保弱势群体成为正规金融服务部门的一部分。借助技术的力量，低收入家庭可以通过正规金融部门获得政府对个人的社会现金转移，这有助于提高普惠金融水平。第四次工业革命也使移动金融服务蓬勃发展，电子商务等新商业模式不断涌现，所有这些由第四次工业革命技术推动的举措都使以前处于不利地位的个人能够进入正规金融市场，提高普惠金融水平。根据 Mhlanga（2020）的分析，第四次工业革命的技术，如人工智能，正在发挥越来越多的作用，确保被金融排斥的家庭能够通过风险监测、风险管理和风险评估等机制获得正规金融服务。Mhlanga 认为，人工智能在预防风险方面的优势使收入较少的群体也能参与金融市场。金融市场越来越多采用人工智能技术，因为它在节省人力、风险识别、信息管理和未来规划等关键领域具有强大的支持能力。人工智能也为弱势群体提供了欺诈检测和网络安全等服务。数字交易带来的大量数据需要人工智能来保护，以免其受网络安全风险和欺诈的影响。金融机构防范风险的能力大大提升，推动其通过手机等数字工具提供金融服务，从而提高普惠金融水平。

4.4 小结

本章的目的是从第四次工业革命的角度阐释普惠金融的受益人理论。我们发现，对于谁应该从普惠金融行动中受益，存在各种不同观点。一些学者认为穷人应该是受益人，而另一些人则认为是女性，还有一些人明确表示，普惠金融的目标应该是增强经济和金融体系。本章强调，除了上述受益人外，还有其他普惠金融受益人，如年轻人、老年人、病人、残疾人以及之前因信息不对称等障碍而被排斥在正规金融部门之外的个人。本章讨论了普惠金融的弱势群体理论、普惠金融的公共产品理论、普惠金融的不满意理论等。本章还评论了第四次工业革命对普惠金融受益人理论的影响。

参考文献

1. Ali, M. M., Devi, A., & Bustomi, H. (2020). Determinants of Islamic financial exclusion in Indonesia. *Journal of Islamic Monetary Economics and Finance*, 6 (2), 373 – 402.

2. Bhandari, B. S. (2018). Life insurance – social security & financial inclu-

sion. Bimaquest, 18 (2) .

3. Burlando, A. , & Canidio, A. (2015) . Financial inclusion of vulnerable house - holds through savings and borrowing groups: Theory and experimental evidence from Uganda. University of Oregon Research.

4. Burlando, A. , & Canidio, A. (2017) . Does group inclusion hurt financial inclu - sion? Evidence from ultra - poor members of Ugandan savings groups. *Journal of Development Economics*, 128, 24 - 48.

5. Cornes, R. , & Sandler, T. (1985) . The simple analytics of pure public good provision. *Economica*, 52 (205), 103.

6. Eurodiaconia. (2020) . Ensuring financial inclusion for the most vulnerable: A call for action.

7. Ghosh, S. , & Vinod, D. (2017) . What constrains financial inclusion for women? Evidence from Indian micro data. *World Development*, 92, 60 - 81.

8. Kamal, A. , Hussain, T. , Social, M. K. - L. A. (2021) . Impact of financial inclu - sion and financial stability: Empirical and theoretical review, 5 (1), 510. Ideapublishers. Org.

9. Lal, T. (2018) . Impact of financial inclusion on poverty alleviation through coop - erative banks. International Journal of Social Economics, 45 (5), 807 - 827.

10. Leeladhar, V. (2005) . Indian banking—The challenges ahead. *Studies in Indian Economy*, 2, 202.

11. Mhlanga, D. (2020) . Financial inclusion and poverty reduction: Evidence from small scale agricultural sector in Manicaland Province of Zimbabwe.

12. Mhlanga, D. (2021a) . Financial access and poverty reduction in agriculture: A case of households in Manicaland Province, Zimbabwe. *African Journal of Business and Economic Research*, 16 (2), 73 - 95.

13. Mhlanga, D. (2021b) . Financial inclusion in emerging economies: The applica - tion of machine learning and artificial intelligence in credit Risk Assessment. *International Journal of Financial Studies*, 9 (3), 39.

14. Mhlanga, D. , Henry D. S. , & Moloi, T. (2020) . Financial inclusion

and poverty alleviation among smallholder farmers in Zimbabwe. *Eurasian Journal of Economics and Finance*, 8 (3), 168 - 182.

15. Omar, M. A., & Inaba, K. (2020). Does financial inclusion reduce poverty and income inequality in developing countries? A panel data analysis. *Journal of Economic Structures*, 9 (1), 1 - 25.

16. Ozili, P. K. (2020). *Theories of financial inclusion.* SSRN Electronic Journal.

17. Swamy, V. (2014). Financial inclusion, gender dimension, and economic impact on poor households. *World Development*, 56, 1 - 15.

18. Thorat, U. (2007). Financial inclusion—The Indian experience. HMT - DFID Financial Inclusion Conference, 2007 (pp. 3 - 15).

19. Triki, T., & Faye, I. (2013). Financial inclusion in Africa.

20. Urrea, M. A., & Maldonado, J. H. (2011). Vulnerability and risk management: The importance of financial inclusion for beneficiaries of conditional transfers in Colombia. Canadian Journal of Development Studies/revue Canadienne D' études Du Développement, 32 (4), 381 - 398.

21. Vasile, V., Panait, M., Apostu, S. A., Foroudi, P., & Qi, J. (2021). Financial inclu - sion paradigm shift in the postpandemic period: Digital - divide and gender gap. Mdpi. Com, 18, 10938.

22. Warr, P. G. (1983). The private provision of a public good is independent of the distribution of income. Economics Letters, 13 (2 - 3), 207 - 211.

23. World Bank. (2018). Financial inclusion: Financial inclusion is a key enabler to reducing poverty and boosting prosperity.

5. 第四次工业革命背景下的普惠金融供应代理理论

5.1　导言

在第4章中，我们了解到普惠金融是促进经济增长的包容性和可持续性的关键要素（Mhlanga 和 Denhere，2020；Mhlanga 等，2021；Triki 和 Faye，2013）。由于普惠金融在经济中的重要性，普惠金融在过去20年中越来越受到世界各地研究人员和政策制定者的关注。根据 Barajas 等的研究（2020），金融资源的有效供给具有积极的宏微观经济影响，金融发展进程可以促进国民经济增长、产业转型，甚至在企业层面亦有助益。如果管理得当，普惠金融还可以促进生产效率提升以及资本有效积累。Barajas 等（2020）的研究报告称，普惠金融可以消除收入不平等情况，并有效、可持续地消除贫困。唯一的问题是，谁应该向被金融排斥的个人和家庭提供正规金融服务呢？Ozili（2020）认为，关于谁应该向广大民众提供正规金融服务，有各种各样的思路。还有一些学者，如 Aggarwal 和 Klapper（2013）、Staschen 和 Nelson（2013）、Chibba（2009）坚信，政府必须向被排斥的个人直接提供金融资源。部分学者的观点是，一个国家要实现社会发展、有效消除贫困和经济增长，就需要健全的财政和金融政策，以及包含公共资金在内的社会资源合理分配。一些学者坚信，政府应该为被排斥的个人提供正规金融服务。因此，政府有责任通过公共机构向公民提供金融资源。

另一些学者认为，私营部门可以提供正规金融资源。这是因为，与公共机构相比，银行、金融公司和金融技术公司等机构可以更有效地向被金融排斥的家庭提供金融资源（Gabor 和 Brooks，2017；Mhlanga，2020；Ozili，2020）。

还有一些学者认为，提供正规金融资源的唯一有效和高效的方法是公私部门的合作（Arun 和 Kamath，2015；Ozili，2020；Pearce，2011）。综上所述，对于谁应该提供正规金融资源，目前没有定论。因此，本章的目的是从供应的角度评估普惠金融的一些基本理论，以及第四次工业革命对这些理论的影响。

5.2 普惠金融的供应代理理论

5.2.1 普惠金融的社区梯队理论

社区梯队理论更加重视社区领袖的普惠金融领军作用。这一理论认为，社区领袖应负责将正规金融服务提供给底层群体。社区领袖通常指的是代表社区的个人或组织，可以视作是“来自社区、致力于社区、被社区授权的人或组织”。社区领袖可以是团体领袖、自发领袖、有偿领袖或个人领袖。许多社区的领导团队可以被理解为当地志愿者、政府和企业或公共部门的结合。该理论指出，社区领袖更有能力提供金融资源，因为他们在社区中具有影响力，可以利用自己的影响力说服社区成员成为正规金融市场的一部分（Ozili，2020）。其中原因之一是，社区及其成员在塑造社区领袖的价值观方面发挥着至关重要的作用。另一个重要原因是，在大多数情况下，社区成员对他们的领袖更为信任，相信社区的领袖会作出有利于社区的决定。同样，社区成员也认为，其领袖所做的决定也能反映社区成员高度重视的价值观和诉求。

社区梯队理论的另一个关键观点是，由于社区成员和社区领袖之间强烈的文化关系，社区领袖在将社区成员引入正规金融市场方面可以发挥极大作用。这种强大的文化关系将使社区领袖有能力说服和鼓励他们的成员成为正规金融市场的一部分。Fuller 等（2006）认为，任何形式的普惠金融计划都应该对当地社区的各种情况和诉求保持敏感和反应力。Fuller 等（2006）认为，由于当地社区金融排斥的表现形式不一样，“一刀切”的普惠金融模式通常很难成功。Cnaan 等（2012）也认为，社会和个人剥夺因素（deprivation factor）是金融排斥的主要障碍，普惠金融不应被视为一个单一现象，其研究应以多层次的方式进行，例如应关注拥有银行账户和使用金融工具的情况。

社区梯队理论的优点和缺点。社区梯队理论在解释普惠金融方面有一些优点。优点之一是，社区领袖可以在引导社区成员作出重大改变方面发挥重要作用，从而改善他们的福利。这通常是因为，社区领袖可以鼓励他们的成员加入正规金融机构，从而获得金融服务。根据世界银行（2015）的数据，采用基于社区的方法来解决金融排斥问题具有许多优点。尤其是，基于社区的普惠金融方案通常会雇用社区成员来管理当地分支机构，由于这些人在社区中是众所周知的，就可以更高效地鼓励社区成员参与正规金融市场。社区梯队理论的另一个优点是，受雇的社区人员可以为社区成员提供各种金融产品和服务的培训，可以在社区的各个村庄频繁召开会议，分享各种可用的普惠金融方案，宣传银行的重要性。

但是，社区梯队理论也有一些缺点，这些缺点源于这样一个事实，即在某些情况下，社区领袖可能会变得自私和腐败，反而会限制被排斥家庭的普惠金融发展潜力。这得到了许多学者的支持，如Son等的一项研究（2020）探讨了腐败现象对银行业和经济增长的影响。Son等（2020）提出，腐败与贷款不良率呈正相关，并影响银行体系的稳健性。Son等（2020）还发现，高度腐败会导致银行整体不良贷款水平上升，这将对经济增长产生影响。Yekini等（2019）还研究了腐败对银行盈利能力、经济发展和普惠金融的影响。Yekini等（2019）发现，国家清廉程度与银行的盈利能力之间存在显著的正相关关系。他们提出，减少金融排斥的一种方法是控制腐败。因此，如果社区中存在腐败，尤其是社区领袖的腐败，那么所有的普惠金融努力都可能徒劳无功。Muriu（2020）对此表示支持，他发现在普惠金融方面，国家制度很重要。Muriu（2020）强调，法治在提高普惠金融方面具有非常重要的作用，尤其是在欠发达地区。与法律框架透明度、公平司法程序和良好治理相关的问题日益引起关注，这也是改善普惠金融的关键环节。很多学者的研究结果表明，如果相关机制不合理，社区梯队理论在确保人们获得正规金融服务方面的作用将会打折扣。

社区梯队理论的一个局限是代理问题，代理问题可能以各种形式出现，如欺诈、裙带关系甚至腐败。通常，社区领袖可能会被迫提出不符合社区最佳利益的决策，特别是如果他们受到普惠金融项目推动者的财务和非财务利益输送。人们信任社区领袖，即使他们作出的决定不符合社区利益，人们也很可能相信社区领袖。

另一个局限是，有一些曾经是正规金融部门一部分的人，他们可能对正规金融部门有疑问、担忧和焦虑，而因为领导风格不同，他们不会透露他们对正规金融机构的疑问和担忧。此时，重塑这些成员对正规金融机构的信任就需要有效的领导，如果社区领袖没有充分准备，就很难改变人们对参与正规金融机构的看法。

5.2.2 普惠金融的公共服务理论

根据 Ozili（2020）的看法，普惠金融公共服务理论的原则是，“普惠金融是政府对公民的公共责任，公民理应期待政府为其提供正规金融服务。政府应通过公共机构向所有公民提供正规金融服务。”公共服务理论认为，只有政府才有能力实现普惠金融。Kamal 等（2021）将公共服务理论定义为，主张“普惠金融服务是政府公共责任”的一种理论。根据这一理论，政府应实施普惠金融方面的种种举措。普惠金融公共服务理论最重要的主张是，金融服务应该一视同仁地提供给所有人。例如，不得阻止没有财务历史的人获得金融服务，如开立投资账户，也不得阻止没有抵押担保的人获得信贷等正规金融服务。根据这一理论，如果没有政府的支持，普惠金融计划就无法产生积极结果，政府应该对普惠金融负全责。同样，金融体系应由政府控制，以更好实现普惠金融。

公共服务理论的优缺点。普惠金融公共服务理论的第一个优点是，主张为了实现普惠金融，政府应该全权负责。当政府负责开展普惠金融行动时，这些行动的成功概率就会很高，因为政府有财政实力支持这些行动。第二个优点是，政府实现普惠金融较为容易，因为它控制着国家的金融体系和社会经济支柱。一个例子是，政府可以在农村等偏远地区建立公共金融机构，这些机构可以服务那些被金融排斥的人，实现普惠金融目标。Staschen 和 Nelson（2013）指出，政府促进普惠金融的另一种方式是制定有助于塑造金融市场体系的正式规则。Staschen 和 Nelson（2013）认为，政府还可以将普惠金融作为政策目标，以及“将社会转移支付、工资和养老金转移到电子渠道，并确保这些电子渠道与基本交易账户相关联，从而促进储蓄和金融交易”。同样，政府在其他方面也可以发挥作用，例如，“提供基础设施，包括非金融基础设施，以及进行监督，确保金融机构不会利用其在信息、知识和市场地位方面的优势来侵害消费者权益”。所有这些都有助于确保被金融排斥的家庭能够参与正规金融服务。政府参与普惠金融行动的第三个重要优势是，当政府通过公共机构承担普惠金融责任时，公众通常会有更大的信心。人们通常认为，当政府承担起普惠金融计划责任时，将会着眼于所有人的更大利益。

公共服务理论的第一个局限在于，该理论并没有提供一个私营部门参与向金融排斥个人提供正规金融服务的选项。事实告诉我们，私营公司正在做大量工作，采取各种举措，包括在最偏远的地区开设银行分行，促进被官方机构排斥在外的家庭参与正规金融服务。因此，在公共服务理论中，私营公司没有参与的空间可能会带来选择方面的损失——人们没有选择他们想要的金融服务的自由，只能接受可用的公共服务。由于这种缺陷，人们通常会因普惠金融行动效果不明显而不满。第二个局限是，在这一理论下，人们普遍认为，政府将通过其各种收入为普惠金融行动提供资金。然而现实情况是，政府收入可能不足以向被排斥群体提供正规金融服务。在许多国家，许多社会问题需要紧急投入，如提供住房和教育，这可能需要大量的财政收入，因此，政府可能没有任何资源用于提供普惠金融服务。公共服务理论的第三个局限是，创新活动可能会在这个过程中受到干扰，因为政府处于控制地位，项目受到集中控制，从而限制其他金融代理机构，特别是来自私营部门的代理机构贡献他们的力量和才智。事实上，创新受限的同时，竞争也将是有限的。第四个局限是，公民与政府之间的关系并不总是顺利的，在动荡时期，由于部分公民反抗国家，国家可能会选择停止提供正规金融服务，只向“好的”公民提供这些服务。

5.2.3　普惠金融的特殊代理理论

普惠金融的特殊代理理论认为，向金融排斥者提供正规金融服务的唯一途径是通过特殊代理机构（Kamal 等，2021；Ozili，2020）。该理论的主要论点是，由于被排斥家庭所在地的性质，向这些家庭提供正规金融服务可能是一项艰巨的任务。根据 Ozili（2020）的研究，没有银行账户的家庭通常位于世界上最偏远的地区，因此，在向被排斥的人提供正规金融服务时，需要特殊的代理服务。Kamal 等（2021）也对此表示支持，他们认为，根据特殊代理理论，应该雇用那些能够将被排斥的个人带入正规金融市场的高技能人才提供金融服务。该理论的另一个论点是，金融机构和相关技术在协助特殊代理机构的普惠金融活动方面也能发挥关键作用。图 5. 1 显示了特殊代理机构的特征。

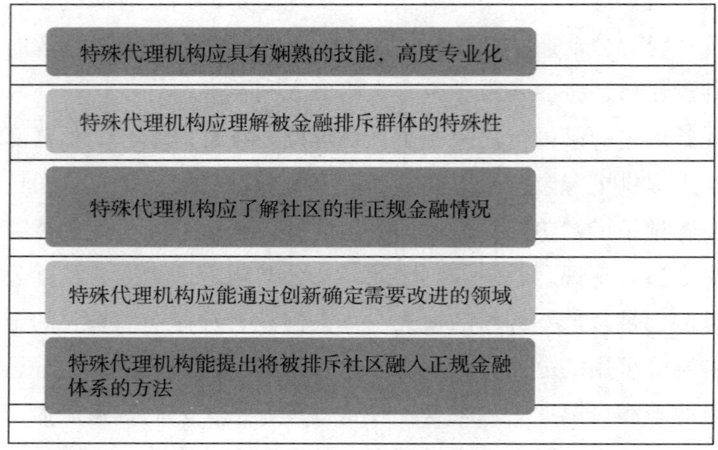

图 5. 1　特殊代理机构的特征

图 5. 1 概述了特殊代理机构的特征，包括熟练技能和专业化，对被排斥群体的特殊性有深刻的理解，了解被排斥群体所在地的非正规金融体系，应能通过创新确定需要改进的领域，并提出将被排斥社区融入正规金融体系的方法。根据特殊代理理论，特殊代理机构应“能力达标、技能娴熟，并且能将被排斥的群体带入正规金融部门，使他们能够获得正规服务”（Ozili，2020）。Ozili（2020）也提出了这一理论的另一个重要方面，即代理人—委托人关系问题，其中委托人可以是国家政府、地方组织，甚至外国政府和组织等。特殊代理机构可以是“当地银行、非银行机构或专门为实现特定普惠金融目标而设立的特殊机构”。金融机构和技术公司等组织也可以扮演特殊代理机构角色。一个例子是尼日利亚脱贫组织（LAPO）的小额信贷银行（世界银行，2021）。自 2012 年以来，LAPO 一直通过提供团体贷款支持农村地区的低收入家庭，尤其是为尼日利亚的女性提供贷款。另一个特殊代理机构的例子是国际金融公司（IFC），提供“投资、咨询和资产管理服务，以鼓励欠发达国家的私营部门发展”。该组织是世界银行的组成部分，总部设在美国华盛顿特区。国际金融公司与各种组织建立伙伴关系，为被排斥的家庭提供正规金融服务。例如，尼日利亚的 LAPO 与国际金融公司在 2017 年建立合作伙伴关系，试验推行代理银行网络，以向低收入者和偏远地区的人扩大服务。

普惠金融特殊代理理论的利与弊。第一个优点是普惠金融特殊代理理论主张，为了实现普惠金融，应该雇用熟练的特殊代理机构为被排斥的群体提供正规金融服务。由于雇用专业代理机构为社区中被排斥的成员提供正规金融服务，政府能够专注于国家发展的其他重要方面。例如，世界银行以及国际金融公司等下属组织在将被排斥群体纳入正规金融方面发挥了巨大而富有成效的作用，使当地政府能够专注于其他紧迫的发展问题。特殊代理理论的第二个优点是，为被排斥者提供的正规金融服务将由特殊代理机构提供，这意味着政府信任特殊代理机构，认为其有能力为被排斥群体提供正规金融服务。这种信心将使政府能够支持其所有行动，使普惠金融行动有更大成功机会。第三个优点是，在特殊代理理论下，在普惠金融目标和特殊代理机构报酬方面没有模糊地带。代理机构的报酬是预先确定的。

不过，特殊代理理论也有一些局限或缺点。第一个问题是，可能出现委托代理问题。例如，在政府是委托人的情况下，政府可以选择其控制的特殊代理人，这将使政府既是委托人又是代理人。在这种情况下，政府可能会通过腐败活动滥用权力，从而妨害普惠金融行动效果。政府同时成为委托人和代理人的第二个问题是效率低下。政府同时作为代理人和委托人将使情况恶化，可能使所有的普惠金融努力难以实现目标。特殊代理理论的第三个问题是，特殊代理机构放弃该计划的风险非常大，特别是在委托人违反合同服务条款的情况下，即使在委托人提供的报酬充足时，这种风险也不小。有时委托人也可能无法提供必要的补偿。

5.2.4　普惠金融的协同干预理论

普惠金融的协同干预理论认为，向金融排斥的家庭和个人提供正规金融服务的方式应该是若干利益相关者的合作干预行动（Ozili，2020）。这一理论强调各方要共同努力，让被排斥的群体参与正规金融市场。该理论表明，将被排斥的群体纳入正规金融部门需要多个利益相关者共同努力。Goodluck（2021）指出，普惠金融的进展取决于中央银行、金融监管机构和市场参与者等各方之间的合作进展。市场参与者可以包括商业银行、移动货币运营商、商家和支付运营商。Goodluck（2021）表示，各行为体之间可以合作促成一个开放、包容的即时支付系统，这对最弱势群体来说是一种非常必要的基础设施。一个例子是加纳的银行间支付和结算系统（GhIPSS）。该系统是一个即时支付系统，从2019年第一季度到2021年第一季度，该系统的数字交易量每年翻一番。移动货币运营商等金融服务提供商的合作和激励机制，使弱势群体能够获得简单、低成本的支付方式。

协同干预理论有以下优点。第一，该理论鼓励多个利益相关者为被排斥的群体合作提供正规金融服务。第二，它能使利益相关者对成为普惠金融计划的重要贡献者感到满足。

协同干预理论有以下缺点。第一，很难有一个标准来确定向被排斥的人提供正规金融服务所需的最佳合作者数量。第二，当其他合作者不积极提供正规金融服务时，那些积极的参与者可能会负担过重。Ozili（2020）还认为，“更多的合作者并不能保证向被排斥群体提供正规金融服务的成功概率就更高”。

5.2.5 普惠金融的金融素养理论

普惠金融的金融素养理论认为，金融素养是提高人们参与正规金融部门意愿的关键因素。教育提高了金融素养，这对提高普惠金融能产生良性的连锁反应。根据Ozili（2020）的研究，受过教育的人会寻求金融服务。正如Ramakrishnan（2012）所指出的那样，金融素养是实现所需普惠金融水平的第一步，这也可以被视为需求侧的普惠金融。Ramakrishnan（2012）表示，金融素养是有助于促进社会包容、金融稳定和金融发展的最关键因素之一。其他学者认为，金融素养正变得越来越重要，尤其是在工业革命背景下，技术越来越成为提供正规金融服务的中心舞台，金融素养的重要性更不必赘言（Grohmann等，2018；Mhlanga等，2020；Ramakrishnan，2012）。

此外，金融市场变得越来越复杂，普通人无法作出明智的决策，因此金融素养教育成为金融市场的关键组成部分。他们还强调，如果金融素养的培育不是一揽子计划的一部分，普惠金融行动的效果便不乐观。其他学者也指出，在小额信贷中，穷人和农民被迫接受他们无法偿还的贷款，这甚至导致许多人因债务问题而自杀。所有这些问题都是金融“文盲”的直接结果。金融素养被定义为“对资金的使用和管理作出明智判断和有效决策的能力。它被视为现代社会有效运作的重要要求。它使人们能够理解储蓄的重要性”。Grohmann等（2018）强调，金融素养和金融基础设施的质量是改善普惠金融的关键变量。

Grohmann 等（2018）指出，金融素养具有很强的作用，特别是在金融资源的使用以及金融深度问题上。Grohmann 等（2018）提出的另一个重要方面是，金融素养的积极影响贯穿于各个收入阶层，对于国家的各个群体都具有显著影响。Hasan 等（2021）认为，金融素养是影响农村地区个人获得金融服务能力的最大力量之一。作者调查了金融素养对孟加拉国的银行、小额信贷和科技等各种渠道金融服务的影响。结果表明，金融素养对获得各种金融服务均有很显著的影响。由此，Hasan 等（2021）指出，专门针对农村人口的长期综合教育计划有助于提高普惠金融水平，这是消除贫困的关键驱动力。

普惠金融的金融素养理论的利与弊。金融素养理论在指引普惠金融方面有一些优点。第一，金融素养是让人们了解现有正规金融服务的工具之一。普惠金融的障碍之一是，人们并不知道有哪些正规金融服务可用，以及这些金融服务如何帮助自身。因此，金融素养教育可以让人们了解可用的金融服务，这将为他们加入正规的金融服务提供空间，从而改善他们的福利。第二，金融素养可以让人们最大限度地提高投资和抵押贷款等正规金融服务的收益。了解这些金融产品可以帮助人们更聪明、更有效地使用它们。第三，金融素养教育可以让人们在金融方面实现自给自足，他们可以自行了解可用的金融产品和服务，以及如何在没有任何帮助的情况下使用这些金融服务。金融素养可以让人们区分满足当前需求的金融服务和满足未来需求的金融服务，从而能够进行游刃有余地开展预算、储蓄，甚至为退休做计划。

Ozili（2020）提出了金融素养理论的一些缺陷，例如，该理论“解决了加入正规金融部门的意愿而非能力”。该理论在收入问题方面并无太多建树，即人们是否有足够的钱参与正规金融市场。

5.3　第四次工业革命对普惠金融供应代理理论的影响

在上一章中，我们发现推动第四次工业革命时代的技术在许多方面影响了普惠金融的受益人理论，例如，允许贫困女性获得正规金融服务。由于技术的力量，现在有越来越多原本被金融排斥的群体正在享受正规金融服务。在本章中，我们发现，推动第四次工业革命的技术对普惠金融的供应代理理论也会产生巨大的影响，例如，社区梯队理论更加重视社区领袖作为普惠金融工作的主导人。这一理论认为，正式的社会服务应该由社区领袖提供给社区底层的人。

由于技术（尤其是移动互联网技术）的发展，我们发现以社区为基础的方法在解决金融排斥问题上的应用非常普遍。在各个社区的最偏远地区，互联网和移动网络等技术的普及使一些社区居民能够被雇用管理金融机构的当地分支机构。这些人在社区中广为人知，他们能够更方便地鼓励当地家庭参与正规金融市场。新技术的另一个优势是，受雇的社区人员可以为社区成员提供各种金融产品和服务的培训，并不时召开社区会议，讨论各种可用的普惠金融方案，宣传银行服务的重要性。类似地，特殊代理理论认为，向被金融排斥的人提供正规金融服务的唯一途径是通过特殊代理机构。这一理论的一般论点是，由于被金融排斥家庭所在地的性质，向被排斥的家庭提供正规金融服务可能是一项艰巨的任务。没有银行账户的家庭通常位于最偏远的地区，因此，在向被排斥的人提供正规金融服务时，需要特殊服务。

由于互联网和移动网络的普及，代理银行现在是一种常用的方式。例如，国际金融公司（2018）报告称，在撒哈拉以南非洲地区，作为数字金融服务代理机构的一些微型企业迎来了越来越多的商机。大多数代理机构都是规模不大的商家或服务商，如便利店、裁缝店或美容院。尽管性别歧视经常使非洲女性难以管理和扩大商业业务，但研究表明，女性身份已成为成功的数字金融服务代理机构的基本特征之一。2016 年，约有 150 万数字金融服务代理机构在撒哈拉以南非洲地区工作，在 39 个国家形成 140 个网络，总佣金超过 4 亿美元（国际金融公司，2018）。一方面是代理机构的存在，另一方面是那些没有银行账户和银行账户不足的人获得了定制开发的储蓄和信贷产品，这些都将提高目标市场的普惠金融水平，并为银行的老客户带来更大的便利，因为账单支付和个人转账等数字交易也节省了老客户的时间和资源。

普惠金融的协同干预理论认为，不同利益相关者的合作努力应该是向金融排斥的家庭和个人提供正规金融服务的合理方式。根据这一理论，至关重要的是要共同努力，让被金融排斥的群体能够参与正规金融市场。该理论强调多个利益相关者的共同努力，而技术使合作成为可能，正如第 17 章所述，新兴经济体数字普惠金融的关键问题之一是合作。例如，在非洲，许多服务最初都是闭环系统，特别是银行和小额信贷机构提供的服务，但随着这些服务的发展，越来越需要与机构中的其他账户和其他金融机构互联互通，以扩大产品服务范围。我们认为，合作和伙伴关系对于普惠金融行动至关重要。

技术也有助于提高金融素养。根据金融素养理论，金融素养是提高人们参与正规金融部门意愿的关键因素。教育提高了金融素养，对提高普惠金融水平产生了良性推动。受过教育的人会寻求金融服务。根据 Ramakrishnan（2012）的研究，金融素养是促进普惠金融、金融稳定和金融发展的最重要因素之一。金融素养是实现必要水平的需求侧普惠金融的第一步。一些学者认为，金融素养变得越来越重要，尤其是在技术逐渐主导正规金融服务的这场技术革命期间（Grohmann 等，2018；Ramakrishnan，2012）。

5.4　小结

本章介绍了普惠金融的一些供应代理理论。本章强调，在关于谁应该为民众提供普惠金融服务方面，存在相互矛盾的观点。一些学者认为这是政府的责任，而另一些学者则认为是私营部门，还有一些学者认为应该通过公共部门和私营部门的合作来实现。本章还介绍了普惠金融的社区梯队理论、普惠金融的公共服务理论、普惠金融的特殊代理理论、普惠金融的协同干预理论，以及普惠金融的金融素养理论。本章最后对第四次工业革命对供应代理理论的影响进行了评价。

参考文献

1. Aggarwal, S., & Klapper, L. (2013). Designing government policies to expand financial inclusion: Evidence from around the world. *The Journal of Finance*, 56 (3), 1029 – 1051.

2. Arun, T., & Kamath, R. (2015). Financial inclusion: Policies and practices. *IIMB Management Review*, 27 (4), 267 – 287.

3. Barajas, A., Beck, T., Belhaj, M., Naceur, S. B., Cerra, V., & Qureshi, M. S. (2020). Financial inclusion: What have we learned so far? What do we have to learn? (IMF Working Papers No. 157).

4. Chibba, M. (2009). Financial inclusion, poverty reduction and the mil-

lennium development goals. *The European Journal of Development Research*, 21 (2), 213 - 230.

5. Cnaan, R. A., Moodithaya, M. S., & Handy, F. (2012). Financial inclusion: Lessons from rural South India. *Journal of Social Policy*, 41 (1), 183 - 205.

6. Fuller, D., Mellor, M., Dodds, L., & Affleck, A. (2006). Consulting the community: Advancing financial inclusion in Newcastle upon Tyne, UK. *International Journal of Sociology and Social Policy*.

7. Gabor, D., & Brooks, S. (2017). The digital revolution in financial inclusion: International development in the fintech era. New Political Economy, 22 (4), 423 - 436.

8. Goodluck A. (2021). Cross - sector collaboration can unlock financial inclusion for all.

9. Grohmann, A., Klühs, T., & Menkhoff, L. (2018). Does financial literacy improve financial inclusion? Cross country evidence. *World Development*, 111, 84 - 96.

10. Hasan, M., Le, T., & Hoque, A. (2021). How does financial literacy impact on inclusive finance? *Financial Innovation*, 7 (1), 1 - 23.

11. International Finance Corporation. (2018). Digital access: The future of financial inclusion in Africa.

12. Kamal, A., Hussain, T., & Khan, M. M. S. (2021). Impact of financial inclusion and financial stability: Empirical and theoretical review. Liberal Arts and Social Sciences International Journal (LASSIJ), 5 (1), 510 - 524.

13. Kim, D. W., Yu, J. S., & Hassan, M. K. (2020). The influence of religion and social inequality on financial inclusion. *The Singapore Economic Review*, 65 (1), 193 - 216.

14. Mhlanga, D. (2020). Financial inclusion and poverty reduction: Evidence from the small - scale agricultural sector in Manicaland Province of Zimbabwe [Doctoral dissertation, North - West University (South Africa)].

15. Mhlanga, D., & Denhere, V. (2020). Determinants of financial inclu-

sion in Southern Africa. Studia Universitatis Babes - Bolyai, *Oeconomica*, 65 (3).

16. Mhlanga, D., Dunga, S. H., & Moloi, T. (2020). Financial inclusion and poverty alleviation among smallholder farmers in Zimbabwe. *Eurasian Journal of Economics and Finance*, 8 (3), 168 - 182.

17. Mhlanga, D., Dunga, S. H., & Moloi, T. (2021). Understanding the drivers of financial inclusion in South Africa. *Journal of Economic and Financial Sciences*, 14 (1), 8.

18. Muriu, P. W. (2020). *Role of institutional quality in promoting financial inclusion.*

19. Ozili, P. K. (2020). *Theories of financial inclusion. SSRN Electronic Journal.*

20. Pearce, P. L. (2011). Tourist behaviour and the contemporary world. In Tourist behaviour and the contemporary world. Channel view publications.

21. Ramakrishnan, D. (2012). Financial literacy and financial inclusion. In 13th Thinkers and Writers Forum.

22. Son, T. H., Liem, N. T., & Khuong, N. V. (2020). Corruption, non-performing loans, and economic growth: International evidence. Cogent Business & Management, 7 (1), 1735691.

23. Staschen, S., & Nelson, C. (2013). The role of government and industry in financial inclusion.

24. Triki, T., & Faye, I. (2013). Financial inclusion in Africa. African Development Bank.

25. World Bank. (2015). Empowering women through financial inclusion.

26. World Bank. (2021). Agent banking helps close financial inclusion gaps in Nigeria.

27. Yekini, K., Adelopo, I., & Lloydking, R. (2019). Corruption & bank profitability: Understanding sustainable financial inclusiveness in ECOWAS Region.

6. 第四次工业革命背景下的普惠金融融资理论

6.1 导言

本书的第 5 章就谁应该向被金融排斥的个人和家庭提供正规金融服务进行了分析。关于谁应该为民众提供正规金融服务，有各种各样的观点。一些学者认为，政府应该向被金融排斥的个人提供正规金融服务，甚至一些学者（Aggarwal 和 Klapper，2013；Staschen 和 Nelson，2013；Chibba，2009）坚信，政府必须向被排斥个人直接提供金融资源。另一些学者认为，私营部门应负责提供正规金融资源。在本章中，还有一个问题需要解决，谁应该为普惠金融工作提供资金？根据 Ozili（2021）的说法，对于谁应该为普惠金融支出提供资金，人们有不同的看法。一些学者认为，公共部门通过税收获得的公共资金应用于资助所有普惠金融项目（Mhlanga，2021a，2021b；2022；Ozili，2021）。世界银行（2021）也认为，公共部门可以通过国家普惠金融战略支持普惠工作。国家普惠金融战略主要旨在设定国家级普惠金融政策的愿景和关键目标，以指导和推进普惠金融工作进程。该战略可以通过广纳金融部门所有利益相关者的全体参与行动来实现。根据 Vikaspedia（2022）的说法，政府应在确保实现普惠金融方面发挥关键作用，因为它在推动经济增长和缓解贫困方面具有重要意义。政府应该在普惠金融项目中发挥主导作用的另一个原因是，获得正规金融服务有助于创造就业机会，消除经济冲击带来的脆弱性，并增加人力资本积累。较高的普惠金融水平也可以实现经济的可持续、包容性增长。金融排斥可能是由于自愿或非自愿的原因造成的，例如，“缺乏剩余收入、对系统缺乏信任、服务不符合客户要求、高昂的交易成本、缺乏必要的证明文件、服务提供商的偏远、对产品缺乏认识、提供的服务质量差”。所有这些因素都要求政府在解决金融排斥问题上发挥积极作用。

公共部门的融资作用应该得到加强，联合国2030 年的17 个可持续发展目标将普惠金融视为改善社会贫困和边缘化群体的生活质量，以实现全球可持续发展的关键推动因素。Mohiuddin（2015）等学者对谁应该资助普惠金融项目有不同的看法。Mohiuddin（2015）认为，私营部门的资本家应该为普惠金融项目提供资金。给出的理由是，这些资本家造成了贫富差距扩大。一些学者还认为，普惠金融项目应由公共部门和私营部门共同资助，如 Dashi 等（2013）和 Cobb 等（2016），甚至世界银行也通过普惠金融支持框架（FISF），旨在“利用私营部门的融资、智慧和创新，以激励没有银行或银行服务不足的低收入个人和中小微企业使用广泛的金融服务，包括支付、储蓄、保险和信贷”。本章将从融资角度介绍各种普惠金融理论。这些理论包括普惠金融的公共货币理论、普惠金融的私人货币理论和普惠金融的干预基金理论。

6.2　普惠金融的融资理论

6.2.1　普惠金融的公共货币理论

根据 Ozili（2021）的说法，普惠金融的公共货币理论主张“普惠金融项目应该使用税收等公共资金”。这一理论的主要论点是，所有普惠金融项目都应该由政府通过预算提供资金。政府有很多方法可以用来资助普惠金融项目。Staschen 和 Nelson（2013）介绍了政府和私营部门在塑造正规金融市场的正式规则方面的作用。这都向我们表明，公共部门可以直接或间接地发挥融资作用。就像第 5 章中的普惠金融公共服务理论一样，通过普惠金融公共货币理论，政府可以直接或间接地为普惠金融项目提供资金。间接方式包括“建设零售层级和市场层级的基础设施，制定相关基础设施规则，明确该基础设施对市场发展的责任，以及促进交易”（Ehrbeck 等，2012）。

Staschen 和 Nelson（2013）认为，世界各国政府已将普惠金融作为政策目标之一，因为它在促进经济增长和消除贫困方面具有重要作用。尽管普惠金融很重要，但面临 3 个主要挑战，都需要政府发挥作用。这些挑战主要是“供给侧壁垒、需求侧壁垒和薄弱的监管框架”。政府可以通过普惠金融发挥关键作用的领域之一是，将“社会支付、工资和养老金支付转移到电子渠道，并确保这些渠道与基本账户相关联”，从而促进储蓄和金融交易。政府还负责金融基础设施和非金融基础设施的正常运作，为相关监管机构提供资金，确保金融机构不会利用信息不对称及其优势（包括信息优势和市场地位优势）侵害消费者权益。我们在本章中提出的论点是，政府的普惠融资作用可以采取各种方式实现，其可以是直接的，也可以是间接的。Ehrbeck 等（2012）概述了一些间接方式。这些方式如图 6.1 所示。

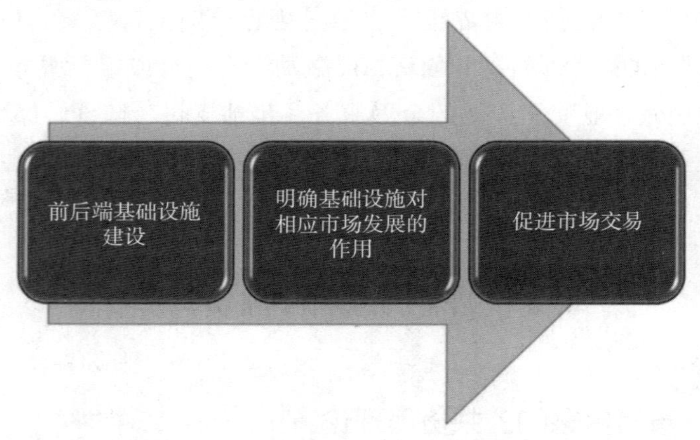

图 6.1　普惠金融中的政府职能

图 6.1 强调了政府的几个关键作用，包括推动前后端基础设施建设，制定该基础设施规则和明确基础设施对相应市场发展的作用，以及促进市场交易。这些职能也侧面反映了政府资助普惠金融行动的渠道。需要强调的是，政府的这些作用取决于各国的具体情况。Ehrbeck 等（2012）将这些情况概括为“客户需求、市场结构及成熟度、政府对市场的理念，以及监管能力和其他政府能力”。

一是推动前后端基础设施建设。政府可以通过促进零售层面和市场层面的基础设施建设，助力普惠金融行动的融资过程。金融排斥通常会影响穷人，因为现有的基础设施无法充分覆盖穷人、女性、小企业、青年和许多其他少数族群等弱势群体。在农村地区和低收入社区建立银行分支机构的成本很高，即使这些地区有银行服务，也无法为穷人提供负担得起的金融服务。由于缺乏提供此类金融服务所需的银行卡甚至银行账户，低收入家庭很少使用 POS 机和自动取款机（ATM）。一些低收入家庭没有借贷所需的抵押品，甚至没有可靠的客户身份。基于公共货币理论，政府可以通过多种方式弥补普惠金融的短板，包括推进前后端基础设施建设。前端基础设施包括增加客户的联络点，增设为低收入者服务的企业和零售代理商。后端基础设施指的是提供金融服务有效运营的基础，如支付交换机。

二是制定基础设施相关规则，促进市场发展。政府为普惠金融项目提供支持的另一种方式是基于预算，为基础设施制定规则，明确其对市场发展的作用。这一角色通常被视为政府最显著的职责。Ehrbeck 等（2012）指出，政府作为规则制定者，不仅需要指出普惠金融需要开展什么工作，而且还需决定如何、何时开展以及受众为谁。政府还可以资助相关研究，以发掘普惠金融创新模式，并消除新进入者加入金融服务行业的壁垒。Ehrbeck 等（2012）认为，在 20 世纪 80 年代和 90 年代小额贷款日益普及的过程中，政府作为普惠金融商业模式推动者的职责引起了更多的关注。政府还可以通过消除非银行小额贷款业务的准入壁垒，促进普惠金融发展，如取消利息上限以使贷款有利可图，以及允许创建非银行小额信贷机构等。这些计划将使以前的金融排斥家庭能够参与正规金融市场。

三是促进市场交易。政府应用普惠金融公共货币理论的另一种方式是，促进金融市场交易。这一过程具有巨大的力量，可以让低收入个人参与正规金融部门。促进市场交易的另一个重要目的是，降低各类客户交易前使用零售基础设施的成本。政府促进市场交易的做法之一是政府对个人（又称 G2P）支付，这是社会转移支付的一部分。其他做法包括政府向穷人支付养老金，甚至工资和薪水。G2P 付款存入穷人的银行账户，穷人可以使用这些资金进行各种交易，并能够方便地存取，从而提高了普惠金融水平（Ahmad 等，2020；Morawczynski 和 Pickens，2009）。如果没有便捷的访问机制，银行账户中的电子交易本身并不足以实现普惠金融目标。如果 G2P 资金被强制存入银行账户，而没有任何便捷机制让收款人能够存取这些资金，政府的这一操作反而不利于普惠金融。

公共货币理论的利与弊。普惠金融的公共货币理论有一些优点。首先，根据 Ozili（2021）的说法，政府税收可以为普惠金融项目提供资金，例如，政府可以征收累进税，以筹集普惠金融项目所需资金。累进税是一种税率随着应纳税额的增加而增加的税收制度。累进这个词意味着对收入或支出的分配效应。通过累进税制，将对收入较高或财富较多的人征收更高的税。Barrios 等（2020）发现，从单一税制转向累进税制有助于减少收入不平等，尽管这一过程对就业和增长的正向影响很小。Lyon 和 Waugh（2018）的另一项研究发现，累进税制很重要，因为它可以帮助重新分配行业收益。某种意义上，累进税制有助于消除收入不平等，造福社会中的贫困阶层。政府使用各种税收方法为普惠金融筹集资金时，压低了相关金融产品和服务的价格，低收入者能够负担得起这些普惠金融产品和服务。这一点引出了第二个优点。即在许多情况下，筹集资金以资助普惠金融项目的总成本非常低，有时甚至可以忽略不计（Ozili，2021）。原因是，资助普惠金融项目的资金是通过政府的现有筹资渠道实现的，政府原本就在使用这些渠道进行自身支出的筹集。因此，不需要设立使用专门的机制来筹集用于资助普惠金融项目的资金，而是使用国家预算体系的既有机制。Lapavitsas（2010）的一项研究还发现，公共金融机构面临较少的流动性和偿付能力挑战，与私人机构相比，它们可以向家庭和小企业提供稳定的信贷流。Roberds 和 Velde（2014）支持这一观点，他们认为公有的金融机构在 15 世纪很常见，这些金融机构当时还处于试验的形态，但共同目标是在资产不可用的情况下创造流动性和可靠的货币环境。所有这些都证明，当政府参与其中时，筹集资金难度较低，这将使低收入群体能够负担得起金融服务，提高普惠金融水平。

普惠金融的公共货币理论的第三个优点是，使用公共资金资助普惠金融项目可以防止个人用私利挟持普惠金融工作（Ozili，2021）。有时，参与普惠金融项目的个人或组织，有一些与改善普惠金融情况无关的其他自私动机。因此，利用政府资金资助普惠金融项目有助于防止这些个人或团体接管普惠金融工作。在许多发展中国家，很多小企业正在利用第四次工业革命的各种技术和手机科技，旨在使弱势群体能够获得信贷和保险等金融服务。其中一些企业受到利润最大化目标的驱动，最终将利用信息优势侵害穷人利益。因此，如果政府参与其中，将有助于消除这些非法的交易和行动。

普惠金融公共货币理论的第一个缺点是，西方国家政府缺少普惠金融发展规划问题。战略规划很重要，因为它通过系统化、渐进地制定目标，帮助政府实现长期愿景。换言之，规划之所以重要，是因为它使组织能够认真审视今天发生的事情，给出未来应该实现的目标，以及为实现目标应该采取的步骤。从这一点看，许多政府项目面临着缺乏规划的困境，可能会导致普惠金融项目超支、资金滥用问题，结果就是效率低下，无法实现普惠金融目标。Roberds 和 Velde（2014）研究认为，公有金融机构在 15 世纪很常见。但 Roberds 和 Velde（2014）指出，这些银行的成功率并没有得到保证，即使是那些经营良好的银行，由于面临财政滥用，最终也会随着时间的推移而变得不稳定。Roberds 和 Velde（2014）强调，18 世纪的无记名纸币的普及，就是公共货币理论的应用，但伴随着财政滥用，该例子表明政府缺少规划和财政滥用的固有做法会使他们的行动逐渐失效。

普惠金融公共货币理论的第二个缺点是烦琐的手续和官僚主义问题。政府管理的公共项目和计划通常会受到官僚主义影响，官僚主义通常会影响项目的执行和完成。当政府参与普惠金融项目时，进展也会受到官僚作风的影响。资金通常需要相当长时间才能获得批准，获批后，项目执行过程可能需要更长时间。另一个问题与政治干预有关。在许多情况下，政府项目受到政治干预影响。例如，如果一个地区或省份的支持政党与执政党是对立关系，那么针对这些地方的普惠金融项目就会迁延，或者由于意识形态不同而可能无法执行。这在许多发展中国家很常见，尤其是在非洲。Rauf（2020）在一项研究中探讨了烦琐手续对公共企业的影响。作者发现，公共组织中繁文缛节会影响这些组织的绩效，因为它会对员工的行为和任务的完成产生负面影响。Rauf（2020）发现，当有过多的规章制度时，员工很难完成任务，从而影响工作绩效。Picur 和 Riahi Belkaoui（2006）还分析了官僚主义和腐败对税收征管的影响；研究发现，税收征管水平与官僚主义程度呈负相关，与成功的腐败控制水平呈正相关。因此，这些研究表明，官僚主义程度很高的情况下，政府很难筹集到资助普惠金融项目所需的资金。Ferdinand 等（2021）还发现，在尼日利亚，政治干预、政治指派以及政治和行政人员之间的冲突等所体现的执政无能程度和政治意愿不强是普惠金融服务绩效不佳的根源。

与普惠金融的公共货币理论相关的第三个缺点是，在许多发展中国家和欠发达国家，政府没有足够的资金来资助普惠金融的各种项目。由于资金短缺，政府被迫举债为这些项目提供资金，这将增加这些国家的债务负担，而其中大多数国家正承受着相当的债务负担。Mothibi 和 Mncayi（2019）的一项研究表明，政府债务与其支出之间通常存在长期关系。当政府支出增加时，他们通常被迫寻求债务资本来为支出提供资金。Jibir 和 Aluthge（2019）还报告说，政府支出的增长是尼日利亚国家财政运作问题造成的。这表明，当政府支出增加时，贫困国家的大多数政府将别无选择，只能增加债务，从长远来看，这会影响普惠金融项目。Ozili（2021）还认为，普惠金融的公共货币理论存在一个局限性，即当将实现普惠金融目标的任务委托给一个不胜任的机构时，可能存在权力设置错误。政府通常不会成立一个新机构，而是委托其某个管理机构来实现其普惠金融目标。被选中的机构可能已经承担了其他法定责任，促进普惠金融于是成为了它的额外任务。当这种情况发生时，普惠金融项目可能无法全部完成。

6.2.2 普惠金融的私人货币理论

普惠金融的私人货币理论认为，普惠金融项目应该动用私人资金，如股权资本，因为私人资助者往往会要求其资金使用者承担更大的责任，确保私人资金得到有效利用，以及向金融排斥的人提供正规金融服务（Ozili，2021）。普惠金融的私人货币理论与普惠金融的公共货币理论是直接对立的。根据这一理论，普惠金融项目将由私营部门资助。在某种程度上，普惠金融的私人货币理论试图解决与普惠金融项目的公共资金相关的问题。

在普惠金融的私人货币理论下，普惠金融项目的规划是有效的。战略规划很重要，因为它有助于金融机构通过系统地、渐进地制定目标和目的来实现长期愿景。换句话说，规划之所以重要，是因为它使组织能够认真审视今天发生的事情，给出未来应该实现的目标，以及为实现目标应该采取的步骤。许多私人投资的普惠金融项目受益于精准的规划，与过度支出、项目资金滥用和效率低下相关的问题得到解决，从而使普惠金融工作更有可能取得成功。

普惠金融私人货币理论的一个好处是，当项目由私人资金资助时，繁文缛节和官僚主义将不再是问题。在许多情况下，政府运营的公共项目和计划易受官僚主义影响，影响项目的执行和完成。当政府参与资助普惠金融项目时，情况也是如此。筹集资金通常需要时间，项目执行可能需要更长时间才能达到预期的结果。另一个问题是政治干预。政治干预以多种方式影响政府项目。如果一个地区或省份的支持政党与执政党是对立关系，那么针对这些地方的普惠金融项目就会迁延，或者由于意识形态不同而可能无法执行。这是许多不发达国家，特别是非洲国家的典型情况。在普惠金融的私人货币理论下，这个情况就会有所不同。Ozili（2021）认为，普惠金融项目获得私人资金比获得公共支持需要更少的时间，因为公共支持需要漫长的行政批准。私人资助申请在获得批准之前只需经过几个流程，私人资助者可以更快地作出决策。

普惠金融私人货币理论的另一个重要优势是，发展中国家和贫困国家的政府没有足够的资金来开展许多项目，这将迫使政府扩大债务来支持这些项目，增加这些国家的债务负担，使国家债务情况雪上加霜，而在私人资助情况下，则不会受到这样的影响。Ozili（2021）指出，私人资助者经常以股份所有者或捐赠者身份参与普惠金融项目，他们可以拥有普惠金融项目所有权，并自己管理这些项目，从中赚钱。此外，私人资助者也可以与地方政府讨论项目津贴问题。Ozili（2021）指出，当项目主要资助者是私人或私人组织时，很容易通过增加用户成本的方式来支付普惠金融项目费用。私人资助的另一个好处是，可以通过更强大的项目管理技能、创新设施和有效风险管理，促进实现普惠金融目标，他们可能会给私人承包商施加更大压力，要求他们按计划、高标准完成所有普惠金融项目。以上都会给普惠金融项目带来好处。

然而，普惠金融的私人货币理论也面临一些挑战，其中之一便是，用私人融资支持普惠金融项目的成本可能过高。这与普惠金融的公共货币理论不同——政府税收可以有效地用于为普惠金融项目筹集资金。例如，政府可以征收累进税，为普惠金融项目筹集资金。根据普惠金融的公共货币理论，在许多情况下，为支持普惠金融项目而筹集资金的总成本非常低，甚至没有成本（Barajas 等，2020；Mhlanga，2021a，2021b；Mhlinga 和 Hassan，2022；Ozili，2021）。原因是，资助普惠金融项目的资金是通过政府的现有筹资渠道实现的，政府原本就在使用这些渠道进行自身支出的筹集。因此，不需要设立使用专门的机制筹集用于资助普惠金融项目的资金，而是使用国家预算体系的既有机制。普惠金融的私人货币理论正好相反，筹集资金的成本过于昂贵。如果对此不加以解决，可能会导致金融服务成本高昂，使普惠金融目标无法实现。Ozili（2021）还指出，使用私人资金资助普惠金融项目可能会增强私人投资利益，使贫困人口和被金融排斥者付出更多代价，由于项目的部分或完全私有，政府可能会失去对私人投资者建立的普惠金融基础设施的控制。

6.2.3 普惠金融的干预基金理论

普惠金融的干预基金理论认为，普惠金融行动和项目不应使用公共资金，而应由各种资助者的特殊干预行为支持。该理论认为，世界上有许多特殊的捐助者，包括慈善机构、非政府组织和外国政府。这些特殊的资助者经常会支持一些惠及全世界的发展计划。一些经济体的普惠金融项目资金的大部分都来自跨境融资，其中资金主要流向小额信贷组织。特殊资助者可以选择他们想要支持的普惠金融项目并为实现普惠金融目标提供所需的“干预基金”（El Zoghbi等，2011；Ozili，2021）。

世界银行及其各种合作伙伴，如国际金融公司（IFC），是为改善普惠金融作出巨大努力的特殊代理机构。例如，世界银行发布了《2020年普及金融服务》（UFA2020），目标是改善普惠金融水平。根据该项目，世界各地的成年人，无论男女，都将能够使用交易账户或电子工具存储资金、转账和收款，作为管理其财务的基本能力（世界银行，2018）。世界银行和公共—私营部门合作伙伴在2015年世界银行—国际货币基金组织春季会议上作出了具体承诺，到2020年实现《2020年普及金融服务》目标，并促进普惠金融发展。世界银行和国际金融公司已承诺通过《2020年普及金融服务》的具体行动，帮助10亿人获得交易账户（世界银行，2018）。世界银行还提供咨询服务、技术支持、融资管理和投资服务。2017年，世界银行预计其服务覆盖了7.38亿新账户持有人，基本满足到2020年达到10亿账户持有人的目标。此外，世界银行还与30多个合作伙伴合作，鼓励商业部门投资普惠金融。虽然UFA2020的工作主要集中在25个优先国家（世界上70%以上的金融排斥人口处在这些国家），但世界银行正在与100多个国家合作，改善金融获取渠道和普惠金融水平。

另外，世界银行的成员——国际金融公司也在鼓励发展中国家私营部门增长，以促进经济发展，改善人民生活。国际金融公司通过创造新市场、动员其他投资者和分享专业知识实现上述目标。在此期间，国际金融公司努力创造就业机会，提高生活水平，扶助穷人和弱势群体。国际金融公司的工作符合世界银行关于消除极端贫困和促进共同繁荣的双重目标。当普惠金融项目由特殊代理机构领衔时，与政治干预和官僚主义有关的问题将大大缓解。它也避免了为公共项目提供公共资金时出现的典型政治争论（Ozili，2021）。另一个优势是，特殊资助者可以在地区和全球层面调动资金和人力资源，帮助他们实现普惠金融目标。基于干预基金理论，特别资助者可能会建立新的旨在促进普惠金融发展的机构，以帮助实现针对性的普惠金融目标。即使普惠金融项目完成，这些机构也会留在该国以支持其经济增长。

尽管普惠金融的干预基金理论有其优点，但也存在一些问题，例如，特殊资助者必须设计一种机制，以确定哪些人口是被排斥在正规金融部门之外的。如果未能谨慎设置标准，这些机制可能无法有效地识别那些在经济上处境不利的人。最后，计算金融排斥人数的过程也可能导致新的排斥，特别是当特殊资助者有其他外部动机时。另外，正如 Ozili（2021）所阐述的那样，使用外国政府或捐助者的干预基金，资助一个国家的发展倡议，可能会损害该国的声誉，因为这表明政府不愿意使用其资金推动其民众发展。

6.3　第四次工业革命对普惠金融融资理论的影响

在上一章中，我们了解到推动第四次工业革命的各种技术对普惠金融的供应代理理论产生了巨大影响。在本章中，我们将要介绍，第四次工业革命的技术也对普惠金融的融资模式产生了巨大影响。普惠金融的公共货币理论指出“普惠金融项目应使用税收等公共资金进行资助”。这一理论的主要论点是，所有普惠金融项目都应该由政府通过预算提供资金。政府可以通过多种方式直接或间接资助普惠金融项目。间接方式包括“建设零售层级和市场层级的基础设施，制定相关基础设施规则，明确该基础设施对市场发展的责任，以及促进交易”（Ehrbeck 等，2012）。政府对普惠金融倡议的支持至关重要，特别是在第四次工业革命中，因为新技术有可能会阻止一些人获得基本金融服务。为了保证普通人受益，政府必须参与进来，并补贴这些金融服务。政府税收可以用于筹集资金，为普惠金融项目提供资金，例如，政府可以征收累进税筹集资金。

普惠金融的干预基金理论认为，普惠金融行动和计划不应使用公共资金，而应由各种特殊资助者的干预实现。世界上有许多特殊的捐助者，包括慈善机构、非政府组织和外国政府。这些独特的资助者经常支持一些惠及全世界人口的发展计划。一些经济体的普惠金融项目资金大部分来自跨境融资，资金主要流向小额信贷组织。特殊资助者可以选择想要支持的普惠金融项目，并为实现普惠目标提供所需的“干预基金”。第5章中提出实现普惠金融目标的关键环节是合作，特别是非洲等地区的数字普惠金融。非洲的许多服务最初都是闭环系统，特别是银行和小额信贷机构提供的金融服务，但随着这些金融服务发展，越来越需要与机构中的其他账户和其他金融机构互联互通，以扩大服务范围。我们认为，合作和伙伴关系对于发展普惠金融至关重要。技术的力量让合作和伙伴关系成为可能。

6.4 小结

本章讨论了普惠金融的融资理论。本章就谁应该为一国的普惠金融项目支出提供资金提出了各种观点。一些学者认为这个主角应该是政府，而另一些学者则认为是私营部门。其他学者则认为，与其使用公共资金相比，普惠金融行动和计划更应该由各种特殊资助者的干预基金支持。本章讨论的理论包括普惠金融的私人货币理论、普惠金融的公共货币理论和普惠金融的干预基金理论。本章最后介绍了第四次工业革命对普惠金融融资理论的影响。

参考文献

1. Aggarwal, S., & Klapper, L. (2013). Designing government policies to expand financial inclusion: Evidence from around the world. *The Journal of Finance*, 56 (3), 1029 - 1051.

2. Ahmad, A. H., Green, C., & Jiang, F. (2020). Mobile money, financial inclusion and development: A review with reference to African experience. *Journal of Economic Surveys*, 34 (4), 753 - 792.

3. Barajas, A., Beck, T., Belhaj, M., Naceur, S. B., Cerra, V., & Qureshi, M. S. (2020). Financial inclusion: What have we learned so far? What do we have to learn? (IMF Working Papers 157). IMF.

4. Barrios, S. , Ivaškait – Tamošiun, V. , Maftei, A. , Narazani, E. , & Varga, J. (2020) . Progressive tax reforms in flat tax countries. *Eastern European Economics*, 58 (2), 83 – 107.

5. Chibba, M. (2009) . Financial inclusion, poverty reduction and the millennium development goal. *The European Journal of Development Research*, 21 (2), 213 – 230.

6. Cobb, J. A. , Wry, T. , & Zhao, E. Y. (2016) . Funding financial inclusion: Insti – tutional logics and the contextual contingency of funding for microfinance organizations. *Academy of Management Journal*, 59 (6), 2103 – 2131.

7. Dashi, E. , Lahaye, E. , & Rizvanolli, R. (2013) . Trends in international funding for financial inclusion.

8. Ehrbeck, T. , Pickens, M. , & Tarazi, M. (2012) . Financially inclusive ecosystems: The roles of government today (No. 68069, pp. 1 – 12) . The World Bank.

9. El – Zoghbi, M. , Gähwiler, B. , & Lauer, K. (2011) . Cross – border funding of microfinance. CGAP Focus Notes, 70, 1 – 12.

10. Ferdinand, E. O. , Bisong, B. D. , & Inakefe, I. G. (2021) . Bureaucracy and public policy implementation in the Nigerian Public Service: Some salient issues. Journal of Good Governance and Sustainable Development in Africa, 6 (2), 39 – 46.

11. Jibir, A. , & Aluthge, C. (2019) . Modelling the determinants of government expenditure in Nigeria. *Cogent Economics & Finance.*

12. Lapavitsas, C. (2010) . Systemic failure of private banking: A case for public banks. In 21st century Keynesian economics (pp. 162 – 201) . Palgrave Macmillan.

13. Lyon, S. G. , & Waugh, M. E. (2018) . Redistributing the gains from trade through progressive taxation. *Journal of International Economics*, 115, 185 – 202.

14. Marshall, J. N. (2004) . Financial institutions in disadvantaged areas: A

compar – ative analysis of policies encouraging financial inclusion in Britain and the United States. Environment and Planning A, 36 (2), 241 – 261.

15. Mhlanga, D. (2021a). Financial access and poverty reduction in agriculture: A case of households in Manicaland province, Zimbabwe. *African Journal of Business and Economic Research*, 16 (2), 73.

16. Mhlanga, D. (2021b). Factors that matter for financial inclusion: Evidence from sub – Sharan Africa – The Zimbabwe Case. *Academic Journal of Interdisciplinary Studies*, 10 (6), 48.

17. Mhlanga, D. (2022). COVID – 19 and digital financial inclusion: Policies and innovation that can accelerate financial inclusion in a post – COVID world through Fintech. African Journal of Development Studies (formerly AFRIKA Journal of Politics, Economics and Society), 2022 (si2), 79 – 100.

18. Mhlanga, D., & Hassan, A. S. (2022). Financial participation among smallholder – farmers in Zimbabwe: What are the driving factors? *Academic Journal of Interdisciplinary Studies*, 11 (4), 300 – 310.

19. Mohiuddin, S. (2015). Private sector leadership in financial inclusion. Corporate Citizenship Center, US Chamber of Commerce Foundation.

20. Morawczynski, O., & Pickens, M. (2009). Poor people using mobile financial services: Observations on customer usage and impact from M – PESA.

21. Mothibi, L., & Mncayi, P. (2019). Investigating the key drivers of govern – ment debt in South Africa: A post – apartheid analysis. International Journal of eBusiness and eGovernment Studies, 11 (1), 16 – 33. National Strategy for Financial Inclusion.

22. Ozili, P. K. (2021, October). Financial inclusion research around the world: A review. In Forum for social economics (Vol. 50, No. 4, pp. 457 – 479). Routledge.

23. Picur, R. D., & Riahi – Belkaoui, A. (2006). The impact of bureaucracy, corruption and tax compliance. Review of Accounting and Finance, 5 (2), 174 – 180.

24. Rauf, S. (2020). Effects of red tape in public sector organizations: A

study of government departments in Pakistan. Public Administration and Policy.

25. Roberds, W., & Velde, F. R. (February 11, 2014). Early Public Banks FRB of Chicago (Working Paper No. 2014 -03). Available at SSRN.

26. Staschen, S., & Nelson, C. (2013). The role of government and industry in finan - cial inclusion.

27. World Bank. (2018). UFA2020 overview: Universal financial access by 2020. World Bank.

28. World Bank. (2021). Financial inclusion support framework (FISF).

第三部分

重构普惠金融：从传统普惠金融到数字普惠金融

7. 第四次工业革命背景下的数字普惠金融

7.1　导言

在探讨如何让处于经济金字塔底层的人们成为金融活跃分子时，数字普惠金融的重要性日益凸显。银行和非银行金融机构正在合作，采用数字金融方法，为那些处于金融服务不利地位和获取金融服务不足的人们提供更多金融服务（Mhlanga，2020；Mhlanga 和 Denhere，2020）。银行和非银行机构以使用多年的数字方法为基础，运用人工智能（AI）向以前由正规金融机构服务的群体提供更多金融服务。整个工业革命期间，传统银行业建立在纸币和现金流通的基础上，随着第四次工业革命的到来，传统银行业正在发生变化（Mhlanga，2020）。工业 4.0“通常被称为第四次工业革命，是指网络物理系统（Cyber－Physical Systems）的出现，为人类和机器提供了全新能力。这些能力以第三次工业革命的技术和基础设施为基础，4IR（第四次工业革命）代表了技术融入社区甚至我们身体的全新方式”。4IR 是一种“技术融合，它打破了技术与物理世界、数字世界和生物世界之间的界限”（Schwab，2015）。

4IR 常被比作一场即将来临的暴风雨。看似是出现在远处的巨大变革，但来得很快，让人猝不及防。虽然有些人已经做好了准备，但有些人却完全没有意识到暴风雨即将来临（Mhlanga，2021）。根据 World Bank（2020）的数据，已有 80 多个国家开展了包括使用手机在内的数字金融服务。因此，数百万以前享受服务不充分和被金融服务排斥在外的穷人开始从现金交易转向正规金融服务，从而获得了“支付、转账、信贷、保险、证券和储蓄”等金融服务。手机和人工智能（AI）等其他数字技术得到了广泛应用。普惠金融发展水平有了显著提高，其发展速度值得关注，客户能够以较低的成本和可持续满意的方式获得数字普惠金融服务。在参与提供金融服务的过程中，非金融机构使用的新技术带来了一系列风险。数字金融服务为以前被排除在外的客户带来了无限好处，但也产生了一系列问题（Mhlanga，2020）。随着时间推移，提供金融服务的数字应用程序数量不断增加。许多用于提供金融服务的数字应用程序都是由技术公司或金融公司创建的，用于满足银行客户需求。在数字普惠金融领域已有大量文献发表。例如，Ozili（2022）数字普惠金融；Shofawati（2019）数字普惠金融与中小微企业增长，Mhlanga（2020）人工智能对数字普惠金融的影响；Ahmad 等（2021）数字普惠金融与经济增长；Siddik 等（2020）等。

尽管人们对数字普惠金融的研究越来越多，但对其含义、目标、基本要素、工具和监管方面的问题仍然缺乏深入了解，尤其是在第四次工业革命背景下。本章将在第四次工业革命背景下，探讨与数字普惠金融相关的问题，包括数字普惠金融的概念、目的、构成、机制、法律挑战等。

7.2 数字普惠金融的内涵

Lyman 和 Lauer（2015）将数字普惠金融定义为，被金融排斥和服务不足的社区以数字方式获取和使用正规金融服务。应根据客户的需求为其量身定制金融服务，并以负责任的方式提供。其成本既要对客户合理，又要对服务提供商具有可持续性。Mhlanga（2020）认为，数字普惠金融是“提供具有成本效益的数字工具，帮助金融机构向被金融排斥和服务不充分的群体提供正规金融服务，以满足其金融服务需求”。换言之，数字普惠金融也可以定义为，被金融排斥或服务不足的个人能够广泛获得和使用正规金融服务。

自从肯尼亚推出的支付创新之一“M－Pesa”取得了成功，数字普惠金融开始引起许多人关注（Beck 等，2018）。M－Pesa 实现了移动支付用于数字支付。在中国，数字普惠金融代表的不仅仅是一种支付工具，还包括数字支付、数字投资和数字融资等 3 种基本业态。Ozili（2022）还将数字普惠金融定义为，将无银行账户者纳入正规金融部门的过程，包括通过手机和其他数码小工具等数字技术向无银行账户者提供金融服务。利用现有数字技术，数字普惠金融可为无银行账户者提供廉价正规的金融服务。通过提供可负担的数字金融服务，使穷人能够获得正规金融服务，这就是数字普惠金融。数字普惠金融指的是向受到金融排斥和金融服务不足的群体提供数字金融服务，并通过使用手机或其他数字设备拓展金融服务。Mhlanga（2020）认为，数字普惠金融显著提升了信息通信技术（ICT）在扩大以前处于劣势地位的个人的金融服务规模以及提升其使用程度方面的作用。小额信贷、小微金融和普惠金融是数字普惠金融发展的第一步，也是目前金融发展的目标。"小额信贷"一词最早用于描述孟加拉国格莱珉银行（Bangladesh's Grameen Bank）向弱势群体提供小额贷款。小额信贷在20世纪90年代初占据主导地位，后来被小微金融取代，小微金融是指提供小额的储蓄、贷款和保险等各种金融服务。

7.3　数字普惠金融的目标

数字普惠金融的目的是通过数字渠道向个人、家庭、企业和政府提供金融服务，促进消除贫困、增加金融中介和实现可持续发展目标。数字普惠金融的目标是提供各种数字金融服务，助力人们获得资金、转移资金、增加资金、储蓄资金、降低风险。通过数字方法提供金融服务的目的是帮助发展中国家消除贫困，使人们享受普惠金融的好处（Mhlanga，2022；Ozili，2022）。

正如Ferrata（2019）所述，低收入家庭通过数字金融体系显著改善了生活质量，获得了更好的经济选择。2008—2014年，约有100万肯尼亚人（约占该国总人口的2%）摆脱了每天收入1.90美元的极端贫困，这都归功于移动支付系统，用户可使用该系统在手机上储存货币价值，并通过短信向其他用户汇款。该系统有3个好处：提高了人们储蓄的能力和积极性，提高了人们的金融适应能力，对人们的职业选择产生了积极影响，尤其是女性，她们大多放弃了农业投身商业领域。坦桑尼亚获得数字金融服务的农民能够享受小额保险服务，维持更大规模的投资，获得的收入比未投保的农民高出16%，这受益于农业与气候风险企业（ACRE）项目的实施。

关于饥饿问题，鉴于全球有大约8亿人营养不良，数字普惠金融可以使农民更容易获得经营所需资金。此外，与获得实物粮食相比，极端贫困人口还能以更安全、更可靠、更经济、更快捷的方式获得所需的社会援助。在乌干达，一家大型咖啡企业使用数字支付系统减少了27%的开支，主要是取消了实物货币汇款，而数字汇款比现金汇款便宜45%，有助于将更多资源分配给投资（Ferrata，2019）。世界卫生组织（World Health Organization）指出，每年有1亿人因医疗费用陷入贫困，凸显了健康和福祉的重要性。采取数字储蓄和保险形式的数字金融有助于管理不可预见的成本。肯尼亚推出的移动医疗钱包使获取医疗支付、储蓄和信贷等服务变得更加容易，方便了15万名患者前往医疗机构就诊。

数字普惠金融在确保性别平等方面也发挥着至关重要的作用。女性通过数字银行，可以完全掌控自己的资金，创办自己的企业。与此同时，金融服务提供商可能会在创业方面更了解女性需求，并对其信用进行更好的评估。在多米尼加共和国，可根据申请人的性别和账单支付记录评估其偿还贷款的潜力。通过研究性别数据，结果显示有信用的女性比例上升了1/3。此外，南非的一项研究发现，政府通过数字转账实现普惠金融，提高了女性在家庭中的决策权，提高了女性进入劳动力市场的可能性，幅度高达92%。

数字普惠金融有助于获得清洁水和卫生设施。21亿人无法正常获得饮用水，数字金融系统有助于满足低收入家庭在此方面的需求，也促进了公用事业长期增长。国际非政府组织（NGO）——水安全网（Safe Water Network）通过引入智能水表和数字支付，使公众对废物管理负起更大责任，提高向更多地方提供饮用水的潜力，帮助加纳提高了每公升水的收入。在孟加拉国，世界银行与政府合作开展了“全国卫生运动”，以保障民众能够获得卫生设施。通过小微金融系统，已经支持修建了16000多个厕所，使用移动支付偿还贷款的人数达到170000人。

数字普惠金融在鼓励体面就业和经济增长方面发挥着至关重要的作用。联合国指出，到2030年，劳动力市场需要4.7亿个工作岗位。受益于数字金融，到2025年，新兴国家的国内生产总值（GDP）预计会增长6%，能够创造9500万个就业岗位。工资支票数字化能增加员工储蓄；中小微企业的付款完全数字化，可获得用于评估其信用度的数据，降低处理现金的成本，并最终支持经济增长。例如，孟加拉国服装业工人工资的数字化在两年内就节省了85%的交易成本。在产业、创新和基础设施方面，数字金融的好处是中小微企业融资和供应链支付的数字化转型，进而影响效率和收益。此外，工资支付数字化可提高可追溯性、防止欺诈和促进遵守劳动法。印度的Gap公司对其员工的工资进行了数字化处理，确保了员工工资按时发放，员工流失率因此降低了15%～20%。

数字金融在减少不平等方面发挥了关键作用。通过数字普惠金融缩小贫富差距，有助于为低收入家庭提供新选择，提高工资，改善金融适应能力。国际汇款是最重要的应用领域之一。利用数字技术汇款可将汇款成本至多降低3.5%，使3000多万人摆脱贫困。世界经济论坛（World Economic Forum）的数据显示，汇款成本每降低5%，就可为新兴经济体每年节约200亿美元。数字金融可能会在透明度和可追溯性方面发挥重要作用。为使发展中国家获得最大利益，并鼓励公众使用合法、透明的渠道，发达国家的政府应考虑降低国际汇款的税收。另一个重要方面是，数字普惠金融在确保和平、正义和强有力的机构能够得以维系方面也发挥着至关重要的作用。和平、公平和健全的机构都与数字普惠金融息息相关。这关系到透明度以及打击欺诈和腐败，但这也与政府处理现金面临的高昂成本有关。数字交易将大幅减少欺诈、腐败和泄密的影响，也是降低政府转账成本的可靠手段，同时确保资金按时送达指定受益人。墨西哥通过工资、养老金和社会援助的数字化支付，节省了13亿美元。

实现千年发展目标与数字普惠金融有着密切关系，因为它可能会提高税收，对预算产生有益影响，有助于通过众筹等新渠道调动公共和私人的资源和投资。Arner等（2020）认为，金融科技（FinTech）是推动普惠金融发展的重要手段。普惠金融又是实现联合国可持续发展目标（SDGs）所规定的可持续、平衡发展的基础。以积极主动的方式构建底层基础设施，促进数字金融转型，或许能够充分挖掘金融科技服务可持续发展目标的全部潜力。我们认为，重点关注四大支柱是思考实现此类计划的理想方式。

第一个支柱要求创建数字身份、简化开户程序，将“了解你的客户”（KYC）流程进行电子化改造。第二个支柱是建设开放的、可互操作的电子支付系统。第三个支柱需要利用第一个和第二个支柱的基础设施支持，实现政府服务和支付的电子化。第四个支柱是建设数字金融市场和体系，从而扩大金融服务和投资的渠道。对任何国家来说，实施四大支柱都是一项重大任务，具有巨大潜力，通过金融科技、普惠金融和长期均衡发展，不仅能彻底改变金融，而且能彻底改变经济和社会。

7.4 数字普惠金融的基本要素

根据 Lyman 和 Lauer（2015）的研究，数字交易平台、零售代理商，以及通过平台交易的客户和代理商使用的设备（最典型的是手机）是数字普惠金融的 3 个基本要素。数字交易平台允许客户使用设备发送和接收付款和转账，允许银行或非银行机构以电子化方式进行资金存储。客户可以通过零售代理商将现金转换成电子储值，或再将电子储值转换成现金，通过配备与通信基础设施连接的数码小工具，记录传输和接收交易的细节。代理商还可以履行其他职责，具体取决于适用的法规以及与主要金融服务机构的协议。客户所使用的设备既可以是数字设备（如手机），也可以是与数字设备（如 POS 终端机）连接的工具（如支付卡）。数字普惠金融服务由银行、非银行金融机构、金融科技（FinTech）企业和科技公司提供。图 7.1 列出了数字普惠金融的基本要素。

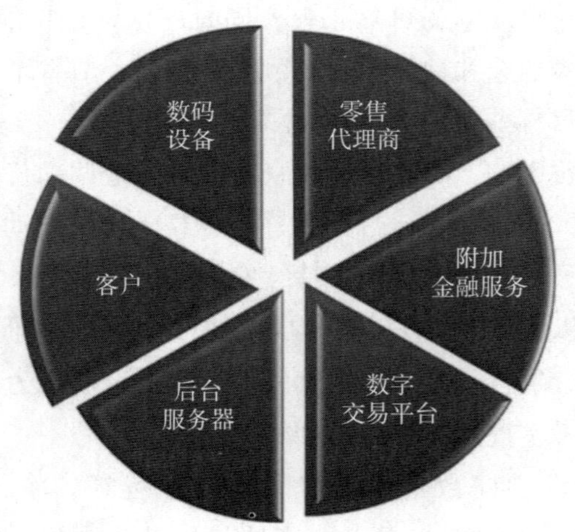

图 7.1 数字普惠金融的基本要素

图 7.1 概述了数字普惠金融的基本要素，包括数字设备、零售代理商、附加金融服务、数字交易平台、后台服务器和客户。一是数字设备。数字金融服务的客户或用户必须拥有数字设备，如智能手机、平板电脑、笔记本电脑或台式电脑，用于传输电子数据或工具。二是零售代理商。零售代理商是指拥有连接到通信基础设施的数字设备的销售商或代理商。客户可通过零售代理商将现

金转换为电子储值，或再将电子储值转换为现金，零售代理商可以记录传输和接收金融交易的细节。三是附加金融服务。指银行、非银行和金融科技公司为客户提供的信贷产品、储蓄产品、保险产品、投资产品、抵押贷款产品和风险管理服务等附加金融服务。四是数字交易平台。指连接客户与提供特定金融服务的金融机构的界面。数字交易平台可以是银行应用程序、数字软件、互联网网站或零售代理商。五是后台服务器。这是数字电信基础设施，用于保存数据，并对为客户提供服务的金融机构详细信息予以电子验证，只有完成验证后才准许进行数字金融交易。它负责监督数据的存储和整理，同时确保用户能够正常使用前台界面。前台与后台服务器要保持通信顺畅。前台服务器发送和接收要在前台用户界面上显示数据。前台应用程序为客户向后台服务器发送请求或进行数字转账，后台服务器应以前台代码的形式回复信息，前台应用程序可以理解并显示这些信息。六是客户。个人、企业和政府是数字普惠金融的主要用户。个人包括青年人、老年人、家庭、贫困人口、低收入群体、中等收入群体和高收入群体。企业包括小型企业、中小型企业（SMEs）和大型企业。政府包括市政府、区政府和其他政府实体。

7.4.1 数字普惠金融的提供商

数字普惠金融的提供商主要有以下4种类型，包括全面服务型银行、支付卡或销售点（POS）终端机、有限服务型银行和移动网络运营商。如图7.2所示，数字普惠金融服务提供商有4种类型。第一种是全面服务型银行，提供基本交易账户，用于数字支付、转账、资金存储，需要运用数字设备，如移动设备、支付卡或销售点（POS）终端机。全面服务型银行提供几乎所有类型的数字金融服务。第二种是有限服务型银行，通过移动设备、支付卡或销售点（POS）终端机提供少量的金融服务，如特定领域数字金融服务。第三种是移动网络运营商（MNO）电子货币发行者。第四种是非银行（非移动网络运营商）电子货币发行者。为了有效运作，这4种数字金融服务提供商提供数字普惠金融服务需要具备3个要素：数字交易平台、代理商网络和客户访问设备。当这3个要素齐备时，就可以向受到金融排斥和获得服务不足的群体提供数字金融服务。

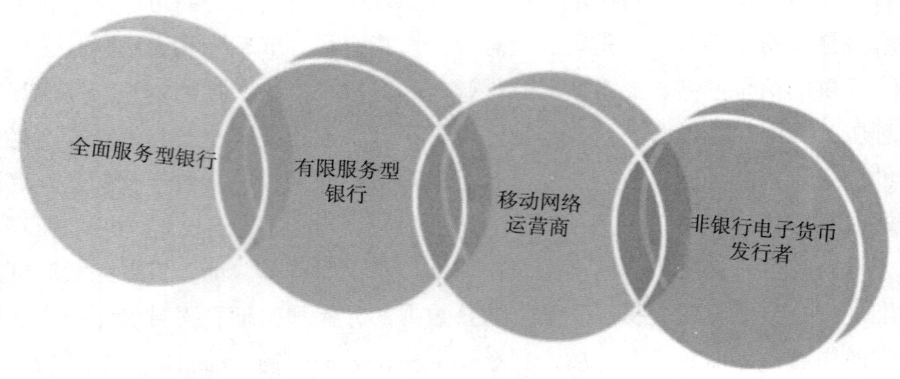

图 7.2　数字普惠金融的提供商

7.4.2　数字普惠金融的工具

以下是一些数字普惠金融工具或手段的例子。如图 7.3 所示，包括电子货币、代理商网络、零售销售点（POS）终端机、网上银行、移动支付、借记卡和信用卡。

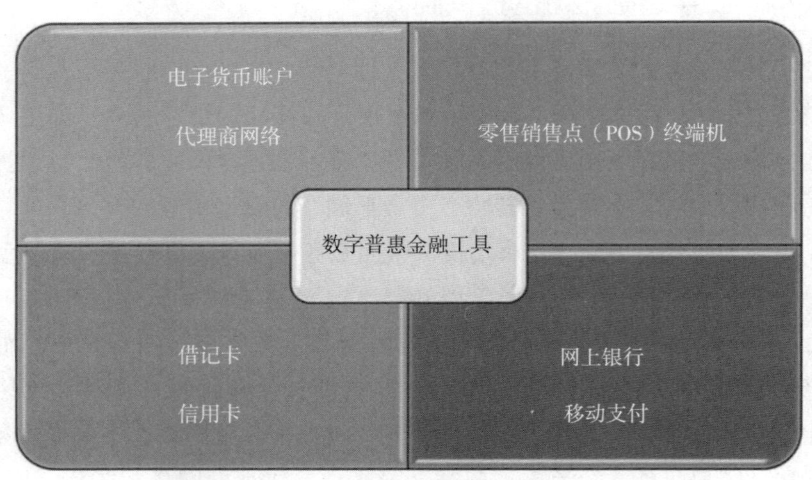

图 7.3　数字普惠金融工具举例

（1）借记卡。使用借记卡时，资金会立即从用户的支票账户中扣除。借记卡有时也被称为支票卡或银行借记卡，可用于购买商品或服务，也可用于从自动取款机或商家提取现金，商家会允许客户添加购买金额。过去，人们需要到银行网点从账户中提取现金。如今，借记卡和信用卡已经成为必需品，因为它们提供的不仅是一种取款方式，使人们无须携带现金或支票簿，而且可以从自动取款机取钱、设置自动付款、超市购物、在当地零售商、加油站和餐馆购物，以及进行互联网交易等。这些优势和便捷的货币支付方式都与信用卡和借记卡相关（Rojas – Bustamante 等，2021）。借记卡与持卡人的银行账户相连，一旦交易完成，钱就会从账户中取出。

（2）信用卡。信用卡是一种长方形塑料或金属卡片，由银行或金融服务机构提供。持卡人可以借贷资金，在接受赊账的商家支付商品和服务费用。信用卡要求持卡人在账单日之前全额或分期偿还借贷资金和适当的利息，以及商定的其他额外费用。另外，如果持卡人每月按时偿还信用卡费用，则可获得免息信用额度。信用卡与发卡的银行或金融机构挂钩而非个人银行账户。使用信用卡时，发卡机构向商家付款，持卡人则对发卡机构负有欠款。银行、信用社和其他金融机构发行大多数信用卡，如威士卡、万事达卡、发现卡和美国运通卡。许多信用卡都以各种优惠吸引客户，如航空里程、酒店房租、大商店礼券和购物返现。提供奖励的信用卡有时也被称为奖励信用卡。

（3）网上银行。网上银行通常被称为互联网银行、在线银行或家庭银行，是允许银行或其他金融机构客户通过该机构的网站实现各种金融交易的电子支付系统。为客户提供银行服务的并非传统银行网点，网上银行系统通常与银行的核心系统相连，或者成为银行核心系统的一个组成部分。网上银行通过降低对实体网点的依赖降低了银行运营成本，同时也为客户提供了更大便利，节省了前往实体网点的时间，即使在实体网点关闭的情况下，客户也能进行金融活动。个人和企业可获得通过互联网提供的银行服务，如查询账户余额、接收对账单、查看最近的交易、在账户间转账和付款。

Patel（2018）认为，与银行之前的运营方式相比，金融服务业，尤其是银行业，正在经历快速的技术发展。无论是在美国这样的发达国家还是在印度这样的发展中国家，信息和通信技术（ICT）的进步都推动金融服务和零售银行服务发生了重大变化。由于信息和通信技术（ICT）革命，银行必须根据客户不断变化的需求和偏好提供服务。利用网上银行服务客户已成为银行获得业务竞争优势的战略工具。网上银行作为一种特殊的服务渠道，对银行和客户来说都具有优势，如降低交易成本、提高效率、留住优质客户、扩大市场规模，以及便利性、可用性、可及性、节约时间和成本。

（4）移动支付。移动支付又称移动货币、移动支付转账和移动钱包，是指通过移动设备进行的支付服务，受金融监管部门监管。用户可以使用手机支付各种服务和数字商品或实体商品，替代使用现金、支票或信用卡支付。虽然非现金支付系统概念由来已久，但支持这种系统的技术在21世纪才刚刚得到广泛应用。移动支付在世界各地已得到广泛应用。第一项专利特指移动支付系统，该系统于2000年诞生。

《2009年金融可得性报告》（*Financial Access' 2009 Report*）显示，“世界上有一半的人没有银行账户”，移动支付解决方案已被作为发展中国家向“无银行账户”或“银行账户不足”群体提供金融服务的手段，这部分群体占世界成年人的50%。小额支付经常通过这些支付网络进行。比尔及梅林达·盖茨基金会（The Bill and Melinda Gates Foundation）、美国国际开发署（the United States Agency for International Development）和国际美慈组织（Mercy Corps）都为移动支付在欠发达国家的发展作出了贡献。欧洲支付理事会（the European Payments Council，EPC）称，对支付服务提供商（PSP）和其他市场参与者来说，移动支付逐渐成为实现新增长前景的主要工具。欧洲支付理事会（EPC）认为，“新技术解决方案可直接提高运营效率，最终实现成本节约和公司业务量增长”。

Aron（2018）认为，移动支付是一个相对较新的理念，指通过使用手机向全球无银行账户的贫困人口提供金融交易服务。在发展中国家，技术迅速传播，“蛙跳式”地提供正规银行服务，解决了机构基础设施不足和传统银行成本结构制约的难题。本文探讨了移动支付的历史以及它是如何支持普惠金融发展的，从微观视角分析了移动支付的经济影响渠道，批判性地回顾了有关这一主题的实证文献。研究有力地表明，移动支付鼓励了风险分担，但仍缺乏其促进福利和储蓄的直接证据。移动支付是一个相对较新的概念，10年前还鲜为人知。尽管如此，它如今已经改变了普惠金融面貌，在新兴市场得到了迅速普及，并“蛙跳式”地提供传统银行服务。穷人特别容易受到疾病、失业、家庭破裂和自然灾害等危险的影响，更需要移动支付。

无银行账户的城市和农村贫困人口的普惠金融发展，在降低风险方面已经取得显著成果，这也是二十国集团（G20）的目标之一。普惠金融政策的目标是增加用户获得正规银行服务的机会，但成本和市场失灵问题阻碍了其发展。新技术有助于解决机构基础设施不足和传统银行成本结构等问题。不发达国家金融机构的商业可行性因其规模小、不稳定、非正规性和管理不善而难以解决。以前，有部分人群负担不起传统银行账户的最低余额要求和月费。而现在，几乎所有人已基本拥有手机，而且具备通过安全网络渠道广泛分配通话时间的（可扩展）基础设施。此前未获得金融服务的人可以通过使用移动支付，以较低的成本进行安全的转账和支付，以及安全和私密的资金存储。移动支付填补了空白，改变了小额账户户主的经济状况。

（5）代理商网络。为了以更低的成本触达更多客户，银行和其他金融服务提供商经常使用代理商网络取代传统的实体网点。代理商网络既可以从独立的小规模贸易商和其他商店发展起来，也可以从已建立的分销网络（如邮局或零售连锁店）发展而来。代理银行是指代表其他机构提供服务的银行。对于希望在全球范围内发展的企业而言，代理银行（也称银行代理机构）可以提供各种金融服务。这些银行通常代表另一家银行或银行集团工作，也可以代表个人或公司工作。代理银行提供广泛的金融服务，可更好满足个人和公司需求。代理银行可以采取多种不同形式，并热衷于就一系列不同项目开展合作。代理银行的具体职责由客户协议确定。代理银行也可以是一个银团，在这种情况下，代理银行是向多家银行借款的借款人联络点。代理银行是银团贷款的牵头银行，在这种情况下，它在支付利息的同时向其他银行通报情况。

在有效的代理协议下，代理银行受雇于代理人承担出纳或现金管理员的职责，为金融服务不足的社区提供有限的银行服务和金融服务。代表银行进行交易的企业经营者被称为出纳。部分发展中国家已经接受并开展了代理银行业务，并取得了不同程度成果。巴西是这一领域公认的全球先驱，很早就采用了这一模式，并发展了一个成熟的代理银行网络，目前已覆盖了99%的市政当局。墨西哥、秘鲁、哥伦比亚、厄瓜多尔、委内瑞拉、阿根廷、玻利维亚、巴基斯坦、菲律宾、肯尼亚、南非、乌干达和印度都纷纷效仿（BRAC Bank，2022）。

BRAC 银行于 2018 年 9 月推出了代理银行服务，孟加拉国已在全国范围内提供最先进的数字银行服务，并推动 BRAC 银行的中小企业业务战略。增强数字功能会使人们受益，并为他们提供24小时的金融服务。中小微企业的业务能力受益于银行服务，因此代理银行业务将成为一个广泛发展的业务。发展代理银行业务是BRAC银行的一项重要举措，通过为国内无银行账户群体提供智能银行服务，提高金融普惠性。代理银行业务是孟加拉国金融业务中的一个新业务，它使地处无银行实体网点的客户获得了一定的银行服务。

根据代理协议的安排，将指定一名代理商作为BRAC银行的代表并代理其进行交易。因此，在无法设立设备齐全实体网点的地区，代理银行可成为提供便捷、低成本金融服务的新渠道。为了使代理银行服务更加方便、安全，可以使用代理银行软件（ABS），该软件可通过互联网实时完成交易。在此过程中将使用双因素验证（2FA）方法保障安全，具体为运用生物识别设备对客户和代理商的拇指指纹进行验证，响应交易或请求。系统将生成的已完成交易的打印收据等信息，以短信提醒通知客户。BRAC银行期望拓展其代理银行网络，因为这能够让银行在不可能实现常规实体网点银行业务的农村地区，为服务不充分群体提供金融服务。BRAC银行还打算为缺乏正规教育和金融知识有限的人提供具有成本效益的金融服务。

（6）电子货币账户。电子货币（e-money）是指在技术设备上存储货币价值的电子存储体，可用于向电子货币发行者以外的个人和企业进行支付。电子货币是一种预付费不记名票据，无须使用银行账户。取代电子货币的是电子货币机构、电子钱包或支付公司持有的电子货币账户。有了电子货币账户，用户不仅可以获得传统银行账户的所有好处，还会有额外收获。电子货币账户为用户提供快捷的电子交易、安全加密、方便快捷、费用低廉或无费用，而且可以随时随地进行访问。由于用户的信用卡与电子货币账户相连，在进行交易时，不必每次都提供信用卡信息。银行账户中的合格存款将被特定资金全额保护，例如，在英国，这笔资金由金融服务补偿计划（FSCS）提供安全保障。电子货币账户以电子形式保存用户的资金，可以用于支付款项。用户的资金存放在保障账户中，意味着资金与有经营风险的资金是分开保管的。

（7）零售销售点（POS）终端机。销售点（POS）终端机是零售企业用于接收信用卡的硬件设备。该设备包括读取信用卡和借记卡磁条的软件。新一代POS系统包括专有设备和第三方便携式设备（相对于不固定在柜台上的终端机），以及具有非接触式功能的各种移动支付设备。使用信用卡或借记卡购物时，传统的销售点（POS）终端机会读取磁条，以确定是否有足够的资金支付商家，然后完成交易。收据或打印或通过电子邮件发送，交易记录也可通过短信发送给客户。

商家可根据自己管理现金流的方式，选择购买或租赁 POS 终端机。购买 POS 终端机的前期花费较高，租赁的月付款额较低，尽管在设备的使用寿命内，总的租赁费用可能比一次性购买要高。传统的专有硬件正逐渐被淘汰，取而代之的是能够放入平板电脑或其他移动设备的基于软件的 POS 系统。POS 终端制造商为保持领先地位正在推出便携式和移动 POS 终端机。顾客往往不喜欢排队购买商品或用餐，因此，POS 终端机在繁忙的零售店和餐馆很常见。对于 POS 终端机购买者来说，价格、功能和用户友好性都是关键因素。在互联日益紧密的当今社会，操作系统的安全性至关重要。使用操作系统过时的 POS 终端机，客户数据容易被黑客窃取，此类案例比比皆是。

Adeoti 和 Osotimehin（2012）认为，使用销售点（POS）终端机进行金融交易，预计将显著减少流通中的现金数量。然而，在尼日利亚，电子支付系统的使用率却低于其他支付方式。因此，本研究评估了客户对尼日利亚使用的电子支付系统满意度。结果显示，总体而言，客户对交易速度、商家服务水平、认知度和安全性的满意度较低。这些发现表明，改善客户与 POS 技术的互动，有助于实现无现金经济的目标。Ogunsuyi 和 Tejumade（2021）也认为，预计中小微企业（SMEs）将从 POS 终端机的使用中受益，因为这简化了其金融交易，提高了其整体业绩。但是，是否实现了这一目标仍有争议。因此，本研究调查了 POS 终端机服务对尼日利亚拉各斯中小微企业绩效的影响。结果表明，POS 终端机服务帮助增加了销售量，减少了支付流程，提高了企业主收入。

7.5　小结

本章探讨了第四次工业革命背景下数字普惠金融的含义。在本章中，数字普惠金融是指使用具有成本效益的数字工具，向受到金融排斥和获得金融服务不足的群体提供符合其需求的正规金融服务。换句话说，也可以定义为，受到金融排斥和获得金融服务不足的群体使用数字工具普遍获得和使用正规金融服务。本章的前提是数字普惠金融如何让经济“金字塔”底层人们的金融活跃起来，这在探讨中变得越来越重要。本章详细介绍了数字普惠金融的基本要素、工具的具体构成。本章还讨论了数字普惠金融的使命、数字普惠金融的组成要素以及数字普惠金融服务的提供商。

参考文献

1. Adeoti, O., & Osotimehin, K. (2012). Adoption of point - of - sale terminals in Nigeria: Assessment of consumers' level of satisfaction. *Research Journal of Finance and Accounting*, 3 (1), 1 - 6.

2. Agent Banking (2022).

3. Ahmad, M., Majeed, A., Khan, M. A., Sohaib, M., & Shehzad, K. (2021). Digital financial inclusion and economic growth: Provincial data analysis of China. China Economic Journal, 14 (3), 291 - 310.

4. Arner, D. W., Buckley, R. P., Zetzsche, D. A., & Veidt, R. (2020). Sustainability, FinTech and financial inclusion. *European Business Organization Law Review*, 21 (1), 7 - 35.

5. Aron, J. (2018). Mobile money and the economy: A review of the evidence. *The World Bank Research Observer*, 33 (2), 135 - 188. 7.

6. Beck, T., Pamuk, H., Ramrattan, R., & Uras, B. R. (2018). Payment instruments, finance and development. *Journal of Development Economics*, 133, 162 - 186.

7. Ferrata, L. (2019). Digital financial inclusion: An engine for "leaving no one behind. *Public Sector Economics*, 43 (4), 445 - 458.

8. Lyman, T. & Lauer, L. (2015). What is digital financial inclusion and why does it matter?

9. Mhlanga, D. (2020). Industry 4.0 in finance: The impact of artificial intelligence (AI) on digital financial inclusion. *International Journal of Financial Studies*, 8 (3), 45.

10. Mhlanga, D. (2021). Artificial intelligence in the industry 4.0, and its impact on poverty, innovation, infrastructure development, and the sustainable de-

velopment goals: Lessons from emerging economies? Sustainability, 13 (11), 5788.

11. Mhlanga, D. (2022). COVID - 19 and digital financial inclusion: Policies and innovation that can accelerate financial inclusion in a post - COVID world through fintech. African Journal of Development Studies (formerly AFRIKA Journal of Politics, Economics and Society), si2, 79 - 100.

12. Mhlanga, D., & Denhere, V. (2020). Determinants of financial inclusion in Southern Africa. Studia Universitatis Babes - Bolyai, *Oeconomica*, 65, 3.

13. Ogunsuyi, O., & Tejumade, S. O. (2021). Point of sale terminal services and the performance of small and medium - sized enterprises in Nigeria. *International Journal of Social and Management Studies*, 2 (4), 114 - 122.

14. Ozili, P. K. (2022). Digital financial inclusion. In Big Data: A game changer for insurance industry (pp. 229 - 238). Emerald Publishing Limited.

15. Patel, K. J., & Patel, H. J. (2018). Adoption of internet banking services in Gujarat: An extension of TAM with perceived security and social influence. *International Journal of Bank Marketing*.

16. Rojas - Bustamante, L. P., Alatrista - Salas, H., Nunez - del - Prado, M., & Gómez, J. C. (2021, October). Tourism mobility modeling based on credit and debit card transactions. In 2021 XLVII Latin American computing conference (CLEI) (pp. 1 - 8). IEEE.

17. Schwab, K. (2015). The fourth industrial revolution: What it means and how to respond? Snapshot.

18. Shofawati, A. (2019). The role of digital finance is to strengthen financial inclusion and the growth of SMEs in Indonesia. In KnE social sciences (pp. 389 - 407). Knowledge E.

8. 数字普惠金融推动非正规金融体系转向正规金融体系

8.1 导言

获得重要的低价金融服务，是推动消除贫困和经济发展工作取得重大进展的重要途径。在金融体系更加完善的国家，经济发展水平越高，贫困和收入不平等现象的降幅也越大（Pazarbasioglu 等，2020）。获取和使用基本金融服务有助于贫困人口提高收入、韧性和生活质量，在这一过程中，女性将受益更多（Pazarbasioglu 等，2020）。提供低成本的金融服务有助于陷入非正规金融体系的个人将交易转向正规金融体系。世界银行指出，发展中国家有许多人无法使用基本交易账户，导致其难以安全、方便地收发款项，预计这类人占比约为65%。穷人如果可以使用交易账户获得储蓄、信贷和保险服务，将有助于其扩大生产规模，最大限度地降低风险，有效规划自己的未来（Mhlanga，2021；Mhlanga，2022）。

事实上，金融科技驱动的数字普惠金融服务有可能发挥规模经济的最大作用，降低成本，提高交易速度、安全性和透明度，为贫困人口提供个性化金融服务，是人们从非正规金融服务部门转向正规金融服务部门的重要驱动力（Mhlanga，2020）。Pazarbasioglu 等（2020）认为，这一过程可以通过各种渠道实现，包括“促进日常金融交易，如政府转账和其他公共服务、支付公用事业账单或领取工资，这些业务都不再使用现金，因为现金交易的效率较低、风险较大，而且需要面对面互动”。多年来，获得金融服务一直是一个至关重要的问题，因为汇款、基本储蓄、贷款和保险产品等金融服务能够帮助人们提高收入能力，投资于教育、健康、住房和企业，平滑消费，增强抵御疾病、失业或灾难等冲击的能力（Machasio，2020；Sahay 等，2020）。

8.2　非正规金融市场

Soyibo（1997）将非正规金融市场定义为“在已建立的金融机构之外进行的活动，通常没有报告”。更重要的是，“必须强调非正规部门的业务是合法的，只是不受官方控制”。Adikari（2012）还认为，非正规金融市场是指“非机构或无组织的金融资源，如放贷人、经销商、典当行、亲朋好友和房东、典当、贸易信贷、农作物抵押、单一用途的信贷服务和直接借贷，这些都是农村地区非正规金融部门提供金融服务的例子”。

非正规金融市场也有一些优势，例如“不受限制的货币供给、快速获取、便捷的流动性、低廉的行政和程序成本、很少或没有抵押或按揭要求、利率和还款的灵活性，因此是一种普遍的选择”（Adikari，2012）。非正规金融市场的另一个好处是，其有关服务非常符合低收入群体和非正规部门的信贷需求。同样，非正规金融服务也是多种多样的，有各种不同的经营者及所提供的服务，包括贷款和借款服务，以及与预支相关的各种不同贷款工具（Adikari，2012；Mhlanga 和 Beneke，2021；Rodima - Taylor 和 Dermineur Reuterswärd，2020）。

Rodima - Taylor 和 Dermineur Reuterswärd（2020）认为，非正规信贷安排正在成为发展中国家金融体系的一个重要组成部分，由愿意向低收入者提供小额贷款的稀缺银行机构所推动。这些地区的大多数贷款交易都是点对点的，许多是非正规的轮流储蓄和信贷协会。例如，在南非这个人口约为 5700 万的国家，已发现超过 80 万个非正规轮流储蓄和信贷协会或成员集款互助组（stokvels）。南非黑人每年对成员集款互助组投资约 490 亿兰特。

8.3　正规金融市场

Indian Financial System（2022）认为，银行网络、其他金融和投资机构、各种金融产品构成了正规金融体系。金融机构、金融市场、金融工具和金融服务是正规金融体系的 4 个主要组成部分。金融机构是帮助人们储蓄资金，将资金从盈余单位转移到负债单位的机构。换句话说，金融机构是充当储蓄者和投资者之间桥梁的公司。监管机构、银行机构、保险公司和住房贷款公司均可归类为金融机构（Ozili，2021；Tchamyou 等，2019）。金融市场是指进行金融资产买卖的场所或机制，促进了金融资产交易。金融市场可分为货币市场和资本市场。短期资金在货币市场进行交易，包括汇票、期票、商业票据、国库券和其他可近似替代货币的金融资产，是隔夜至短期的资金市场和一年或一年以内到期产品的市场（Indian Financial System，2022；Naz 等，2020）。资本市场是长期投资的市场，包括股票、债权和债券等证券。资本市场分为两个部分，即一级市场和二级市场。一级市场是发行新证券的场所，二级市场是出售现有或未兑现证券的场所。

金融工具是一种双方合约，合约创建了一个承担金融负债方和拥有金融资产方。金融工具包括股票、优先股、债权、债券以及其他金融工具（Indian Financial System，2022；Naz 等，2020）。金融服务是指推动经济金融活动顺利开展的服务，是金融体系的关键要素，满足了对金融机构、金融市场、个人和机构投资者提供金融产品的需求，包括银行、保险、股票经纪、投资服务，以及其他各种商业和专业服务（Indian Financial System，2022；Naz 等，2020）。表 8.1 是 Germidis 等（1991）对正规金融市场与非正规金融市场之间差异的总结。

表 8.1　金融市场：非正规与正规

<table>
<tr><th>非正规金融市场</th><th>正规金融市场</th></tr>
<tr><td>为农村地区的小型农户、低收入者和城市地区的小型企业提供信贷和储蓄。</td><td>正规金融机构忽视了小规模农户、低收入家庭和小型企业的贷款需求，满足了符合苛刻贷款条件的规模较大、收入较高、识字较多的客户贷款需求。</td></tr>
<tr><td rowspan="3">非正规金融市场及其各种方法通常都很简单，而且以当地传统和习俗为基础，公众容易理解。
非正规经济容易调动农村存款和城市低收入家庭的小额储蓄。</td><td>农村公众和小储蓄者无法理解正规金融市场的复杂行政程序。</td></tr>
<tr><td>正规金融机构无法调动农村储蓄和小额存款。</td></tr>
<tr><td>如果商业银行有适当的网点网络并遵循适当的程序，就能帮助调动农村的小额储蓄。</td></tr>
</table>

续表

非正规金融市场	正规金融市场
容易获得贷款，没有官僚作风，只需少量书面文件；不要求是否识字。	贷款申请程序复杂，需要具备阅读和写作能力，以建立借款人档案。
交易成本极低。	交易成本很高。
还款率高。	还款率低。
无论客户是否是一个非正规协会的成员，非正规部门在基层所拥有的密集而有效的信息网络，都能够监督和监测客户的活动，特别是其现金流，有助于有效调动其储蓄，确保贷款的高还款率。	正规机构监督和监测网络不达标，无法深入了解客户活动，因为不熟悉基层环境。
对于已经筹集但尚未动用的储蓄，没有其他投资选择。	对于已经筹集但尚未动用的储蓄，有其他投资选择。
能够预期可贷资金的数量和可用性的季节性变化。	正规部门可定期获得可贷资金。

8.4　数字金融服务

Pazarbasioglu 等（2020）认为，数字金融服务（DFS）是指客户可以利用数字技术获得和使用的金融服务。AFI（2022）认为，“数字金融服务包括支付、贷款、储蓄、汇款和保险，都可以通过数字渠道获取和提供。也包括移动金融服务在内”。数字金融服务还可指“通过数字渠道获取和提供的各种金融服务，如支付、贷款、储蓄、汇款和保险”。

8.4.1　金融科技

金融科技是指有可能改变金融服务提供方式的数字技术。这些数字技术可以创造一个全新的或创新当前的业务模式、应用、程序和产品（Pazarbasioglu 等，2020）。Pazarbasioglu 等（2020）进而认为，“金融科技”一词通常是指实践中不断涌现的数字金融服务创新。网络、移动、云计算、机器学习、数字身份证（数字 ID）和应用程序编程接口（API）就是这些技术的例子，还有上一章概述的许多其他技术。Walden（2020）认为，金融科技（FinTech）“是金融和科技（financial technology）两个词的组合。任何用于增强、简化、数字化或颠覆传统金融服务的技术都被称为金融科技。软件、算法、计算机和移动工具的应用都被称为金融科技”。Walden（2020）还认为，“硬件，如智能互联储蓄罐或虚拟现实（VR）交易平台都属于金融科技范畴。存入支票、在不同账户间转账、支付账单和申请资助都可能通过金融科技平台完成。金融科技还涉及更多技术性话题，如点对点借贷和加密货币”。

8.4.2 金融科技公司

Mayor（2021）将金融科技公司定义为，“金融行业的新秀，专门从事数字金融服务。金融科技公司包括数字支付提供商、数字保险公司、纯数字银行和点对点借贷平台等公司”。它也可以指“利用技术为任何类型的金融服务提供支持的公司，如借贷、支付、储蓄、投资、保险、机器人咨询、记账、风险管理、理赔处理和承保”（Columbia Engineering，2021）。Columbia Engineering（2021）认为，“任何利用技术改变、扩展或自动化为企业或客户提供金融服务的公司都可称为金融科技公司”。移动银行、点对点支付系统（如 Venmo 和 Cash Application）、自动投资组合管理器（如 Wealthfront 和 Betterment），以及交易平台（如 Robinhood），都是金融科技公司的例子。金融科技还可应用于加密货币开发和交易。

8.4.3 大型科技公司

大型科技公司被定义为“拥有完善的科技平台和用户群的大型企业”。大型科技公司的例子有“在线搜索引擎、社交媒体平台、电子商务平台、叫车平台和移动网络提供商、移动互联网平台、移动支付平台”。一些大型科技公司已开始利用科技和用户网络效应，提供数字金融服务。根据 IMF（2021）的定义，大科技（BigTech）是指拥有巨大客户群的大型科技企业集团，拥有庞大的客户网络，核心业务包括社交媒体、电信、互联网搜索和电子商务。大型科技公司依赖于以下 3 个因素，一是已掌握的客户数据，二是根据这些数据能够更好地了解客户需求，三是基于先进的分析，了解数据背后的信息，利用其庞大的客户基础，最终实现强大的网络效应。事实上，网络效应促进了客户联系、客户活动和不断增加的数据收集，因此大型科技公司得以快速增长（International Monetary Fund，2012）。

8.4.4　金融科技回顾

金融科技（FinTech）的基本概念已经存在有一段时间，只是由于当前的科技进步浪潮而显得较为新颖。Arner 等（2017）认为，20 世纪 50 年代，公众就能使用早期的信用卡，这是最早的科技产品，它们减少了用户在日常生活中携带现金的需求。

贝宝（PayPal）成立于 1998 年，是首批仅在互联网上运营的科技公司之一，移动技术、社交媒体和数据加密技术使其实现了进一步创新（Arner 等，2015；Arner 等，2017）。Arner 等（2017）认为，这场金融科技革命带来了我们今天使用的移动支付应用程序、区块链网络和基于社交媒体的支付方式。Arner 等（2015）概述了如图 8. 1 和图 8. 2 所示的金融科技进步。

图 8. 1 概述了 1838—1971 年的金融科技进步。图 8. 2 概述了 1973 —2013 年的金融科技进步。下一节将介绍数字普惠金融推动非正规金融货币市场转向正规金融体系。

塞缪尔-莫尔斯（Samuel Morse）于1838年初步展示了电报系统。

第一条跨大西洋电缆成功架设，为1866 年全球金融一体化奠定了基础。

储备银行1918年创建了联邦电汇资金服务系统（The Fedwire Funds Service），是一个使用摩尔斯电码系统的专用资金转账网络，连接着储备银行、委员会和财政部。

约翰-梅纳德-凯恩斯（John Maynard Keynes）1920年出版的著作《权力的经济后果》，讨论了技术与金融之间的联系。

1950年2月，大来俱乐部（The Diners Club）发行了由弗兰克-麦克纳马拉（Frank X.McNamara）设计的第一张“通用”信用卡。

1966年，Telex网络在美国、加拿大、英国、德国和法国建成，为金融科技的持续发展提供了必要的通信基础设施。

1967年，恩菲尔德（Enfield）的巴克莱银行（Barclay bank）安装了世界上第一台自动取款机（ATM），也是巴克莱银行的现金自动取款机。

图 8. 1　1838—1971 年的金融科技发展史缩影

为了应对跨境支付挑战，来自15个国家的239家银行于1973年创建了环球银行间金融电信协会（SWIFT）。

迈克尔-布隆伯格（Nichael Bloomberg）于1981年创立了创新市场解决方案（IMS）公司，为华尔街公司提供实时市场数据、金融计算和其他金融分析服务。1986年，该公司更名为Bloomberg L.LP。

威廉-波特（William Porter）于1982年创立Trade Plus公司，掀起了在线经纪投资革命，大幅降低了在线交易成本。1994年，公司更名为E-TRADE集团。

1987年，“黑色星期一”股灾导致全球股市崩盘，目前仍是道琼斯指数单日最大跌幅（-22.67%）。

FinTech是金融服务技术联盟（Financial Services Technology Consortium）的最初名称，该联盟由花旗集团于1993年成立，解决抵制外部技术合作名声问题。

富国（Wells Fargo）银行是第一家在1995年提供在线支票账户的银行。

1997年出现了第一家没有实体网点的虚拟银行（ING Direct），该银行在加拿大成立，是ING集团的一部分。

图 8.2　1973—2013 年的金融科技发展史缩影

8.5　数字普惠金融推动非正规金融体系向正规金融体系转型

鼓励非正规金融市场和正规金融市场之间建立联系的新举措，是解决这一问题的可行办法。小微金融是非正规部门发展的一个阶段（Aryeetey，2008）。许多国家，尤其是新兴国家，同时拥有非正规金融市场和正规金融市场，而且非正规金融市场似乎还在扩大。另一个问题是确保小额借款人获得更多贷款。长期以来存在的问题是，来自非官方资源或非正规金融部门的贷款并非总是被认为能够满足投资小型企业所需的要求。在大多数情况下，非正规金融部门提供的贷款往往不足，而且利率过高或期限过短。

一个国家的金融体系转向非正规部门，以及建立金融联系的能力取决于其发展水平。在正规机构和非正规机构都不健全的国家，转型和建立金融联系的潜力尤其低；在正规机构和非正规机构都很强大的国家，则建立金融联系的潜力巨大。国家政策的适当激励和所采取的监管措施会为实现建立预期联系创造环境。这些政策还必须考虑更广泛的经济联系，确保现实世界的需求能够推动战略实施。尽管有观点认为，随着一个国家的发展，建立金融联系的可能性会增加，但最好的办法是实施确保建立联系的有关政策。

根据 Aryeetey（2008）的观点，为了实现获得正规金融部门资源的愿望，非正规金融部门的“转型”就可能会发生。非正规部门“转型”的动机可能是希望获得正规金融部门资源。然而，需要在一开始就改善和加强非正规部门与正规部门之间的联系。正规部门扩张不一定会缩小非正规部门规模。然而，数字普惠金融正试图帮助缩小非正规部门规模。图 8. 3 显示了非正规金融体系转向正规金融体系的发展阶段。

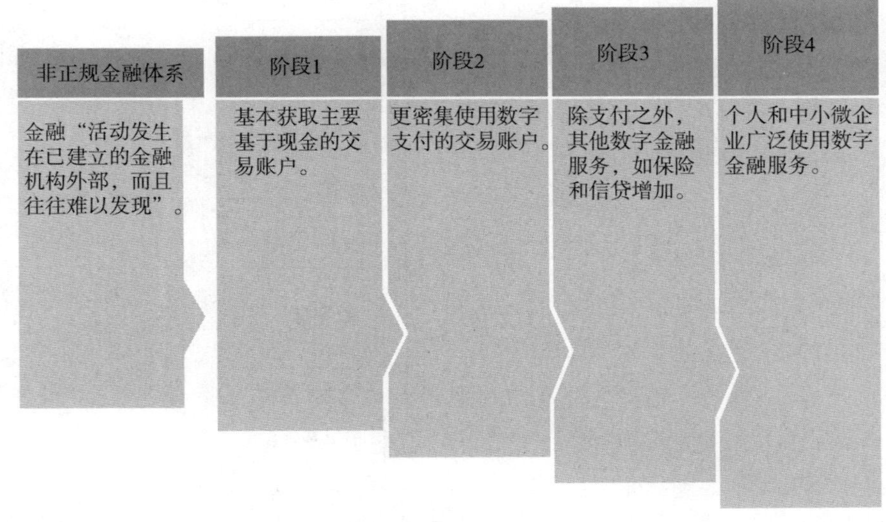

图 8. 3　非正规金融体系转向正规金融体系的发展阶段

图 8. 3 显示了非正规金融体系转向正规金融体系的发展阶段。后续将分析推动非正规金融货币体系转向正规金融体系的数字普惠金融机制。

8.5.1 推动非正规转向正规金融体系的数字普惠金融模式和基础设施

接续第7章，以下是数字普惠金融的一些模式、工具或基础设施方面的案例，有助于实现非正规金融体系转向正规金融体系。图8.4举例说明了数字普惠金融的一些模式，包括移动支付、平台生态系统、开放式应用程序接口、支持金融和数字交易的移动支付基础设施、信贷基础设施、数字连接基础设施、政府数据平台、数字身份证（数字ID），可用于扩大数字普惠金融规模。

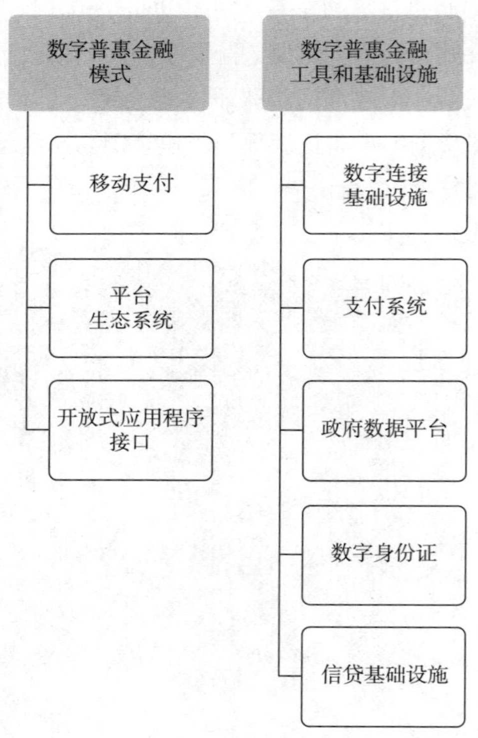

图8.4 数字普惠金融模式和工具或基础设施

（1）数字普惠金融模式

①移动支付。因为有了移动支付，以前处于金融服务劣势地位的个人和企业现在更容易进入正规金融体系，获得正规金融服务。移动技术和电话高普及率推动了第一波数字金融服务发展。新移动支付业务模式的发展也至关重要，

如电子货币发行和代理商网络，以及官方最终批准的移动支付。例如，M - Pesa 使没有银行账户的肯尼亚人能够通过手机以数字方式存储资金、转账和收款，并通过中介机构（如当地商店）进行“现金入账、现金出账”，从而便捷地参与当地仍以现金为主的经济，这些地区主要是大多数发展中国家。在全球 90 个国家中，注册了约有 8.5 亿个移动支付账户，日交易额超过 13 亿美元。

撒哈拉以南非洲已成为移动支付当之无愧的“领头羊”，在这里，21% 的人拥有移动支付账户。当移动支付系统质量达到使用标准时，它便能够作为平台，提供数字借贷和保险等更复杂的金融服务。随着 M - Pesa 的发展，作为数字小额储蓄和信贷产品的 M - Shwari 可以远程开通和使用。

②平台生态系统。社交媒体、电子商务和叫车服务等大型科技平台利用庞大的用户群和高效的扩展能力，实现了商业模式创新，激发了新一轮数字金融服务浪潮。例如，阿里巴巴的零售网站增加了对支付宝的需求，支付宝在中国拥有 12 亿用户。同样，印度尼西亚的打车服务平台（Gojek）为 GoPay 铺平了道路，帮助客户支付打车费用。得益于云计算和人工智能，以及在这些平台上收集的客户数据，通过“超级应用程序”访问，推动数字金融服务（DFS）创新在信贷、保险和储蓄方面进入了新阶段。例如，亚马逊、阿里巴巴和 Mercado Libre 根据对企业现金流、存货、经营业绩和其他因素的评估，对在其平台上销售商品的企业提供信贷。

③开放式应用程序接口。应用程序接口（API）允许众多系统共享客户数据和指令。当应用程序接口以数字身份证系统为后盾，并被用于促进政府、企业和公民之间互动时，对穷人尤为有利。例如，在印度，覆盖了 10 亿多人口的生物识别系统 Aadhaar，是“印度堆栈”（India Stack）的基础，它整合了一系列应用程序接口（API），用于管理用户授权安全共享的数据与开户，以及金融交易的远程身份验证和审查［如用于业务准入的电子版的“了解你的客户”（eKYC）］。一般来说，应用程序接口（API）能够增强客户能力，通过消除市场上现有企业对客户数据的垄断来增强竞争。

（2）支持金融和数字交易的基础设施

①支付系统。互操作性通过支付系统得以实现，支付系统鼓励竞争，提高效率。在数字金融服务（DFS）市场中，具有不同机构模式的多家企业（银行、非银行机构、微型金融机构）将展开竞争。支付系统可以建立一套共同

标准、法规和程序，既能降低提供商和用户的风险，又能同时促进市场有序发展。在数字金融服务（DFS）中，客户发送和接收款项的能力，以及与另一个数字金融服务（DFS）提供商的客户收发付款和转账的能力至关重要。通过允许共享众多交易渠道（包括自动取款机、商户 POS 终端机和代理商），互操作性能够提高效率，鼓励数字金融服务（DFS）提供商展开竞争。如果没有互操作性，市场要么被垄断，要么效率低下，这将限制数字支付的使用。

在缺乏互操作性情况下，个人和机构必须维护多个账户，并根据交易类型和对应方选择使用哪个账户。例如，一家公司支付工资时可能必须强制要求所有员工使用相同的银行账户，或者用现金或支票支付。当满足互操作性时，穷人就可以使用唯一的数字金融服务（DFS）提供商满足其所有支付需求。坦桑尼亚实施互操作移动支付的前三年，交易量攀升了 16% 。

②信贷基础设施。信贷基础设施可降低贷款成本，改善服务质量，实现负责任地借贷。信用数据共享有利于解决信贷服务提供商与客户之间信息不对称这一根本问题，对银行等传统贷款机构和日益壮大的数字竞争者均产生影响。通过运用来自数字来源的新替代数据，借助分析工具（AI 或 ML）和应用程序接口（API），信贷报告系统能够降低贷款成本，提高服务办理速度，改善信息质量和用户体验，信贷报告系统促进了新数字贷款模式的产生和长期运营。安全交易登记处（STR）为中小企业创建基于资产的数字借贷（ABL）产品提供了便利，是许多中小企业贷款平台的核心。此外，数字平台还允许进行交易和获取数字化金融工具的担保权益，如发票、仓单、信用卡应收账款和电子支付。

③数字连接基础设施。金融基础设施和数字金融服务（DFS）提供商发挥作用离不开数字基础设施。金融基础设施发挥作用需要具备更多的基本条件，如覆盖全国、运行良好的信息和通信技术（ICT）网络以及可靠的电力供应。数字金融服务（DFS）发挥作用需用户获得开通手机的基本服务，如语音、SMS 短信和 USSD，这是一种独特的信息服务系统（如肯尼亚的 M - Pesa 和孟加拉国的 bKash）。获得数据服务（3G 及以上）可改善用户体验，通过应用程序（中国的支付宝和印度的 PayTM）的方式提供数字金融服务（DFS）。基于应用程序的数字金融服务（DFS）可获得有关客户数字活动和行为模式的详细信息，有利于提供更加个性化的金融产品和信用评估。

④政府数据平台。数字金融服务（DFS）的成本取决于可获取政府数据的范围、质量和难易程度。数字金融服务（DFS）提供商必须对其客户进行评估，并持续实施客户尽职调查（CDD），验证客户及其资产数据。这些方法都需要依托于获取公共当局、政府机构以及其他私营部门参与者拥有的信息，如身份识别、土地记录、人口信息、收入、纳税记录、学习经历和工作经历。数字金融服务（DFS）提供商访问政府拥有的客户数据的能力，会影响其为客户提供服务的能力。政府通过自动界面以高效方式提供这些数据，可以节约数字金融服务（DFS）提供商的有关成本，并促使其为用户提供更多便利。由于可以自动访问政府数据平台，印度的银行现在能够在 1 小时内完成在线审批中小微企业贷款和个人贷款，而以前需要 20～25 天。

⑤数字身份证。监管机构可利用数字身份证（数字 ID）简化客户尽职调查（CDD）有关要求，降低数字金融服务（DFS）提供商的成本，同时保障数据的安全性和完整性。针对穷人缺乏可接受文件的问题，许多国家制定了分级客户尽职调查（CDD）方法，既可以使用可信的正式身份证明，也可以在某些情况下，根据社区领袖的信件开立一些基本账户，如移动支付账户。现在，有了受到普遍认可的正式身份证，填写客户尽职调查（CDD）要求的信息就容易多了。数字身份证可以远程或亲自验证，进一步加快了验证进程，而且还无须纸质记录和副本。孟加拉国银行最近的研究表明，电子版“了解你的客户”（eKYC）可将接待客户所需的时间从 4～5 天减少至 5 分钟。此外，开放银行等高科技模式的可行性越来越依赖于数字身份证。开放银行依赖于良好的客户身份验证，以确保在客户同意的情况下能够访问其数据和账户。与其每个机构都开发自己的客户身份验证基础设施，还不如利用数字身份证创建一个强大的全行业客户身份验证基础设施。

8.5.2　推动非正规转向正规金融体系的渠道

Pazarbasioglu 等（2020）认为，金融科技使政府能够以及时安全的方式触达需要现金补贴和其他形式金融救济的人，以及需要紧急流动资金的企业。金融科技实现了用户足不出户或前往市场、企业就能进行支付（包括跨境转账）和获取支付账单，而且金融科技的潜力远远超过迄今为止所实现的功能。

Aryeetey（2008）认为，非正规金融机构在农村居民附近经营，掌握着充分的客户信息，能够高效地开展业务，但是它们的业务模式也因此限制了其服务的地域范围，导致贷款业务高度集中。因此，正规和非正规金融机构都必须缩短与金融市场的距离，才能更好发挥其优势。商业银行拥抱金融科技，是缩小正规和非正规金融体系差距的途径之一，这样商业银行就可向非正规贷款人提供转贷服务。或者，商业银行可组建非正式团体发放贷款，抑或通过实行社区问责制或同行监督，也可以为信贷担保。根据 Seibel（2006）的研究，可以用各种方式，采取多种策略，将非正规金融机构纳入正规金融市场。可以通过以下方式实现目标：正规机构吸收非正规机构业务的某些灵活性，改善非正规金融市场运营结构和绩效，与非正规机构连接。

如上所述，当正规金融市场和非正规金融市场在提供融资方面进行竞争时，正规金融机构缺乏处理小规模借款人和储蓄人的技术，而金融科技可以让传统金融服务提供商获得非正规金融市场的客户。人工智能（AI）可提供先发制人的工具，以应对与非正规金融机构相关的高风险因素和高交易成本。根据 Mhlanga（2020）的观点，数字工具的使用有助于解决信息不对称、风险和成本等阻碍正规金融机构帮助非正规金融机构客户的问题。

（1）信息不对称与数字金融服务（DFS）。Mhlanga（2020）认为，诸如人工智能之类的数字工具有助于解决信息不对称问题。信息不对称既阻碍了非正规部门的许多人进入正规金融市场，又阻碍了正规金融机构为这些人提供金融服务。Mhlanga（2020）建议，要想通过人工智能实现数字普惠金融，可以提供进入各种在线购物平台和在线社交网络的更多途径，这些平台都会产生大量的个人数据，从而缓解金融机构和个人之间的信息不对称问题。Mhlanga（2020）认为，数字工具基于大数据分析和云计算改善了弱势群体获得信贷的机会，尤其缺乏抵押担保的群体。为了开发无抵押贷款产品，一些使用人工智能技术的数字公司选择了其他信用评分算法。格莱珉银行就是一个提供无抵押贷款的例子，它已经累计为 240 亿借款人提供了无抵押贷款，该银行的穆罕默德·尤努斯教授获得了 2006 年诺贝尔奖（Mhlanga，2020）。在某些方面，人工智能技术有助于金融机构和信贷机构在信贷决策过程中更精确地在评估传统意义上代表性不足的客户，从而作出更明智的营销判断（Mhlanga，2020）。如本案例所示，运用数字技术后，数字普惠金融成为推动非正规金融货币市场转向正规金融体系的一个明确渠道。

（2）数字工具和使用聊天机器人降低成本。目前，银行正在建设客户支持和服务平台，并使用人工智能等数字工具提高了效率，降低了客户支持成本。银行现在热衷于使用电子虚拟助理（EVA）。此外，金融机构还可以运用人工智能开展个性化银行业务，聊天机器人和人工智能助理利用人工智能提供个性化金融建议和自然语言处理，进而实现快速、自助的客户援助（Meghani，2020；Mhlanga，2020）。除了将人工智能用作客户关系经理外，银行还在部署聊天机器人作为助手。这让偏远地区的贫困家庭能够获得金融建议和援助，而倘若这些金融建议和帮助由银行员工来提供，贫困家庭是无法得到的。印度HDFC银行已率先使用聊天机器人进行客户关系管理。据说许多银行员工都有城市化倾向，因此他们很难与农村客户接触和沟通。

银行可以利用人工智能创建基于自然区域语言处理的人工智能训练机器人，以农村客户的母语对其培训和与其沟通。这些机器人可以向客户解释众多的银行产品和农村客户的债务，甚至就如何储蓄提出建议。对于农村家庭而言，以人工智能训练的机器人充当财务顾问能够使他们受益匪浅。因此，人工智能正在帮助以前被边缘化的群体获得正规金融服务。

一些客户还可以使用手机访问银行服务，只要能够连接到移动网络，即使身处偏远地区的家中也能够进行交易。人工智能也对开户有很大帮助，人们可以用手机开户或存钱。此外，区块链的使用也提高了账户的可用性，转账大约只需10分钟，比欠发达国家常用的传统方法快得多。数字金融中使用区块链技术进行的支付无须通过国家支付系统，省去了对实体网点的要求。由于按照转账金额的百分比计算转账成本，支付的费用也更加合理。在某些情况下，人工智能（AI）可以帮助客户进行量化交易。由人工智能驱动的机器对庞大而复杂的数据集进行深入分析，会比人类更快、更有效。因此，自动交易将成为可能，也节省时间。

（3）网络安全和欺诈检测。由于每天都有大量用户使用手机和应用程序，通过在线账户进行数字交易，加强网络安全和欺诈检测措施成为每家金融机构或银行的必修课。人工智能有助于提高在线金融交易的安全性。由于人工智能能够为在线金融交易提供一定级别的安全保障，处于普惠金融“金字塔”底层的人们将能够参与到正规金融机构中。此外，在许多国家，金融科技公司正在利用人工智能应用程序改善客户保护和用户体验、管理风险、检测欺诈。许多国家的证券交易所正在考虑利用机器学习寻找新的市场模式，以便更好地监控和避免操纵高频交易（HFT）市场。人工智能辅助网络安全系统正越来越多地被用于检测和预防潜在的安全漏洞。此外，人工智能正在通过机器人顾问影响用户的财富管理，自动提供金融规划服务，如税务规划、保险指导、健康和投资建议等。印度 HDFC 银行在移动银行应用程序和聊天工具中使用人工智能，运用自然语言处理技术，让客户在聊天过程中实现沟通、交易和支付。

（4）检测、管理和评估风险。受风险因素这个主要因素的影响，许多弱势群体如女性、青年、小公司和小农企业，都被排除在传统银行业的正规金融市场之外。由于检测和评估这些易受影响群体风险的能力有限，许多人被视为高风险群体。缺乏相关数据是使问题复杂化的因素之一。然而，越来越多的机构使用算法自动检测、管理和评估风险，正在彻底改变普惠金融。

人工智能的应用使以前被排斥在金融服务之外的人，通过各种数字工具（如手机或支付卡）获得了金融服务。支付卡可用于与销售点（POS）终端机等数字设备进行互动。M - Pesa 是肯尼亚萨法利通信公司（Safaricom）提供的基于手机的资金转移服务，M 代表移动，Pesa 是一个斯瓦希里语货币术语。该服务于 2007 年推出，能够提供支付和小微金融业务。坦桑尼亚、莫桑比克、刚果（金）民主共和国、莱索托、加纳、埃及、阿富汗、南非、印度、罗马尼亚和阿尔巴尼亚等国家和地区都在使用这种服务。如果移动设备能够利用人工智能，人们就可以通过这项服务进行存款、取款、转账、为商品和服务买单，并获得信贷和储蓄。这使低收入群体能够获得金融服务，而这些金融服务是他们无法通过正规银行渠道获得的。此外，肯尼亚在 2012 年的早期阶段以数字方式注册了约 1700 万个账户，坦桑尼亚则在 2016 年开设了 700 万个数字账户。

除了降低资金风险外，人工智能还可以在其他金融服务方面发挥重要作用。个人和小微企业（SMEs）可以使用数字金融获得更多货币资金，并将波动风险转移给金融中介机构（FI）。许多金融机构正在使用比特币作为载体货币，其中美元占交易量的 88%。比特币作为载体货币，并通过发挥区块链平台作用，可确保收款方和付款方都不会受到虚拟货币波动的影响。得益于人工智能技术的防范风险功能，人工智能技术的增强也能让低收入群体参与到金融行业中。总之，金融市场正越来越多地运用人工智能（AI）创建更有趣、更灵活的模型，这些模型被金融专业人士用来研判趋势、识别危险、节省人力，并确保为未来规划提供更好的数据支持。

8.5.3 推动非正规金融体系转向正规金融体系的好处

发展数字普惠金融可以推动非正规金融货币市场转向正规金融体系，获得广泛的好处。

（1）提供正规金融服务，如支付、转账、储蓄、贷款、保险和证券。数字金融服务（DFS）还能建立完全创新的商业模式，为穷人提供更多服务。大型电子商务平台和电信公司利用数字金融服务（DFS）的支付处理能力，为太阳能、保险和贷款等服务提供“现收现付”。例如，蚂蚁金服的“310”贷款只需 3 分钟申请，1 秒钟审批，零人工互动。由于采用了基于平台的供应链发票交换方法，中小企业现在可以凭借其应收账款获得营运资金。在非洲和南亚，基本的数字保险解决方案已然出现。

（2）促进电子支付、转账、储蓄、贷款、保险和投资。新冠疫情凸显了扩大数字金融服务的优点，它大幅减少了零售和金融交易中的人工接触需求，使政府能够更快地作出反应，为脆弱性企业和个人提供流动资金。数字金融服务（DFS）允许客户进行远程支付和交易，通过使用移动支付实现必要的社会隔离，防止疫情蔓延（Pazarbasioglu 等，2020）。客户无须离开家门或前往市场或商店即可使用电子支付转移资金、支付账单以及支付商品和服务费用。政府可以使用数字金融服务（DFS）向弱势群体及时、安全地提供社会转移支付和其他形式的财政救济，特别是在交通不便或行动不便的地区（Pazarbasioglu 等，2020）。

（3）降低客户和数字金融服务提供商的数字交易成本。金融科技提供的数字金融服务（DFS）具有以下潜力：降低交易成本，提高交易的速度、安全性和开放性，并大规模地为穷人提供更好的定制化银行服务。数字金融服务（DFS）有两个特点：低边际成本性和更大的开放性。它们可以解决金融服务供给方和需求方的一些障碍，例如，高运营成本和有限竞争，以及需求方的制约因素，包括贫困人口收入不稳定、收入低、缺乏正规的识别方式、信任问题和地理限制。在许多发展中国家，依托手机的高普及率，移动支付提供了“第一波”数字金融服务（DFS）（Pazarbasioglu 等，2020）。目前全球已有 90

个国家注册了8.5亿个移动支付账户，日交易总额达13亿美元。撒哈拉以南非洲地区已成为移动支付的“领头羊”，21%的成年人拥有移动支付账户，而且这些账户还可以作为一个提供更先进的金融服务的平台，如数字借贷和保险。

（4）金融科技助力非正规部门参与正规金融市场的好处概述。如图8.5所示，数字普惠金融带来了诸多益处，可以帮助非正规部门的人员参与正规金融市场。据世界银行（2022）称，普惠金融工作已取得重大进展，2011—2017年，全球有12亿成年人获得了银行账户，截至2017年末，全球69%的成年人拥有账户。现在，80多个国家的数字金融服务，尤其是依托移动设备的数字金融服务，已占据重要地位。因此，数百万以前未得到充分金融服务和受到金融排斥的贫困客户正在从只使用现金进行正规金融交易，转向使用手机或其他数字技术进行交易。在下一阶段，像印度、肯尼亚、泰国这类拥有账户人数达到80%或更多的国家，将会从账户获取转向账户使用。这些国家通过改革以及商业部门的创新，来推动开发包括移动支付和数字支付在内的低成本账户。

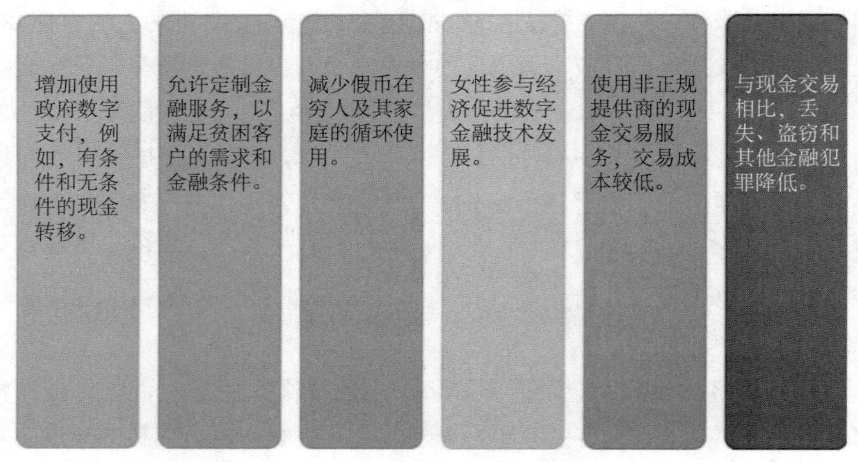

图8.5　金融科技对非正规金融机构客户带来的好处

8.6　小结

本章介绍了数字普惠金融如何帮助人们从非正规金融货币市场转向正规金

融体系。数字金融与普惠金融之间的关系基于这样一种理念：大部分被排除在金融服务之外的人们已经拥有手机，通过手机和其他相关数字设备提供的金融服务正在不断改善，提高了穷人、女性和青年等以前受到金融排斥的个人获得金融服务的机会。通过数字普惠金融，使这些人从非正规金融货币市场转向正规金融体系。本章还概述了非正规金融体系转向正规金融体系的数字普惠金融模式和基础设施，以及数字普惠金融推动非正规金融货币市场转向正规金融体系的渠道。

参考文献

1. Adikari, A. M. P. (2012). Informal financial system in Sri Lanka: Special reference to rural areas.

2. Alliance for Financial Inclusion. (2022). Digital Financial Services Working Group (DFSWG).

3. Arner, D. W., Barberis, J., & Buckley, R. P. (2015). The evolution of Fintech: A new post – crisis paradigm. Georgetown Journal of International Law, 47, 1271.

4. Arner, D. W. et al. (2017). A brief history of Fintech.

5. Aryeetey, E. (2008). From informal finance to formal finance in Sub – Saharan Africa: lessons from linkage efforts. In AERC/IMF African finance for the 21st century. Unpublished Manuscript.

6. Columbia Engineering. (2021). What is financial technology (FinTech)? A beginner's guide for 2022.

7. Germidis, D. A., Kessler, D., & Meghir, R. (1991). Financial systems and development: What role for the formal and informal financial sectors. OECD.

8. International Monetary Fund. (2021). BigTech in financial services.

9. Indian Financial System. (2022). Indian financial system: Formal, informal financial system.

10. Machasio, I. N. (2020). COVID – 19 and digital financial inclusion in Africa: How to leverage digital technologies during the pandemic. Africa knowledge

in time policy brief ; World Bank.

11. Mayor, T. (2021). Fintech, explained.

12. Meghani, K. (2020). Use of artificial intelligence and Blockchain in banking sector: A study of scheduled commercial banks in India. Kishore Meghani Indian Journal of Applied Research, 10.

13. Mhlanga, D. (2020). Industry 4.0 in finance: the impact of artificial intelligence (AI) on digital financial inclusion. International Journal of Financial Studies, 8 (3), 45.

14. Mhlanga, D. (2021). Financial inclusion in emerging economies: The application of machine learning and artificial intelligence in credit risk assessment. International Journal of Financial Studies, 9 (3), 39.

15. Mhlanga, D. (2022). COVID – 19 and digital financial inclusion: Policies and innovation that can accelerate financial inclusion in a post – COVID world through Fintech. African Journal of Development Studies (formerly AFRIKA Journal of Politics, Economics and Society), si2, 79 – 108.

16. Mhlanga, D., & Beneke, J. (2021). The fourth industrial revolution: Exploring the determinants of internet access in emerging economies. Studia Universitatis Babes – Bolyai, 66 (3), 77 – 92.

17. Naz, M., Iftikhar, S. F., & Fatima, A. (2020). Formal financial penetration and households' welfare in Pakistan. International Journal of Financial Engineering, 7 (4), 2050041.

18. Ozili, P. K. (2021, October). Financial inclusion research around the world: A review. In Forum for social economics (Vol. 50, No. 4, pp. 457 – 479).

19. Routledge. Paul, S. (2019). Use of Blockchain and artificial intelligence to promote financial inclusion in India Smita Miglani Indian Council for Research on International Economic Relations. Asia – Pacific Tech Monitor.

20. Pazarbasioglu, C., Mora, A. G., Uttamchandani, M., Natarajan, H., Feyen, E., & Saal, M. (2020). Digital financial services. World Bank Group.

21. Rodima – Taylor, D., & Dermineur Reuterswärd, E. (2020). Informal fi-

nancial markets: History, ethnography, technology.

22. Sahay, M. R., von Allmen, M. U. E., Lahreche, M. A., Khera, P., Ogawa, M. S., Bazarbash, M., & Beaton, M. K. (2020). The promise of fintech: Financial inclusion in the post - COVID - 19 era. International Monetary Fund.

23. Seibel, H. D. (2006). Upgrading indigenous microfinance institutions in Nigeria: Trials and errors (Working Paper No. 4).

24. Soyibo, A. (1997). The informal financial sector in Nigeria: Characteristics and relationship with the formal sector. Development Policy Review, 15 (1), 5 - 22.

25. Tchamyou, V. S., Erreygers, G., & Cassimon, D. (2019). Inequality, ICT and financial access in Africa. Technological Forecasting and Social Change, 139, 169 - 184.

26. Walden, S. (2020). What is Fintech and how does it affect how i bank?

27. World Bank. (2022). Financial inclusion is a key enabler to reducing poverty and boosting prosperity.

9. 第四次工业革命背景下数字普惠金融创新的前景与挑战

9.1 导言

数字金融服务（DFS）是金融服务中扩张最快的领域之一，已成为全球经济一个新的基本问题（van Niekerk 和 Phaladi，2021）。这种扩张使以前没有银行账户的人能够获得金融服务，但同时也增加了与这些服务相关的金融犯罪。Khanam（2020）认为，在过去50年里，技术的飞速发展彻底改变了人类的可能性边界，推动生产率大幅提高，新科技进步，以及新社区和新社会分化出现。因此，市场不再是过去的市场。计算机和基础设施因技术进步而不断发展。监管的发展推动了数十个交易所有序共存。金融科技（FinTech），即金融技术，成为在提供金融服务方面与传统金融方法一较高下的一种技术和创新。根据 Khanam（2020）的说法，“金融科技”一词可追溯至20世纪90年代，当时城市集团（the City group）发起了“金融服务技术联盟”，旨在促进金融业的技术合作。

根据 Senyo 和 Karanasios（2020）的研究，全球范围内获得金融服务的机会不平等。全球有17亿人没有银行账户，形成了严重的金融排斥。金融技术（金融科技）公司正在通过提供独特的数字金融解决方案，替代传统银行服务解决这一问题。在大多数国家，现有银行传统上控制着金融业。近年来，金融科技初创企业越来越受到科学界和实践界的关注，因为其在应对普惠金融挑战方面具有潜力，尤其是在发展中国家。现有银行将金融科技视为对其生存的首要威胁，很快就对数字金融服务作出回应，与金融科技初创企业开展合作。因此，“老”企业和“新”企业之间的关系变得错综复杂。肯尼亚的 M - PESA、孟加拉国的 bKash 和欧洲的 N26 都是数字金融服务的成功范例。尽管已经取得了一些成就，但全球仍有大量人员没有银行账户。

9.2　新兴市场的数字金融服务

国际金融公司（IFC）2018 年的一项分析表明，数字金融服务（DFS）的消费模式因市场发展水平不同而有所差异。现金是数字金融服务（DFS）面临的最大障碍之一。移动钱包是非洲人使用数字金融服务（DFS）的一个共同特征，移动钱包既可用于汇款和收款，也可用于现金流入和流出交易。其他企业如小微金融机构，提供储蓄账户，目的是吸引客户将多余的钱存入账户，增加存款。虽然最大的数字金融服务（DFS）市场的先进金融服务组合不断扩大，但可选择的金融服务组合仍然有限。国际金融公司（IFC）（2018）指出，在可用的情况下，通话时间充值资金通常是交易量最大但金额和收入最低的交易，因为大多数购买额低于 1 美元。例如，2016 年，通话时间充值数量占全球交易量的 60% 以上，而金额却不到 6%，这还不包括现金流入和流出。

另一项重要的数字金融服务（DFS）是国内点对点（P2P）交易，这种交易允许人们相互汇款或借钱给对方用于直接交易，而不是常规意义上的现金流入和流出交易。个人对企业（P2B）交易和企业对企业（B2B）交易也在增加，前者是个人借钱给企业，后者是企业借钱给另一个企业。协助家庭成员汇款是最普遍的 P2P 汇款使用案例，但实际上 P2P 服务的应用范围非常广泛，包括大量的通过 B2B 和 P2B 进行的非正规商业交易。P2P 钱包转账是一种非常有用的通用交易，可用于多种目的。如果不提供某种交易，客户就会使用 P2P 替代。随着数字产品日趋成熟，新兴市场的许多大小公司都在有效地扩展数字产品，如为购买能源和水等买单以及其他服务。

图 9.1 显示了新兴市场金融机构的金融科技机遇。在国际范围内，金融服务的数字化使人们能够更多地利用数字渠道和客户数据，重组产品和供应链流程，从而为客户提供新产品和更优质的服务（Saa 等，2017）。

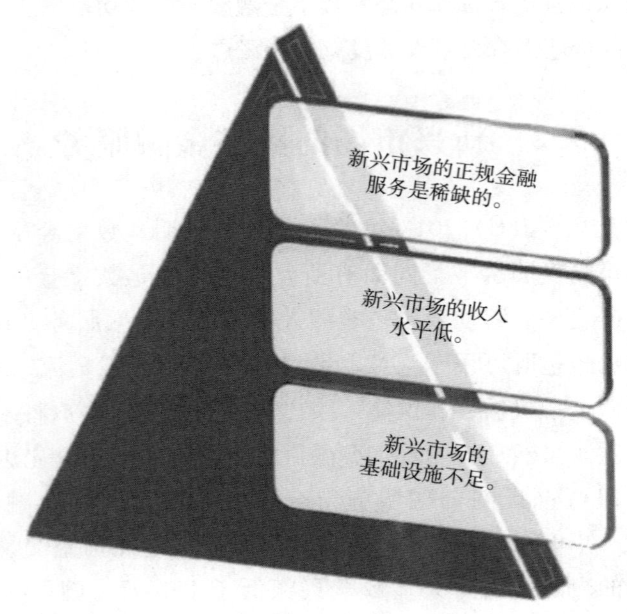

图 9.1　新兴市场金融机构的金融科技机遇

9.2.1　新兴市场金融机构的金融科技机遇

（1）新兴市场的正规金融服务是稀缺的。在新兴市场，现有金融服务难以满足巨大的金融服务需求，移动支付等创新就可以充分发挥作用，产生巨大影响力（Saal 等，2017）。发展中国家的市场创新者以移动支付生态系统作为跳板，已经超越了传统的金融基础设施，提供了一整套金融服务，旨在以可持续的方式为分散或低收入群体提供金融服务。在许多新兴国家，金融体系的缺陷阻碍了企业扩张、抑制了消费者需求、遏制了整体经济增长。例如，许多传统银行不愿与低收入个人和小微企业合作（Investment Insights Centre，2020；Knight 和 Wojcik，2020）。因此，Knight 和 Wojcik（2020）称，数百万人无法获得银行、储蓄账户或任何其他类型的交易账户等金融服务。

另外，金融技术在肯尼亚等国家取得了巨大的商业成功。金融科技助推了全球长期发展的最重要目标之一：普惠金融。通过提供支付渠道和平台，特别是贷款，金融科技帮助减少了不平等和贫困（Investment Insights Centre，2020；Knight 和 Wojcik，2020）。

（2）新兴市场的收入水平低。在新兴市场和发达国家，建立银行机构的成本都很高，应用数字渠道可在所有地区以较低的成本服务更多客户（Mhlanga，2020a，2020b；Saa 等，2017）。然而，在以获得金融服务为目标的新兴市场中，从前端客户渠道到贷款和支付引擎，再到服务和处理，全面数字化需求都表现得更为强烈。在新兴市场，移动渠道和更高的处理效率将会带来更多益处，有助于满足客户需求，提高盈利能力。然而，在低收入地区，这些都是长期为低收入客户提供银行服务的基本特征（Saal 等，2017；Scardovi，2017）。根据 Demirgüç - Kunt 等（2020）的研究，2014 年，手机储值和交易账户在撒哈拉以南非洲地区蓬勃兴起，有 12% 的成年人使用移动支付账户，占银行业客户的近 1/3，而在全球的其他地区，这一比例仅为 2%。

（3）新兴市场的基础设施不足。新兴市场传统银行体系的基础设施不足，这为数字金融服务（DFS）带来了发展潜力。由于旧式或传统银行体系通常无法为大多数人提供服务，因此投资数字金融服务（DFS）以帮助受到金融排斥的人将会大有可为。根据 Saal 等（2017）的研究，即使一些具有前瞻性思想的监管当局推动了数字金融服务发展，无论是通过发展灵活的监管结构，如肯尼亚允许非银行基础设施蓬勃发展，还是像印度那样投资于重要的身份识别和支付基础设施以及分级许可制度，许多国家仍有大量的工作有待完成。Saal 等（2017）进一步强调，在缺乏通用金融基础设施的地区，现有银行的网络和设施仍具有重要意义。因为即使新的基础设施出现，银行仍可以发挥其在支付、身份识别和信托资产方面的优势。另一个关键问题是，通过发挥金融科技或数字金融服务（DFS）作用，银行可以利用自身资源、客户群和品牌迅速扩张，填补其渠道、金融产品组合和处理能力方面的空白。

9.2.2　新兴市场的银行数字普惠金融创新面临的挑战

经营一家优质的数字金融企业既不便宜也不简单，而且肯定无法一蹴而就，尤其是在新兴市场。尽管肯尼亚的经济增长不稳定，但许多企业误以为情况正好相反，在没有进行充分规划以及分析所需资源和考虑通胀预期的未来回报的情况下，就仓促进入市场。图 9.2 概述了新兴市场的银行在数字普惠金融或科技创新方面面临的挑战，并将在下文中简要说明。

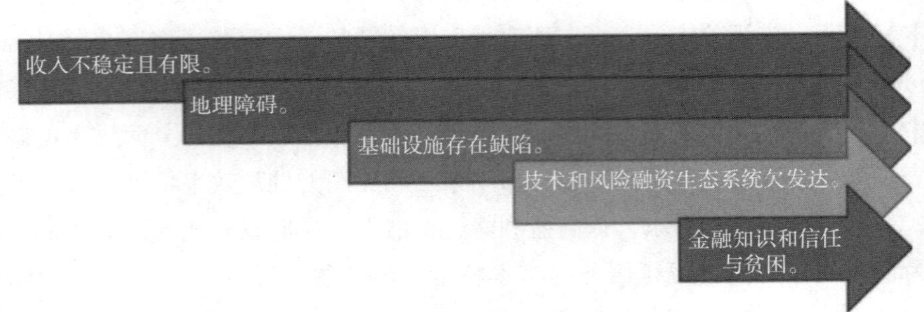

图 9.2　新兴市场的银行和企业数字普惠金融创新面临的挑战

（1）收入不稳定且有限。穷人需要低成本、低价格的金融产品，以帮助他们管理来自非正规部门和农业生产部门的微薄、不可预测、不稳定的收入。许多弱势家庭主要依赖于有限的转移支付和福利津贴生活。特殊钱包和预付费电子支付解决方案对这些贫困家庭发挥了巨大作用，因为它们不像正规金融机构那样收取管理费、交易费或设置最低余额要求。Global Partnership for Financial Inclusion（GPFI）（2020）认为，在新兴市场，约有 2/3 的成年人缺乏金融产品，阻碍开设银行账户的原因之一是资金难题；约有 1/4 的人认为，银行机构成本太高；在拉丁美洲和加勒比地区，约 50% 的成年人未能获得银行服务，原因是账户成本太高。数字金融服务（DFS）能够降低边际成本和固定成本，成本更低，这也使以交易为基础的定价对穷人更为有利。

（2）地理障碍。在发展中国家，约有 1/5 没有金融服务的人认为，与金融机构的地理距离是开设新账户的障碍。Pomeroy 等（2020）认为，距离是阻碍普惠金融发展的障碍之一，常见障碍包括缺乏抵押品、与金融机构的地理距离以及缺乏正规身份识别等因素。Mhlanga（2020a，2020b）、Shankar（2013）、Omar 和 Inaba（2020）等研究人员都认为，无网点银行业务有助于解决地理位置问题。在传统银行环境之外提供银行产品和服务被称为无网点银行业务（Ashraf，2022；Cobourne 等，2013）。尽管采用了移动银行和无网点银行等举措，但是由于网络连接不畅和道路网络不完善等问题，金融服务仍难以到达发展中国家的一些偏远地区，因为这些地区的地理位置不适合，导致金融机构难以提供金融产品和服务。通过移动技术，无须前往商业银行中心即可获得数字金融服务（DFS）。数字金融服务（DFS）使穷人能够使用移动设备进行银行交易、现金转账或通过第三方零售商将电子账户金额转换成现金。

（3）证件缺失及非正规性。贫困人口经常在非正规经济部门工作，身份没有得到核验，经济活动和财产也没有很好的记录，这些都会阻碍他们获得普惠金融服务。证件缺失是许多成年人缺乏金融产品和难以拥有银行账户的主要原因之一，尤其是在新兴经济体（Mhlanga, 2020a, 2020b, 2021a, 2021b）。无论存在何种困难，金融科技公司可帮助证件缺失的贫困人口使用数字技术进行身份验证并启动交易，降低了金融服务成本。例如，对低价值的电子金融服务账户进行尽职调查，有助于满足与传统账户相关的更严格的证件要求（Mhlanga，2021a，2021b）。Mhlanga（2021a，2021b）认为，为了解决信息不对称问题，数字金融服务（DFS）可能会使用数字交易细节数据，以及社交网站或电子商务网络等其他数据源，弥补穷人缺乏正规支付记录和收入证明文件的缺陷，以及解决该群体担保能力有限的问题，有助于穷人以更低成本获得银行服务。因此，数字金融服务（DFS）具有帮助非正规经济的潜力。

（4）金融知识和信任与贫困。首次使用正规金融体系的客户可能往往缺乏正确理解和使用金融产品所需的知识和技能。同样，那些没有机会接触金融产品的人更有可能未受过教育，一些人不使用金融服务的原因是缺乏信任。小型企业往往缺乏金融管理技能，从而面临更大的风险。因此，有效的金融消费者权益保护法规和金融知识是促进普惠金融发展的关键因素，但是普惠金融通常是通过加强经济基础设施来解决的。Grohmann 等（2018）认为，更高的金融知识水平会对普惠金融发展产生显著影响；金融基础设施和金融知识在很大程度上是获取金融服务的替代品；在金融产品的总体使用方面，金融知识增加会提高金融深度效果。

Adetunji 和 David - West（2019）使用了超过 2.2 万名尼日利亚人的调查数据，深入分析了普惠金融两个重要决定因素：金融知识和收入的影响。研究发现，金融知识对正规金融机构和非正规金融机构的储蓄和投资模式均产生了巨大影响，而收入只会对非正规金融机构的储蓄产生较小影响。

9.3　女性数字普惠金融面临的挑战

正如 Global Partnership for Financial Inclusion（GPFI）（2020）所述，全球

约有10亿女性没有银行账户，占无银行账户人数的56%。受到金融排斥的女性约有一半居住在人口稠密国家，如“截至2017年末，孟加拉国、印度、印度尼西亚、墨西哥、尼日利亚和巴基斯坦”（Demirgüç - Kunt 等，2020；Global Partnership for Financial Inclusion，2020）。图9.3概述了女性获得数字普惠金融服务（DFS）面临的挑战。

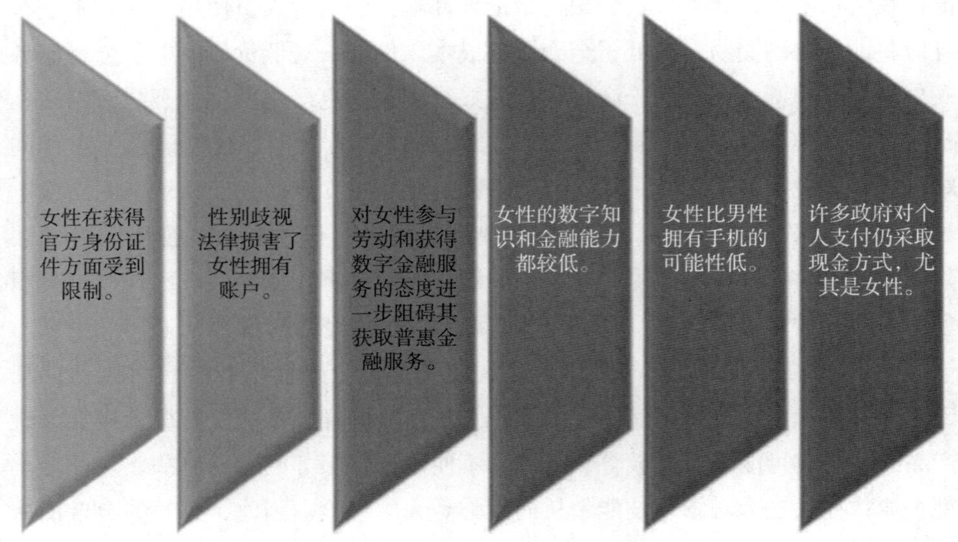

图9.3　女性数字普惠金融面临的挑战

（1）女性在获得官方身份证件方面受到限制。

一些女性获得银行账户和数字金融服务（DFS）（尤其是移动支付账户）的障碍之一是官方身份证件缺失（Kofman 和 Payne，2021；Voices，2020）。金融行动特别工作组（The Financial Action Task Force）根据全球反洗钱或打击资助恐怖主义标准，要求金融机构在建立业务关系（如开设账户或获得贷款）时，必须开展基于风险的客户尽职调查，包括客户身份识别和身份核实（Global Partnership for Financial Inclusion，2020）。因此，大多数受监管的金融服务和政府服务（如安全网福利）都要求拥有纸质或数字的官方身份证件。Global Partnership for Financial Inclusion（2020）认为，身份证件最普遍的用途之一是获取手机，而手机是数字普惠金融的主要推动力。

缺失身份证件意味着部分女性无法获得正规金融服务。Siwela 和 Njaya

(2021) 的一项研究显示，智能手机技术已经削弱了津巴布韦女性获得金融服务的障碍。然而，由于女性的某些职业性质和缺失身份证件等因素，导致其无法使用移动支付。缺失官方身份证件，女性就无法激活手机 SIM 卡，而这是使用数字金融服务（DFS）的必要条件（Siwela 和 Njaya，2021）。

（2）性别歧视法律损害了女性拥有账户。

Global Partnership for Financial Inclusion（GPFI）（2020）认为，女性在参与经济活动时经常会遇到法律障碍。在许多国家，与男性相比，女性在开设账户和拥有手机方面受到限制。在大多数情况下，女性开设账户需要获得批准或提交证明文件，而男性则从未有这些要求（Global Partnership for Financial Inclusion，2020；World Bank Group，2019）。有的法律规定，只有符合一定标准，例如拥有自营职业，女性才能在没有配偶同意的情况下注册个人账户（Global Partnership for Financial Inclusion，2020）。女性赋权以及随之而来的数字普惠金融还受到工作居住地、行动和继承权等方面的其他法律限制。在部分国家，女性被禁止拥有财产，这限制了她们创办企业和经营其他企业时获得资金的可能性。

据报道，在全球 167 个国家中至少有一项法律限制女性的经济活动机会，其中 18 个国家的已婚女性参加工作仍需要其配偶许可（Wilson 等，2019）。根据世界银行的数据，全球约有 40% 的经济体至少有一项法律限制女性财产权，影响了她们拥有、管理和获得土地的权利（Global Partnership for Financial Inclusion，2020；Wilson 等，2019）。Siwela 和 Njaya（2021）认为，一些发展中国家的习惯法和成文法仍然歧视女性，禁止其持有自己的银行账户。这种偏见态度也剥夺了女性参与家庭支出和购买房屋的权利。网上银行等数字金融产品只能通过互联网进行访问，这意味着需要花费宽带费用，而女性难以管理宽带费用预算（Siwela 和 Njaya，2021）。

（3）人们对女性参与劳动和获得数字金融服务（DFS）的态度进一步阻碍其获取普惠金融服务。

在发展中国家，人们发现对女性的态度与拥有账户的性别差距相关，"衡量性别差距的标准是家庭中的歧视发生率、获得生产和金融资源的限制、公民自由受到的限制"（Global Partnership for Financial Inclusion，2020；Klapper 等，2019）。来自经济合作与发展组织（OECD）的性别、机构和发展数据以及社会机构和性别指数证实了这一说法（Global Partnership for Financial Inclusion，2020）。女性获得金融服务所需基本技术的能力，如拥有手机，也受到性别偏见的社会态度影响（Global Partnership for Financial Inclusion，2020；Schaner和Natalie，2018）。印度就是一个例子，女性面对的障碍可表述为“拥有手机会面临更多骚扰风险，增加在婚前与不相关男性交往风险，导致婚后减少对子女和丈夫关注，尽管缺乏证据”（Global Partnership for Financial Inclusion，2020；Klapper等，2019）。

Chakraborty（2014）也提出了一些问题，试图了解人们对女性普惠金融的态度。Chakraborty（2014）提出的两个问题是：“为什么女性被排斥在普惠金融之外？社会中普遍存在的对女性的歧视态度和女性的金融赋权之间是否存在关联？”Chakraborty（2014）的研究结果表明，与男性同行相比，女性被赋予金融权利的可能性显著降低；在促进性别平等的国家，尤其是在工作场所，受强大执行机制的推动，有更多女性被纳入金融体系。Chakraborty（2014）还发现，社会态度也很重要，其中包括不容忍歧视，尤其是允许男女在教育领域公平竞争，这与提高女性的普惠金融水平显著相关。

Demirgüç－Kunt等（2013）的另一项研究表明，来自98个国家的全球普惠金融数据库（Global Findex）数据显示，在拥有账户和使用储蓄及信贷产品方面存在显著的性别差距。Demirgüç－Kunt等（2013）进一步认为，在控制了收入、教育、就业状况、农村居住地和年龄等一系列个人特征后，性别仍然与金融服务有显著关系。Demirgüç－Kunt等（2013）的研究也表明，对女性的法律歧视和性别规范可能解释了女性在获得金融服务方面的一些国别差异。Demirgüç－Kunt等（2013）的分析发现，在部分国家，女性在工作、担任户主、选择居住地和继承遗产方面面临着法律限制；与男性相比，女性拥有账户以及储蓄和借贷的可能性较低。Demirgüç－Kunt等（2013）的研究结果表明，在控制了个人其他因素和国家特征之后，性别规范的表现形式，如针对女性的暴力程度和女性早婚发生率，有助于解释男性与女性在使用金融服务方面的差异。

据Global Partnership for Financial Inclusion（GPFI）（2020）报告，亲密伴侣暴力是全球最普遍的暴力形式，进一步研究指出，对女性金融活动的支配，限制了她们的投资和收入潜力，削弱了她们的金融独立性，并威胁到她们的整体安全。

（4）女性的数字知识和金融能力都较低。

Rowntree 和 Shanahan（2020）认为，在许多国家，女性在获取数字金融服务（DFS）所使用的技术方面面临障碍，包括手机（如智能手机）的拥有率低于男性，以及获得互联网机会较少。Barboni 等（2018）发现，在印度，阅读和发送短信的性别差距为 51%。Theis 和 Giudy（2019）认为，即使女性拥有数字技术和获得数字金融服务的机会，但其往往缺乏综合的数字技能和金融能力；根据全球普惠金融数据库（Global Findex）的数据，女性在使用移动支付方面落后于男性。Global Partnership for Financial Inclusion（GPFI）（2020）的报告指出，女性在使用新的移动支付工具时，会担心资金丢失或资金发送错误的风险。

Global Partnership for Financial Inclusion（GPFI）（2020）报告称，在意大利，金融教育委员会已将女性确定为最脆弱的群体之一，提出了增强女性金融服务项目和倡议的目标；强调关注老年女性群体，由于收入和资产较少而寿命较长，她们更容易在金融上受到影响。The Federal Trade Commission（2021）报告称，老年人，尤其是老年女性，可能面临更高的金融欺诈和资金滥用风险。例如，在美国，“2020 年，70～79 岁成年人的欺诈损失中位数为 700 美元，而 40～49 岁成年人的欺诈损失中位数为 300 美元”。

（5）女性比男性拥有手机的可能性低。

当今世界，手机日益成为提供数字普惠金融服务的必需品。Global Partnership for Financial Inclusion（GPFI）（2020）报告指出，在获得手机、互联网和资源方面，性别差距持续存在。2018 年的 Gallup World Poll 数据显示，在发展中国家，86% 的男性和 79% 的女性拥有手机，性别差距为 7%。然而埃塞俄比亚和印度等国的性别差距约为 2018 年 Gallup World Poll 估计的 7% 差距的 2 倍。

根据《2020 年手机性别差距报告》，手机的获得和使用仍然分布不均，尤其是在中低收入国家。例如，“女性拥有手机的可能性仍然比男性低 8%，使用移动互联网的可能性比男性低 20%”（Women，2020）。然而，《2020 年手机性别差距报告》显示，情况有所好转，性别差距正在开始缩小。南亚使用移动互联网的性别差距已从 2017 年的 67% 降为 2019 年的 51%，由此将增加 7800 万女性网民。“尽管仍有大量工作要做，但研究表明，移动互联网方面的性别差距已经缩小，互联优势的性别分配也更均衡”（Women，2020）。

（6）许多政府对个人支付仍采取现金方式，尤其是女性。

全球普惠金融数据库（Global Findex）报告称，全球大约有1亿没有银行账户的成年人接受政府的现金支付，无论是工资、养老金还是社会转移支付（Global Partnership for Financial Inclusion，2020）。World Bank（2020）称，新冠疫情期间，在一些尚未对数字支付体系进行投资且未改革法律的国家，日益增加的政府对个人支付以及持续提供金融服务成为一个主要问题；一些国家意识到了上述问题的重要性，开始设计大量安全地向个人提供资金的新方式。World Bank（2020）指出，各国在推进支付数字化的过程中，必须注意弱势群体不会被排斥在外，如无法获得技术的群体、老年人、残疾人和农村居民。不应该因技术问题导致弱势群体重要的福利服务被剥夺。政府对个人的所有项目都应积极主动地解决因向数字支付过渡而可能产生的任何障碍。

9.4 推动数字普惠金融发展的举措

数字普惠金融的重要性毋庸置疑，尤其是在帮助穷人摆脱贫困方面。一些学者，包括Ozili（2020）、Lutfi等（2021）、Mhlanga（2020a，2020b）和Malladi等（2021）都提出了如何发展数字普惠金融的建议。图9.4概述了有助于

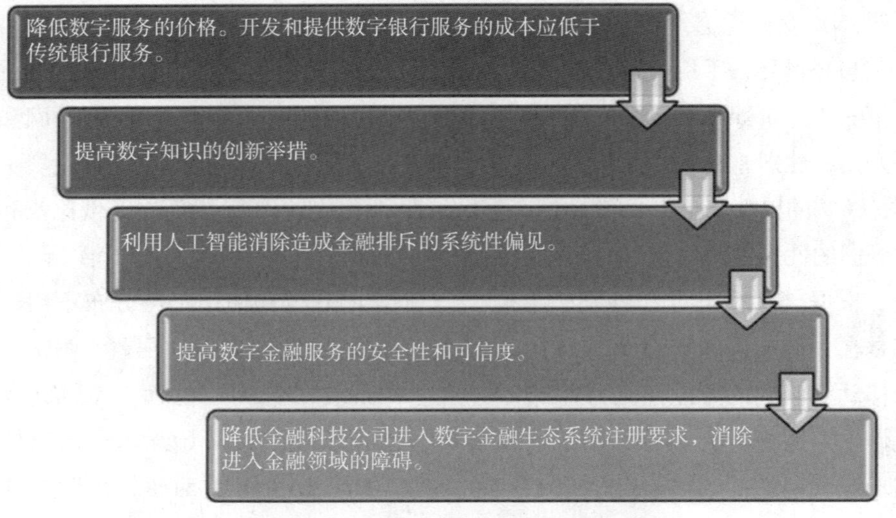

图9.4 发展数字普惠金融的举措

推动数字普惠金融发展的措施，包括降低数字服务价格、提高数字知识的创新举措、利用人工智能消除系统性偏见、提高数字金融服务（DFS）的安全性和可信度、降低金融科技公司进入数字金融生态系统注册要求、消除进入金融领域的障碍、确保商家和客户广泛接受数字支付，以及其他许多方面。

9.5　小结

本章详细介绍了企业和女性等利益相关者获得数字金融服务面临的困难。除了波动性和收入受限、地理限制外，还有一些困难也引起了企业的注意，包括金融知识、信任和贫困、基础设施、技术生态系统和支持新企业的风险资本。女性获得身份证件受到限制，账户所有权受到歧视性法律损害，对女性参与劳动力市场和获得金融服务的态度可能会进一步阻碍其获取普惠金融服务，女性的数字知识和金融能力都较低，拥有手机的可能性也低于男性。这些只是与女性相关的一部分挑战。在新兴经济体中，由于缺乏正规金融服务、收入水平低和基础设施不足等问题，潜藏着数字金融服务（DFS）的发展机遇，这些都是促进新兴市场数字金融服务（DFS）发展的潜在因素。本章最后概述了有助于推动数字普惠金融发展的举措和倡议，包括降低数字服务价格，提高数字知识的创新举措、利用人工智能消除系统性偏见，等等。

参考文献

1. Adetunji, O. M., & David - West, O. (2019). The relative impact of income and financial literacy on financial inclusion in Nigeria. Journal of International Development, 31 (4), 312 - 335.

2. Arner, D. W., Buckley, R. P., Zetzsche, D. A., & Veidt, R. (2020). Sustainability, FinTech and financial inclusion. European Business Organization Law Review, 21 (1), 7 - 35.

3. Ashraf, M. A. (2022). Comprehending the intention to use branchless banking by rural people during the corona pandemic: Evidence from Bangladesh. Journal of Financial Services Marketing, 1 - 18.

4. Barboni, G., Field, E., Pande, R., Rigol, N., Schaner, S., & Moore, C. T. (2018). A tough call: Understanding barriers to and impacts of women's mobile phone adoption in India. Evidence for Policy Design, Harvard Kennedy School.

5. Chakraborty, S. (2014). Laws, attitudes and financial inclusion of women: A cross – country investigation. Economics Bulletin, 34 (1), 333 – 353.

6. Cobourne, S., Mayes, K., & Markantonakis, K. (2013, June). Using the smart card web server in secure branchless banking. In International Conference on Network and System Security (pp. 250 – 263). Springer, Berlin, Heidelberg.

7. Demirgüç – Kunt, A., Klapper, L. F., & Singer, D. (2013). Financial inclusion and legal discrimination against women: Evidence from developing countries (World Bank Policy Research Working Paper 6416). World Bank.

8. Demirgüç – Kunt, A., Klapper, L., Singer, D., Ansar, S., & Hess, J. (2020). The Global Findex Database 2017: Measuring financial inclusion and opportunities to expand access to and use of financial services. The World Bank Economic Review, 34 (1), S2 – S8.

9. Federal Trade Commission. (2021). Consumer sentinel network data book 2020.

10. Global Partnership for Financial Inclusion. (2020). Advancing women's digital financial inclusion.

11. Grohmann, A., Klühs, T., & Menkhoff, L. (2018). Does financial literacy improve financial inclusion? Cross country evidence. World Development, 111, 84 – 96.

12. Investment Insights Centre. (2020). FinTech in emerging markets: Cracking the code of financial inclusion.

13. Khanam, M. J. J. (2020). Regulatory Challenges and social opportunities of financial inclusion through FinTech in developing countries with reference to Bangladesh. IGI Global.

第四部分

评估数字普惠金融工具与影响

10. 导论：第四次工业革命背景下的贫困问题

10.1　导言

本章概述贫困的若干相关定义，然后深入探讨在不同经济理论框架下普惠金融对贫困的影响。不同经济理论对贫困的定义存在差异，定义的变迁体现了范式转变——从金融要素分析，到贫困原因与衡量标准，再到政治参与和社会排斥等多维问题（Davis 和 Sanchez - Martinez，2015；Mhlanga，2020a，2021；Mhlanga 等，2020）。因此，要理解这一范式转变的程度，须对贫困的各种定义予以明确界定。目前的研究非常重视分析普惠金融对贫困背后原因的影响程度。联合国（UN）关于贫困的定义应予以优先考虑。

联合国对绝对贫困和相对贫困进行了界定。绝对贫困是指食物、水、住房和健康等基本生存必需品未得到满足的状态（Davids，2010；Gordon，2005）。根据这一定义，贫困受多种因素影响，如获得各种有价值的服务以及收入（Davids，2010）。贫困的主要表现形式（Jenkins 和 Sugden，2006）有：缺乏收入来源和生产资源、饥饿和营养不良、缺乏受教育机会、疾病导致的发病率和死亡率上升、缺乏住房、不安全的生活环境、受到社会排斥和歧视。相对贫困会导致人们无法参与政治、社会和文化的决策过程（Forsyth 等，1998）。

仔细研究联合国对贫困的定义，可以清楚地看到，除了金融因素外，还有许多其他因素会导致家庭贫困，进一步显示出贫困成因的复杂性。因此，联合国（UN）于 2010 年提出了贫困的新定义，包括生活水平、健康和教育等方面，被称为多维贫困指数。根据约瑟夫—罗特里基金会（Joseph Rowntree Foundation，JRF）的定义，贫困是指一个人的物质条件难以满足其最基本的生活需要，如社会交往（Davis 和 Sanchez - Martinez，2015）。JRF 的定义认为，与物质方面的福祉相比，社会生活方面的福祉对人们也具有同等的重要性（Davids，2014；Davis 和 Sanchez - Martinez，2015）。

10.2 世界银行关于贫困问题

世界银行强调，饥饿、文盲和疾病等重要因素是导致个人贫困的主要因素。此外，个人的消费和收入也是导致贫困的重要因素，尤其是当他们的收入或消费低于设定的阈值，即"贫困基准线"时（Braithwaite 和 Mont，2009；Davids，2010）。此外，Peter Townsend 和 JRF 认为，除了缺乏食物和收入外，还有其他一些因素也会导致贫困。Peter Townsend 认为，贫困是指缺乏充足的资源，使人们无法参与那些为社会所接受的活动（Davis，2014 ；Townsend，1979）。这一定义只是贫困的一个相对指标，还应该考虑其他因素，如收入和资源。为了确定贫困状况，还需要考虑个人继承的财产和后天获得的财富等因素（Townsend，1979）。

Seebohm Rowntree 在 20 世纪初提出了一个独特的贫困定义，将贫困分为初级贫困和次生贫困（Davis，2014）。初级贫困的定义是收入低、生活条件差的人，收入不足以支付维持基本物质生活的开支（Rowntree，1902；Townsend，1979）。次生贫困是初级贫困的延续，由一个人主观评估自身是否贫穷，哪怕他的生活水平高于贫困基准线（Laderchi 等，2003）。

以上分析讨论了贫困的不同定义和观点。这表明贫困话题是非常具有争议性的。Mpofu（2011）认为，研究贫困问题具有挑战性，因为它涉及多个方面；其中的困难之一是，不同的人对贫困问题具有广泛的差异化理解，而且贫困的定义也在不断演变；强调生活在贫困中的人并非同质化群体，每个人都是独一无二的。正因为如此，Illife（1987）认为，由于贫困的多样性，研究贫困问题具有挑战性。Orshansky（1969）也断言，分析贫困问题是一个很难的事情。

Orshansky（1969）认为，界定贫困者可能是一门艺术。对于认定谁是穷人，祈祷比实证更有意义，因为贫穷就像"美"一样，取决于观察者的主观看法。贫穷是一种价值判断，是无法验证或证明的，只能通过推论和暗示认定，而且会有一定程度的误差。说谁是穷人，就是使用各种价值观进行判断。这一概念必然会受到定义所要实现目的的限制。除非你打算为穷人做点什么，否则就没有理由去界定穷人。无论从社会经济研究视角明确贫困的定义可能性有多大，你都只能更主观或相对主观，不可能是客观的。这些分歧导致 Hartwell（1972）提出不存在单一的贫困概念，因为包括经济学家、社会学家和历史学家在内的学术界人士都无法就贫困的定义达成一致。Alcock 和 Craig（2009）等专家认为，由于贫困被视为一个具有政治性和争议性的议题，因此并不存在一个确切的科学界定。正因为如此，不同的贫困定义将不同类别的人归为贫困者或非贫困者，而如何定义贫困将会影响如何评估贫困（Duclos 等，2006）。

因此，无法用单一的贫困定义涵盖贫困的所有方面，这会影响到制定消除贫困政策和战略。Glewwe 和 Van der Gaag（1990）强调，在衡量贫困时，定义的多样性是非常重要的考量因素。基于贫困的复杂性，部分组织和学者提出了一些定义和理论，试图解释贫困。O'Boyle（1999）指出，不同的人会对“贫穷意味着什么?”有不同的回答，每个人的回答都反映了他们的价值观。在价值观不同的情况下，就包括如何定义贫困在内的任何规范性问题达成广泛共识的难度都非常大。O'Boyle（1999）指出，这并不意味着贫困的定义仅仅是一个主观问题和个人问题。其强调的是，学者们不应该期待发现或提出一个所有人都认同的贫困定义。在本书中，我们认为，第四次工业革命所带来的变化，可能会对贫困内涵作出更好定义，并达成更广泛共识。

10.3　第四次工业革命对贫困内涵的影响

第四次工业革命带来的变化对贫困的影响无法用简单的语言描述。Brittas（2020）认为，贫困不能用简单的语言来定义；它是一种多维度的现象，远远超出了金钱或有形资产的范畴，例如，还包括缺乏住房、衣物和个人物品等资产，以及无法获得医疗保健、专业培训和社会福利等服务。根据 Brittas（2020）的观点，能力培养方法将贫困的定义扩大到包括在社会中发挥作用所需的体能和才能；因此，贫困是多维的，因文化和环境而异；第四次工业革命引发了各种贫困和匮乏问题，这些问题应该被记录下来。Chambers（2006）认为，问“什么是贫困”，就是一个糟糕的问题，因为在考虑贫困的解决方法时，这种问题缩小了社区的视野范围。

Gamboa 等（2020）也认为，贫困有多个维度，但很少有消除贫困倡议采用多维度方法来解决贫困问题。许多倡议仍然主要关注就业和收入问题，而其他措施则单独解决贫困的其他方面问题。正如本书所言，尽管这些倡议可能有助于实现消除贫困目标，但关键是要考虑第四次工业革命带来的变化，因此，应当认真对待数字贫困问题。在这种情况下，低收入家庭的孩子，尤其是农村地区的孩子，往往由于缺乏电脑、手机、平板电脑等数字设备及其他问题而无法接受教育。

根据 Barrantes（2007）的看法，数字贫困这一话题很少在讨论中被提及。使用最多的相关概念是“数字鸿沟”，指为评估家庭或国家层面的信息和传播技术的可用性和使用方面的差距。与 Barrantes（2007）提出的“数字鸿沟”概念不同，数字贫困的概念旨在确定信息和传播技术使用和消费的最低水平，以及与信息和传播技术产品需求相匹配的收入水平。

在本书中，我们将数字贫困定义为无法在个人所需的时间、地点和方式等方面与整个数字世界进行全面互动。因此，在本书中，我们着力强调一个特定方面：使用互联网、计算机或数字通信技术，这些技术扩展了手机等设备的功能，使信息和通信更加便捷。由于缺乏对如何使用数字工具的了解或缺乏收入方面的支持，导致数字贫困者缺乏由数字技术带来的知识和互动。尽管技术是手段，但数字工具可获得性是需求的最重要组成部分。下一节将概述数字贫困者。

10.4 数字贫困者

数字贫困者不仅仅是低收入群体或基本需求未得到满足的个人，还包括那些无法获得或使用信息和传播技术的人，但他们也可能未被认定为贫困者（Barrantes, 2007, 2010；Lee 等，2016）。考虑到这一观点，收入水平低的边缘化群体并不是唯一的数字贫困者。数字贫困者是不能使用信息和通信技术的人，因为其缺乏信息和通信技术服务或没有能力使用。

图 10.1 显示了数字贫困者的类型。根据 Barrantes（2010）的看法，可以

将社会人群进一步分为以下 4 类。

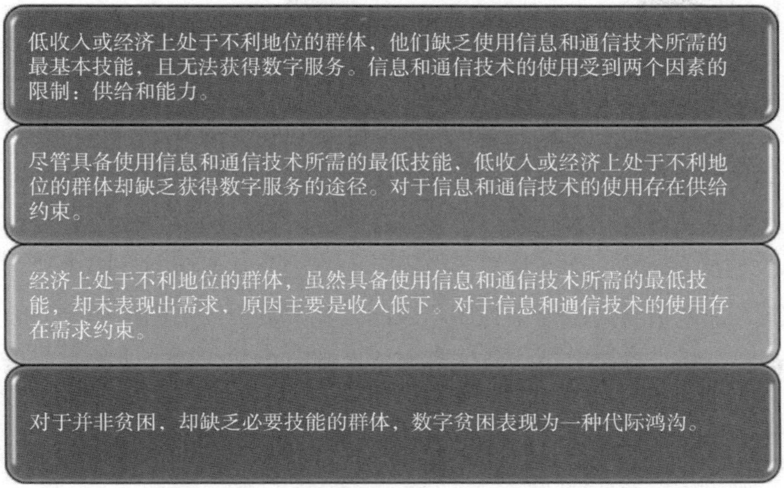

低收入或经济上处于不利地位的群体，他们缺乏使用信息和通信技术所需的最基本技能，且无法获得数字服务。信息和通信技术的使用受到两个因素的限制：供给和能力。

尽管具备使用信息和通信技术所需的最低技能，低收入或经济上处于不利地位的群体却缺乏获得数字服务的途径。对于信息和通信技术的使用存在供给约束。

经济上处于不利地位的群体，虽然具备使用信息和通信技术所需的最低技能，却未表现出需求，原因主要是收入低下。对于信息和通信技术的使用存在需求约束。

对于并非贫困，却缺乏必要技能的群体，数字贫困表现为一种代际鸿沟。

图 10.1　数字贫困者的类型

一是极度缺乏数字知识的人。缺乏数字知识的人很可能无法运用数字技术获取信息。这是因为他们对数字技术或通信服务的理解不够深入。即使数字技术服务可用，他们的年龄和学习能力可能会限制他们的能力充分发挥数字设备的潜能。

二是数字贫困者可以使用通信媒介，能够获取信息和进行交流。但是，由于缺乏供给或人力资源限制，如教育水平较低、文盲率较高或年龄较大，造成使用数字媒体受到限制。

三是人们可以访问互联网，但却只能被动使用。这意味着，互联网的接入和使用并没有改变人们与信息提供者的沟通方式，而仅仅是取代了传统的信息消费和传播方式。

四是数字富裕群体可以上网并积极利用互联网资源，因为他们拥有进行交易、使用政府电子应用程序或参与信息和通信技术服务及其他活动所需的数字知识。

可以从两个角度研究数字贫困问题。数字贫困的表现形式有供给障碍和需求问题。供给方面的问题主要在于缺乏连接，人们可能会面临数字贫困、数字鸿沟，以及缺乏电话、电脑和互联网连接等问题。需求方面的问题主要是由于需求不足而造成的数字贫困；虽然互联网连接中心能够提供有关服务，但却被人们故意忽视。

10.5 小结

本章介绍了几个可用的贫困定义，探讨了第四次工业革命对贫困定义的影响，以及对贫困者意味着什么。历史上各种经济理论所采用的所有贫困定义都表现出了范式上的转变，即从货币原因转向贫困的其他原因，形成了多维度的贫困定义，如政治参与和社会排斥。因此，基于贫困定义的多样性，须对其众多定义进行分析，确定其范式转变程度，尤其是在第四次工业革命背景下。在本章中，本书做了大量的工作，分析第四次工业革命在多大程度上改变了贫困的定义。本章成功地研究了贫困的定义是否会因第四次工业革命而改变。除此之外，本章还分析了第四次工业革命背景下的数字贫困者。

参考文献

1. Alcock, P. , & Craig, G. (Eds.). (2009). International social policy: Welfare regimes in the developed world 2nd edition. Macmillan International Higher Education.

2. Barrantes, R. (2007). Analysis of ICT demand: What is digital poverty and how to measure it? In Digital poverty: Latin American and Caribbean perspectives (pp. 29 – 53). IDRC.

3. Barrantes, R. (2010). Digital poverty: An analytical framework. In 17th biennial conference of the International Telecommunications Society. ITC.

4. Braithwaite, J. , & Mont, D. (2009). Disability and poverty: A survey of

5. World Bank poverty assessments and implications. ALTER – European Journal of Disability Research/revue Européenne De Recherche Sur Le Handicap, 3, 219 – 232.

6. Brittas, A. (2020). Historical aspects of eradication of poverty action. In No poverty (pp. 1 – 10). Springer.

7. Chambers, R. (2006). What is poverty? Who asks? Who answers? United Nations Development Programme.

8. Davids, Y. D. (2010). Explaining poverty: A comparison between perceptions and conditions of poverty in South Africa. Doctoral dissertation, University of Stellenbosch, Stellenbosch.

9. Davis, E. P. (2014). A review of the economic theories of poverty.

10. Davis, E. P., & Sanchez – Martinez, M. (2015). Economic theories of poverty. Joseph Rowntree Foundation.

11. Duclos, J. Y., Sahn, D. E., & Younger, S. D. (2006). Robust multidimensional poverty comparisons. The Economic Journal, 116 (514), 943 – 968.

12. Forsyth, T., Leach, M., & Scoones, T. (1998). Poverty and environment: Priorities for research and study – an overview study. Prepared for the United Nations Development Programme and European Commission.

13. Gamboa, G., Mingorría, S., & Scheidel, A. (2020). The meaning of poverty matters: Trade – offs in poverty reduction programmes. Ecological Economics, 169, 106450.

14. Glewwe, P., & Van der Gaag, J. (1990). Identifying the poor in developing countries: Do different definitions matter? World Development, 18 (6), 803 – 814.

15. Gordon, D. (2005). Indicators of poverty and hunger. Expert group meeting on youth development indicators. UN.

16. Hartwell, M. (1972). Consequences of the industrial revolution in England for the poor. IEA, The Long Debate on Poverty.

17. Illife, J. (1987). The African poor: A history. In African studies series 58. Cambridge Press.

18. Jenkins, M. W., & Sugden, S. (2006). Human development report 2006. United Nations Development Programme.

19. Laderchi, C. R., Saith, R., & Stewart, F. (2003). Does it matter that we do not agree on the definition of poverty? A comparison of four approaches. Oxford Development Studies, 31, 243 – 274.

20. Lee, H. , Lee, S. H. , & Choi, J. A. (2016) . Redifining digital poverty: A study on target changes of the digital divide survey for disabilities, low – income and elders. Journal of Digital Convergence, 14 (3), 1 – 12.

21. Mason, J. L. (2020) . The reemergence of digital poverty in secondary education. In Georgia educational research association conference 38.

22. Mhlanga, D. (2020a) . Artificial intelligence (AI) and poverty reduction in the fourth industrial revolution (4IR) .

23. Mhlanga, D. (2020b) . Financial inclusion and poverty reduction: evidence from small – scale agricultural sector in Manicaland Province of Zimbabwe. Doctoral dissertation, North – West University, South Africa.

24. Mhlanga, D. (2021) . Financial access and poverty reduction in agriculture: A case of households in Manicaland province, Zimbabwe. African Journal of Business and Economic Research, 16 (2), 73.

25. Mhlanga, D. , Dunga, S. H. , & Moloi, T. (2020) . Financial inclusion and poverty alleviation among smallholder farmers in Zimbabwe. Eurasian Journal of Economics and Finance, 8 (3), 168 – 182.

26. Mpofu, B. (2011) . Some perceptions on the poverty question in Zimbabwe. Solidarity Peace Trust.

27. O'Boyle, E. J. (1999) . Toward an improved definition of poverty. Review of Social Economy, 57 (3), 281 – 301.

28. Orshansky, M. (1969) . How poverty is measured. Monthly Laboratory Review, 92, 37.

29. Rowntree, B. S. (1902) . Poverty: A study of town life. Macmillan.

30. Townsend, P. (1979) . Poverty in the United Kingdom. University of California Press.

11. 普惠金融消除贫困的渠道：第四次工业革命和数字技术的作用

11.1　导言

金融市场的发展、经济增长和消除贫困之间的关系一直是经济学界争论的焦点。虽然有一种理论支持普惠金融与贫困之间的联系，但并不精准，而且有其局限性（Mhlanga，2020a）。不同学者提出的贫困理论大多基于凯恩斯主义和古典经济学家的观点，但第四次工业革命（4IR）正在影响这些贫困理论。本章将概述普惠金融消除贫困的可能路径，具体而言，通过详尽的文献分析，阐明普惠金融帮助战胜贫困的多种路径；结合第四次工业革命的进展，分析消除贫困问题。金融市场发展、经济增长和消除贫困之间的关系是经济学界长期以来的主要关注点。自2007年国际金融危机爆发以来，人们对金融发展与经济增长之间关系的兴趣与日俱增（Mhlanga，2020a，2021a，2021b）。

11.2　有关消除贫困的经济学理论

11.2.1　古典经济学理论

亚当·斯密（Adam Smith）是著名的经济学家，他在1776年出版的《国富论（the Classical Wealth of Nations）》中最早讨论了自由市场经济的作用（O'Brien，1975）。亚当·斯密（Adam Smith）认为，经济中的“看不见的手”，即供求双方通过共同作用，在不需要政府干预的情况下就可实现平衡（O'Brien，1975）；自由放任的市场经济理念是古典经济理论的基础（Skinner，

1975）。自由放任或自由市场哲学要求政府对市场运行几乎不加干预。

自由放任哲学还允许人们在作出经济决策时，根据自身的最佳利益行事，这将使经济资源的分配遵循市场中人们和企业的偏好（Skinner，1975）。Bagehot（1873）强调了银行体系对经济增长的重要性，举例说明了银行可以通过制定并支持有益的措施来促进创新和经济增长，指出银行提供的重要金融服务（例如，筹集资金、评估潜在项目、控制风险和促进交易）在促进创新、支持经济增长和消除贫困等方面发挥着重要作用。

11.2.2 凯恩斯经济学理论

凯恩斯（J. M. Keynes）（1930）在其《货币论》一书中提出，货币对经济的扩张和发展至关重要。凯恩斯（J. M. Keynes）（1930）认为，银行信贷对生产发展发挥着积极推动作用；如果银行家能够意识到他们的职责至关重要，那么他们将竭尽全力提供信贷支持，以确保生产达到最高水平。罗宾逊（Robinson）（1952）赞成此观点，认为金融业发展将与经济扩张相伴而生，并证明了商业与金融之间的因果关系，认为金融是促进商业的先导因素。

凯恩斯主义理论的基础是，在经济低迷时期，大规模的政府支出有助于推动经济增长（Hicks，1974）。凯恩斯主义者认同古典经济学理论，如消费者支出、政府支出和企业投资等是一个国家经济增长的拉动因素（Hicks，1974）。此外，凯恩斯主义者认为许多经济措施应优先考虑当前需求（Hicks，1974），当一个国家实施经济政策后，便可立即修复经济（Gordon，1990）。更重要的是，凯恩斯主义者认为，在经济衰退和萧条时期，人们和企业缺乏消费和投资所需的资源；只有政府才能通过货币政策和财政政策拉动总需求，进而增加总产出，防止经济的大起大落（Gordon，1990）。

根据凯恩斯主义理论，政府支出是可能影响普惠金融发展和金融深化的因素之一（Demetriades 和 Hussein，1996）。换言之，凯恩斯主义者认为，一个国家要实现充分就业，就应大力补贴经济（Demetriades 和 Hussein，1996）。当一个国家的金融体系、机构和市场充分发挥作用时，个人将有更多投资机会。这是因为资金可以用在更具生产性的渠道上，从而刺激经济增长和改善收入分配，这两者都将对消除贫困产生影响（Grabel，1995）。

凯恩斯主义者认为，扩大金融部门规模、提供更好获得信贷的渠道有助于加快经济增长，减少不平等，最终消除贫困。然而，根据 Dornbusch 等（1990）的观点，不断增加的政府支出所产生的挤出效应，在鼓励私人投资的同时也对其产生了抑制效应。这种情况主要发生在政府支出是通过向私营部门借贷筹资时，因为这会导致利率上升（Dornbusch 等，1990）。因此，制定经济发展政策时，必须考虑到市场的缺陷和政府的低效。

Tissot 和 Gadanecz（2018）认为，普惠金融可以帮助减少金融市场有效运行的摩擦，以支持弱势群体和贫困者。罗宾逊（Robinson）（1952）补充道，在经济扩张时期会自动产生需求。因此，金融体系会因为自发响应这种需求而不断发展。总之，通过以上讨论可以得出，普惠金融可以帮助金融业发展，进而促进经济增长、发展和消除贫困（Acemoglu 等，2013）。尽管许多人依赖正规金融机构，但 Hannig 和 Jansen（2010）还认为，改善贫困者获得金融服务的方式，会对他们的生活条件产生直接或间接的影响。

11.2.3　内生增长理论

内生增长理论认为，决定经济增长的主要因素是内生的而不是外生的（Aghion 等，1998；Pack，1994）。这一理论对经济增长由人力资本、创新和知识的大量投资驱动这一观点提出了质疑（Aghion 等，1998；Pack，1994）。内生增长理论也非常重视知识型经济的优势，认为知识型经济会对经济增长产生积极影响，因此能够促进经济增长（Aghion 等，1998；Pack，1994），且长期经济增长取决于大量增加研发投入等措施（Howitt，2010；Pack，1994）。换言之，内生增长理论认为，在各种宏观经济变量上，国家力量对宏观经济结果的影响要大于外部力量（Rivera - Batiz 和 Romer，1991）。因此，与外部变量相比，以金融部门和制造业的发展为引擎更为重要。从这个意义上说，推动普惠金融发展的政策是有助于消除贫困的关键因素，因为这些政策有助于提高人力资本潜力，进而提高其收入潜力。Easterly（2006）认为，外部力量提供的发展援助等因素只能对贫困产生很小的影响。

根据投资理论，金融排斥等问题会对穷人产生不利影响，因为这些问题会使他们更难获得所需的资源，进而更难获得银行贷款（Beck 等，2007）。此外，人们认为每个社区都有一些经验丰富的商人，他们可以利用贷款来扩大其中小微企业（Honohan 和 Beck，2007），小企业和其他企业的经营者可以通过这些企业获得就业机会。但如果金融部门出现问题，如借款人的利率过高，就会毁掉这部分企业，从而影响就业。由此可以看到，适当的金融结构有助于释放人们与生俱来的创业潜能，通过创造就业机会开辟一条脱贫之路（Beck 等，2009）。人力资本理论认为，家庭可以利用贷款教育子女，改善子女的工作和经济前景，这是消除贫困的最后一个渠道来源（Beck 等，2007）。与此类似，父母可以将大量资金投入到各种工作领域中，如在职培训，从而提升子女的人力资本，提高个人就业和成功创办企业的机会（Beck 等，2009）。Beck 等（2007）强调了这种情况的相关性，尤其是对于那些先前受教育较少的人而言。总之，可以通过发展普惠金融进而增加教育机会来消除贫困。

11.3 普惠金融、金融发展、经济增长和消除贫困

金融市场发展、经济增长和消除贫困之间的关系，一直是经济学界关注的焦点。自 2007 年国际金融危机爆发以来，人们对金融发展与经济增长之间关系的关注与日俱增。虽然解释普惠金融与贫困之间关系的理论不完善且存在局限性，但两者之间的关系是客观存在的。根据 Schumpeter（1911）、Cameron（1967）、Gold smith（1969）、McKinnon 和 Shaw（1973）等理论家的观点，金融发展对经济增长和消除贫困具有重要影响。

尽管经济增长与金融发展之间的因果关系尚不明确，例如，金融发展是促进经济增长还是抑制经济增长，但许多问题都涉及这两个概念。Schumpeter（1911）等认为，两者的因果关系极有可能是双向的。根据 McKinnon 和 Shaw（1973）的研究，金融抑制会减少储蓄金额，压低金融部门在国民经济中的比重，抑制经济增长。此外，它还会削弱信贷创造，压低名义利率上限，提高高准备金要求，进而直接影响到国家居民消除贫困的能力。

金融市场效率低下会影响投资，因为它们阻碍了经济行为主体获得资金，以支持新的和正在进行的商业活动。经济增长会对贫困发生率产生负面影响（McKinnon 和 Shaw，1973）。但金融自由化，或取消名义利率上限、高准备金要求和信贷控制，将提高金融中介机构的效率，促进经济增长。这表明，金融

自由化有助于普惠金融发展。

中小微企业、小型农户、年轻人和女性通常被排斥在正规金融部门之外。然而，这些群体的金融参与将有助于减少经济体中的贫困。根据 Schumpeter（1911）的观点，金融中介机构在经济中扮演着五个重要角色：动员储蓄、评估项目、控制风险、监督管理者以及促进交易。King 和 Levine（1993）指出，当金融发展强劲时，经济增长率通常会提高，这支持了 Schumpeter（1911）的观点。此外，金融发展强劲也会直接促进资本的实际积累，最终提高经济效率。

贫困和不平等将因经济增长和财富积累而自然消除。根据 Greenwood 和 Jovanovic（1990）的研究，收入不平等与金融发展呈倒 U 形关系；根据这一观点，经济增长会导致收入不平等程度先上升后下降。Greenwood 和 Jovanovic（1990）认为，贫困者无法利用金融中介机构获得金融服务导致了收入不平等程度上升，但随着时间的推移，越来越多的人将使用金融服务，因而最终减少这种不平等。

当贫富差距缩小时，随之而来的是人口总数的下降（Greenwood 和 Jovanovic，1990）。理论研究表明，一个地区的经济发展在决定经济的整体轨迹方面发挥着重要作用。Rostow（1959）认为，一个地区的经济发展就好比一架从地面起飞的飞机，分为以下几个阶段：传统社会、起飞阶段，起飞、成熟以及最终的大众高消费阶段。根据这一理论，在经济发展过程中，金融发展大多数发生在起飞阶段，并在随后的发展阶段达到成熟的顶峰。

根据 Rostow 的理论，资本形成的基础是社会资本发展和农业生产力的提高，尤其是农业部门在为不断增长的人口提供粮食方面发挥着至关重要的作用。要实现可持续发展，确保与欠发达和贫困有关的问题得到有效解决，农业部门的另一项责任是增加出口收入。此外，有些学者认为，金融中介机构的出现会给穷人带来不相称的好处。例如，Banerjee 和 Newman（1993）指出，穷人面临的信贷限制源于信息流不完善，这最终会影响到他们能积累多少资金支持自己的事业，甚至影响到他们是否有足够的抵押品获得银行信贷。

信贷限制将抑制贫困者获得商业机会。Aghion 和 Bolton（1997）指出，信息不对称导致穷人获得信贷服务受到限制，因为这些人缺乏为企业融资的资金和获得银行贷款所需的抵押品。此外，一些政治经济学理论认为，更有效、更完美的金融体系可以保障许多人获得金融服务而不是限制获得融资的人数（Haber 等，2003；Rajan 和 Zingales，2003）。因此，金融发展可通过降低贷款门槛，促进更好的创业、新企业成长，并最终实现更好的经济增长。

Lamoreaux（1986）认为，在大多数情况下，只有富人和人脉广的人才能从金融体系发展中获益。在经济发展的早期阶段，往往只有这部分人才能获得金融服务，如贷款等金融服务。在这种情况下，进一步的金融发展只能使资本流向少数人。因此，即使金融发展促进了经济增长，但它是减少还是增加了收入分配的不平等问题依然需要商榷。

11.4　普惠金融与消除贫困关系的实证研究

学者们认为，在发展中国家，通过提供正规金融服务，推动普惠金融发展，可以加速宏观经济增长并使之公平分配，促进收入平等，消除贫困（Inoue，2018；Koomson 等，2020；Omar 和 Inaba，2020），其中一个与贫困作斗争的重要手段就是普惠金融。根据 Sarma 和 Pais（2008）的研究，“普惠金融体系具有多种优势，能够使生产性资源更容易有效分配，进而降低资本成本。此外，正确获得金融服务可以大大改善弱势群体日常处理资金的方式。普惠金融体系有助于遏制不受监管的、往往具有剥削性质的信贷扩张。因此，一个健全的金融体系可以提高效率和福利，因为它提供了广泛且有效的金融服务以及安全可靠的储蓄渠道”。

正如 Sarma 和 Pais（2008）所言，普惠金融可用于解决很多经济问题。Koomson 等（2020）认为，普惠金融在减少加纳最脆弱群体的贫困率方面成效显著。他们研究了普惠金融对加纳贫困和脆弱家庭的影响，发现普惠金融使家庭当前陷入贫困的可能性降低 27%，未来陷入贫困的可能性降低 28%，而且女性户主家庭比男性户主家庭更有可能消除贫困，改善脆弱性；农村地区比城市地区的消除贫困效果更显著。Omar 和 Inaba（2020）认为，普惠金融是社会包容的重要组成部分，特别是在消除边缘化群体贫困和收入差距方面作用更显著。

Mehrotra 等（2009）利用普惠金融指数研究了普惠金融、经济扩张、消除贫困的关系。此外，该指数还被用来衡量普惠金融的程度。他们认为，当消费者有机会获得金融服务时，就可以在银行进行储蓄，这种行动的乘数效应将对投资产生放大影响，从而实现包容性经济高增长，进而因可参与较大的经济活动实现帮助个人摆脱贫困（Mehrotra 等，2009）。Mehrotra 等（2009）则发现，虽然金融产品和服务的性质与一般公共产品有很大不同，但仍应被视为一种公共产品，即经济中的任何人都应能够获得。而普惠金融可被视为一种准公共产品，因为它对于人们就像获得水和教育等基本资源一样有益。

Bruhn 和 Love（2009）研究了为墨西哥希望在企业工作的低收入群体提供金融服务的效果。研究发现，当低收入者有机会获得金融服务时，就会对经济活动作出积极反应，这表明随着时间的推移，经济活动的增加将会对经济增长、发展和消除贫困产生影响。Lal（2018）研究了通过合作银行提供的普惠金融如何对消除贫困产生影响。该研究使用由印度合作银行提供的 540 位客户信息，发现普惠金融可以帮助消除贫困，尤其是使用合作银行提供的普惠金融服务。进而得出结论，让穷人获得金融产品和服务能够使他们与贫困作斗争，过上体面的生活。研究认为，让穷人有机会获得贷款、保险和储蓄等金融服务，能够使他们作出明智的金融决策，最终将影响他们如何创造和管理自己的钱财，从而消除贫困。与此类似，Park 和 Mercado Jr（2018）分析了在几个不同的经济体中，收入不平等和消除贫困如何发生变化；研究发现，在高收入和中等收入经济体中，当普惠金融大幅提高时，贫困就会减少；在普惠金融程度较高的中高收入经济体中，贫困水平较低，而在中低收入水平的经济体中没有发现这种相关性。

Park 和 Mercado Jr（2018）认为，选择适当的普惠金融政策对于实现预期的经济增长、发展和消除贫困同样至关重要。在高收入和中等收入经济体中，普惠金融以这种方式减少了贫困。Oji（2015）同样认为，普惠金融是经济发展和农村居民赋权的重要组成部分。研究还发现，普惠金融能够使贫困者在产品和服务中进行商业投机和产品贸易。通过大幅消除贫困，人们在从事商业活动时能够提高生活水平。第二个重要发现是，要使社会经济发展具有可持续性，就必须鼓励人们从事涉及金融交易的活动，而且必须积极地进行金融交易。

Jabir（2015）发现，受过教育、拥有银行账户的人或其家人拥有银行账户的人，以及拥有其他收入来源的人陷入贫困的可能性较小。但是，向零售商借钱的女性则更不可能摆脱贫困。Jabir（2015）总结说，普惠金融鼓励了储蓄、借贷和其他消除贫困的行为，提供了净优势。Abosedra 等（2016）证实了这一观点，发现在埃及，金融深化、经济增长与消除贫困具有长期关系。然而，如果将私营部门的国内信贷作为金融发展的代理变量，消除贫困将会受到不利影响。Okoye 等（2017）对尼日利亚普惠金融扩张对经济发展影响的研究结果表明，即使向私营部门提供信贷，也未对尼日利亚的经济增长产生重大影响，但普惠金融确实对消除贫困作出了重大贡献。与此类似，Siddiqui（2017）认为，普惠金融是消除贫困和促进经济繁荣的重要推动力。专家们也认为，信息和通信技术正成为经济增长的重要引擎，该研究采用随机抽样方法抽取了 400 个家庭，研究发现普惠金融和电子通信包容性对经济增长产生了积极影响。

11.5 第四次工业革命背景下数字普惠金融在消除贫困中的作用

如前所述，扩大获得资金的渠道是公认的最重要的消除贫困举措之一。然而，Wang 和 He（2020）指出，金融机构认为向贫困者提供金融服务是很困难的。发展中国家的政府正在积极推进各种战略，以促进农村地区金融服务发展，但结果喜忧参半，有时甚至令人失望（Wang 和 He，2020）。尽管许多发展中国家的偏远地区都有各种各样的金融机构，但调查结果显示女性、小农户和青年等弱势群体仍然得不到充分的金融服务，或因交易成本高、信息不对称和抵押品短缺等基本问题被排斥在传统银行业务之外（He 等，2018）。因此，人们对通过针对弱势群体的数字普惠金融推动金融数字化扩张充满期望。

尽管人们对数字普惠金融充满信心，但 Wang 等（2020）报告指出，有关数字普惠金融与消除贫困之间联系的证据还正在形成的过程中，而且仍然薄弱。他们在研究中使用了 1900 个农村家庭的调查数据，分析了数字普惠金融对中国农民贫困脆弱性的影响。Wang 和 He（2020）的研究发现，农民使用数字金融服务对降低其贫困脆弱性具有正面影响，有助于提高他们应对风险的能力，或降低他们因风险而造成的脆弱性。信息和通信技术公司的数字金融服务比传统银行的金融服务对农民的贫困脆弱性影响更大。

Kelikume（2021）采用了 1995—2017 年 42 个非洲国家的面板数据集，研究了手机、互联网、普惠金融、非正规金融服务与消除贫困之间的关系；结果表明，较高的普惠金融水平有助于非正规经济蓬勃发展，手机普及率和互联网使用率与非正规经济部门发展呈现显著正相关关系，且在金融机构与非正规经济部门的互动中发挥着重要作用，两者都与消除贫困有着实质性的积极关系；普惠金融对非正规经济部门发展具有深远影响，这意味着普惠金融更有助于改善消除贫困工作。

Mhlanga（2020b，2020c，2021b）在多项研究中详细阐述了第四次工业革命（4IR）如何影响普惠金融和消除贫困。Mhlanga（2020b）对第四次工业革命（4IR）技术的调查发现，人工智能对数字普惠金融发展产生了重要影响。他认为金融科技公司正在充分利用人工智能的多种功能，推动实现数字普惠金融目标，让低收入者、穷人、女性、青年和小企业有机会参与主流金融市场。第四次工业革命（4IR）促进普惠金融利用各种数字工具帮助穷人获得正规金融服务，从而解决贫困问题。Mhlanga（2020b）认为，人工智能对风险识别、监测和管理数字普惠金融发展，解决信息不对称问题，通过聊天机器人提供客户支持和服务台，以及欺诈检测和网络安全等领域具有重大影响。人工智能的应用提升了弱势群体获得信贷的能力，使他们能够参与强大的项目，帮助他们改变生活，消除贫困。

Mhlanga（2020c）在另一项研究中说明了技术尤其是人工智能可以帮助解决贫困问题的途径。Mhlanga（2020c）发现，相关数据的可用性使人工智能能够为人类提供价值，进而对解决贫困问题具有重要意义。人工智能在多个领域对贫困产生了重大影响，如通过贫困地图、农业、教育等领域为数字普惠金融发展收集相关数据。Mhlanga（2020c）还指出，许多国家，尤其是发展中国家，并没有收集充足的确定贫困者数量及其所在地区的数据，但人工智能有望改变这种状况。例如，这项研究发现，斯坦福大学的一个研究小组正在利用卫星照片作为绘制贫困地图的替代方法，寻找贫困集中的地区。Mhlanga（2020c）还指出，各种机器人技术和人工智能技术在这方面会有所帮助，如谷歌和斯坦福大学的可持续性和人工智能实验室正在开发农业领域的人工智能程序，通过疾病检测、作物产量预测和确定缺粮地区位置等方式，以及教育进步的显著标志，帮助改善农业生产。

根据上述研究，运用不同的数字工具能够增加人们对金融体系的访问和参与，促进业务增长和创造就业，增加教育支出，直接帮助个人管理风险和应对金融冲击，有助于进一步消除贫困。总之，数字普惠金融服务有助于改变主要以农村部门为基础的经济状况，如撒哈拉以南非洲和南亚地区。

数百万人有机会使用各种数字平台，获得安全可靠的支付、储蓄、保险和信贷服务；他们知道家庭和个人无须支付高昂的交易费用，就能迅速向远在千里之外的亲人汇款。此外，他们会发现为未来和意外支出存钱变得更简单了。世界银行认为，新技术、创新的商业模式和大胆的改革已使许多人能够普遍享受金融服务。数字金融服务可降低交易成本，改变为弱势群体提供金融服务的基本经济学认知。世界银行还指出，金融消费者可以利用数字交易平台的低成本交易，在当地进行不定期的小额交易，以管理其不均衡的收入和支出。基于数字金融服务，私营部门能够有大量机会为巨大的蓝海市场创造新颖的商品和服务，政府也可因此扩大收入基础。

Suzman（2022）认为，数字金融服务有可能为那些目前处于非正规经济部门中的弱势群体扩大市场发展空间，即所谓的经济金字塔底层的群体。信用卡和借记卡的问世为非正规经济在全球范围内带来了巨额财富，并创造了大量就业机会。

世界银行指出，对于那些因为缺乏有效的正规金融服务而只能依赖现金的25亿成年人来说，数字金融服务可能会带来革新。数字普惠金融对经济贫困者和受到金融排斥者的优势表现在，他们能够获得支付、转账、储蓄、信贷、保险和证券等正规金融服务。政府对个人的支付（如有条件的现金转移支付），允许政府通过数字储值账户对个人支付，可能会为那些在经济上被排除在正规金融服务之外的人提供机会。此外，数字交易平台本身集成的支付、转账和价值存储服务，以及平台内生成的数据产生的信息，可提供更多适合消费者需求和财务状况的金融服务，能大幅降低现金交易产生的盗窃、遗失和其他金融犯罪风险，以及使用非官方供应商服务所涉及的费用。通过促进财产积累和推动女性参与经济活动，数字金融服务还能帮助人们实现经济赋权。全球已经拥有完成这项任务所需的工具和专业知识，现在需要制定明确的政策和法规，促进金融行业竞争，推动金融和技术创新。

11.6 小结

本章旨在分析普惠金融的作用，更具体地说是使用数字工具促进消除贫困的不同方式。通过对相关研究进行详尽分析，本章明确了普惠金融推动消除贫困的多种方式。已有研究还验证了第四次工业革命的发展与消除贫困之间是否存在联系。本章强调，经济学研究的重点之一是，金融市场发展、经济增长和消除贫困之间的联系。自 2007 年国际金融危机爆发以来，金融发展与经济增长之间的关系日益受到关注。本章还表明，有一些理论可以解释普惠金融与消除贫困之间的关系；但在某些情况下，这些理论并未提供确切的解释。本章最后对数字普惠金融影响贫困水平的实证检验进行了总结。

参考文献

1. Abosedra, S. , Shahbaz, M. , & Nawaz, K. (2016) . Modelling causality between financial deepening and poverty reduction in Egypt. *Social Indicators Research*, 126, 955 –969.

2. Acemoglu, D. , Robinson, J. A. , & Business, C. (2013) . Why Nations fail – the origins of power, prosperity, and poverty. ld Econo, 2, 118 –121.

3. Aghion, P. , & Bolton, P. (1997) . A theory of trickle – down growth and development. *The Review of Economic Studies*, 64 (2), 151 –172.

4. Aghion, P. , Howitt, P. , Howitt, P. W. , Brant – Collett, M. , & arcía – Peñalosa, C. (1998) . *Endogenous growth theory*. MIT press.

5. Bagehot, W. (1873) . Lombard street. King.

6. Banerjee, A. V. , & Newman, A. F. (1993) . Occupational choice and the process of development. *Journal of Political Economy*, 101 (2), 274 –298.

7. Beck, T. , Demirgüç – Kunt, A. , & Honohan, P. (2009) . Access to financial services: Measurement, impact, and policies. *The World Bank Research Observer*, 24 (1), 119 –145.

8. Beck, T. , Demirgüç – Kunt, A. , & Levine, R. (2007) . Finance, ine-

quality, and the poor. *Journal of Economic Growth*, 12 (1), 27 -49.

9. Bruhn, M. , & Love, I. (2009) . The economic impact of banking the unbanked: Evidence from Mexico. The World Bank.

10. Cameron, R. E. (1967) . Banking in the early stages of industrialization: A study in comparative economic history. Oxford University Press.

11. Demetriades, P. O. , & Hussein, K. A. (1996) . Does financial development cause economic growth? Time - series evidence from 16 countries. *Journal of Development Economics*, 51 (2), 387 -411.

12. Dornbusch, R. , Sturzenegger, F. , Wolf, H. , Fischer, S. , & Barro, R. J. (1990) . Extreme inflation: Dynamics and stabilization. *Brookings Papers on Economic Activity*, 1990 (2), 1 -84.

13. Easterly, W. (2006) . Reliving the 1950s: The big push, poverty traps, and takeoffs in economic development. *Journal of Economic Growth*, 11 (4), 289 -318.

14. Goldsmith, R. W. (1969) . Financial structure and development (No. HG174 G57) .

15. Gordon, R. J. (1990) . What is new - Keynesian economics? Journal of Economic Literature, 28 (3), 1115 -1171.

16. Grabel, L. (1995) . Speculation - led economic development: A post - Keynesian interpretation of financial liberalization programmes in the Third World. *International Review of Applied Economics*, 9 (2), 127 -149.

17. Greenwood, J. , & Jovanovic, B. (1990) . Financial development, growth, and the distribution of income. *Journal of political Economy*, 98 (5, Part 1), 1076 -1107.

18. Haber, S. , Maurer, N. , & Razo, A. (2003) . The politics of property rights: Political instability, credible commitments, and economic growth in Mexico, 1876 -1929. Cambridge University Press.

19. Hannig, A. , & Jansen, S. (2010) . Financial inclusion and financial stability: Current policy issues. ADBI (Working Paper No. 259) .

12. 从古典贫困理论看第四次工业革命背景下普惠金融对消除贫困的影响

12.1 导言

古典贫困理论的主要来源是亚当·斯密（Adam Smith）和大卫·李嘉图（David Ricardo）等著名学者的理论（Davids，2010）。古典经济学认为，贫困的根源在于单个家庭和穷人的决策，认为穷人缺乏自制力，将对生产力产生不利影响（Davis，2014；Mhlanga，2020；Mhlanga 和 Ndhlovu，2021）。古典经济学家也认为，人们不同的遗传倾向也可能是导致贫困的一个因素（Bradshaw，2007；Davis，2014；Mhlanga 等，2020）。据说，穷人之所以陷入贫困或福利陷阱，源于其决策（Davis，2014；Mhlanga，2021）。因此，古典经济学家认为，在某一特定水平，即最低门槛上，政府应当向有需要的个人提供支持，以避免他们陷入贫困（Davis 和 Sanchez－Martinez，2015）。

然而，除了这一基本标准之外，政府的介入被视为经济效率低下的原因，因为它所产生的激励机制与贫困者和社会现实脱节（Bradshaw，2007）。古典贫困理论认为，福利项目通常是造成贫困的潜在原因，即人们因为对福利的依赖而加剧贫困（Bradshaw，2007；Davis，2014）。正因为如此，古典经济学认为，只有当穷人需要帮助时，政府才应该介入（Lal 和 Myint，1998；Yapa，1996）。此外，根据古典经济学家的理论，政策措施应侧重于提高弱势群体或贫困者的生产率，使他们能够加入劳动力大军（Yapa，1996）。但是，这一理论也承认，一些群体，如年轻人、病患和老人，无法充分参与主流经济，需要额外的支持（Davis，2014）。可以看到，阻止贫困的方法都强调应针对贫困的具体根源。

12.2　古典理论对贫困根源的认识

基于古典理论关于贫困定义特点和基本假设，行为或决策贫困理论（通常称为个人主义理论）和亚文化贫困理论（又称文化贫困理论）是解释贫困根源的主要理论（见图12.1）。

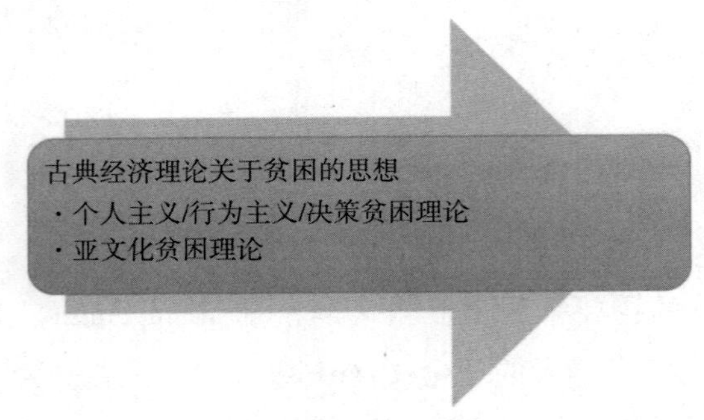

图12.1　古典经济理论关于贫困的思想

12.2.1　个人主义理论

根据古典理论对贫困根源的不同认识，形成了几个理论：第一种理论是基于行为或决策贫困理论发展而来，也称为个人主义理论，认为贫困是个人决策的结果（Bradshaw，2007），贫困是一种疾病，要求穷人对其贫困处境负责（Acemoglu 和 Robinson，2013）。根据这一理论，人们之所以成为穷人，是因为他们缺乏道德、才能和努力（Acemoglu 和 Robinson，2013）。此外，个人主义理论认为，由于贫困完全是个人缺点造成的，穷人自己应对此负责（Davis，2014）。换句话说，懒惰、未受过教育、无知或自卑的人最终会陷入贫困（Bradshaw，2007）。

与此类似，Rank 等（2003）也认为，市场技能差、教育水平低、工业道德差以及道德水平低下都可能使人们陷入贫困；因为市场力量或遗传因素限制了个人行为导致个人贫困，造成政府无力干预。这种对贫困根源认识的行为理论在19世纪非常盛行。当时人们普遍认为，劳动者必须贫穷，才会有工作动力；否则，他们就不会工作（Davis 和 Sanchez - Martinez，2015；Townsend，

1979）。因此，个人主义理论所衍生出的政策旨在通过慈善和志愿者的努力，最大限度地实现救济，从而帮助缓解贫困问题。因此，应该通过尽可能减少公共支出的方式进行经济情况调查，以确定家庭或个人是否有资格获得政府救济（Rank 等，2003）。贫困不是市场失灵造成的，而是由穷人的努力和才能不足造成的。这些政策认为，穷人自己选择了过着贫困的生活（Rank 等，2003；Townsend，1979）。行为主义理论认为，帮助穷人的重要方法是塑造其良好道德。此外，还建议应通过援助或帮助有需要的穷人，发展其劳动技能（Davis 和 Sanchez－Martinez，2015）。

此外，个人主义理论还批评将补贴作为消除贫困的工具（Davis，2014）的做法。个人主义理论认为应当削减福利金、利用税收激励政策提高工资水平，同时加强社会服务人员的培训，帮助福利金领取者顺利实现就业过渡，避免陷入福利制度的困局，尤其是在个体缺乏工作动力的情况下（Davis 和 Sanchez－Martinez，2015；Kasarda 和 Ting，1996）。

尽管人们一直在讨论激励错位（incentive misalignment）效应的程度（Davis 和 Sanchez－Martinez，2015），但这些政策还是在英国等先进工业国家得到了实施。个人主义或行为主义理论关于贫困根源的认识，可以用来支撑种族主义、性别主义和个人主义（Davids，2010）。但也有部分学者并不接受个人主义理论关于贫困根源的悲观观点，而是专注于乐观主义的方法（Davids，2010）。例如，在美国，动机和努力等个人主义特质与收入挂钩（Davids，2010；Mhlanga，2020）。然而，消除贫困的个人主义理论也招致了一些反对意见。新古典主义理论认为，市场失灵会对人们的决策产生影响。因此，凯恩斯主义或基于阶级观点的激进主义理论指出，由于总需求不足，失业可能是非自愿的（Davids，2010）。Alwang 等（2002）的著作《为什么津巴布韦的贫困会恶化》为这一说法提供了证据。虽然作者认为干旱可能是有害的，但它并不是造成许多国家（如津巴布韦）贫困加剧的唯一原因。据观察，当经济环境恶化时，人们的人力资本和物质资产回报率下降对家庭福祉产生了重大影响。

12.2.2 亚文化贫困理论

亚文化贫困理论认为，人们最终通常会适应贫穷环境，并采取一种维持他们贫穷生活方式的做法（Bradshaw，2007；Davis 和 Sanchez－Martinez，2015）。

亚文化贫困理论的著名专家之一是刘易斯（Oscar Lewis）（Davis，2014）。刘易斯认为，在大多数社会中，贫困者会形成为一个具有自我强化倾向的独特群体（Davis，2014），他们预期贫困将成为一种生活方式，并通过家庭代代相传（Davis，2014；Davis 和 Sanchez - Martinez，2015；Mhlanga，2020）。刘易斯更详细地阐述了支持亚文化贫困的社会和心理特征，包括无法推迟满足感、封闭空间和侵略倾向（Davis，2014）。社区成员无法积累或聚集私人和社会资产是亚文化贫困理论的另一个方面（Davids，2010；Davis 和 Sanchez - Martinez，2015）。因此，亚文化贫困理论有助于将消除贫困的重点从以市场为基础的过程转移到个人发展和性格塑造上，以及从昂贵的收入再分配政策转向成本较低的社会工作和社区心理工作上（Davids，2010；Davis 和 Sanchez - Martinez，2015）。

因此，亚文化贫困理论（又称匮乏循环）认为，匮乏应被视为一种只影响到一个人或一个家庭的现象，而不是一个影响整个社会的结构性问题（Davis，2010）。随着 Daniel Patrick Moynihan（1965）的研究报告《黑人家庭：国家行动案例》（*The Negro Family*：*The Case for National Action*）一书的出版，文化贫困概念进入了公众视野（Moynihan，1997）。该报告分析了城市黑人社区仍然受到贫困影响的原因（Moynihan，1997）。Moynihan 认为，黑人贫困的主要因素是他们功能失调的文化模式（Davis，2014）。然而，对文化贫困概念的批评在如何解释弱势群体的行为和态度方面存在偏差。反对者的主要批评意见是，一方面，文化贫困的理论和概念建立在西方中产阶级的理想基础之上（Mhlanga，2020）。另一方面的批评意见是其精确性较差，亚文化贫困者与非亚文化贫困者之间的区别界定不清晰且没有量化（Davids，2010；Davis，2014；Gorski，2008）。

古典贫困理论和贫困根源的基本假设和结论会对政策产生若干影响。一方面该理论主张，必须制定旨在积极改变人们行为的政策，包括发展策略，如提供咨询、建立康复设施、戒毒康复、支持小组等（Mhlanga，2020）。另一方面，该理论不支持用现金转移补贴作为消除贫困的一种战略。因为人们认为，这些措施会给生活贫困的人带来负面激励问题，鼓励破坏性行为和不正常习惯（Davis，2014）（见图 12.2）。

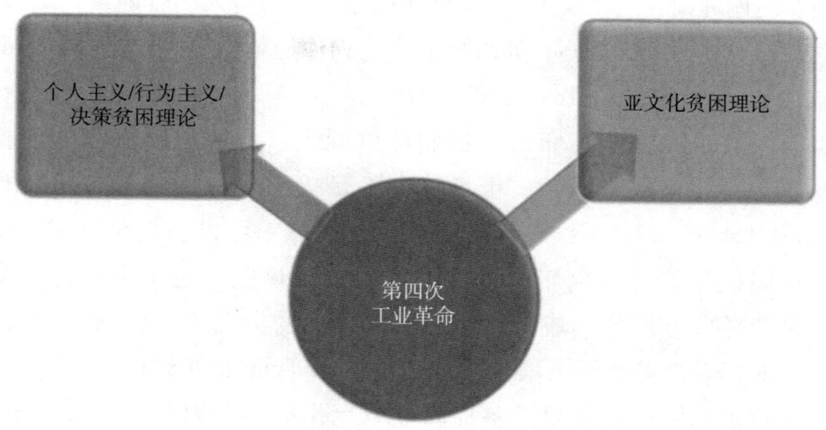

图 12.2　第四次工业革命与古典贫困理论

12.3　第四次工业革命与古典贫困理论

如前所述，第四次工业革命的特点是“数字世界、生物世界和物理世界的融合，以及新技术的出现，人工智能、云计算、机器人、3D 打印、物联网和先进的无线技术等新技术的使用日益增多，开创了一个经济混乱的新时代，带来了社会经济后果的不确定”。第四次工业革命正在改变我们的生活、互动和管理方式，就连贫困等经济概念也受到了影响。在研究古典贫困理论时，我们可以看到它是基于两种不同的理论基础：一种是基于行为或决策的贫困理论，也称个人主义理论；另一种是亚文化贫困理论，通常简称为文化贫困理论。第四次工业革命对这些理论产生了一些影响。

如前所述，基于行为或决策的贫困理论认为，贫困是一种个人经历，也是一种疾病，因此，穷人要对自己的处境负责（Acemoglu 和 Robinson，2013；Bradshaw，2007）。从这种理论看，人们之所以被视为穷人，是因为他们缺乏道德、能力和努力。穷人应该为他们的贫困状况负责，因为这完全是个人缺陷造成的（Davis，2014）。人们之所以贫困，是因为他们懒惰、缺乏知识、无知和自卑（Bradshaw，2007）。Rank 等（2003）认为，工业道德差、道德品质差、教育水平低和市场技能差都是迫使人们陷入贫困的根源。由于造成贫困的个人特征要么是市场力量赋予的，要么是市场力量决定的，因而政府的干预没有作用。上述理论观点在整个 19 世纪都很盛行，当时人们普遍认为，贫困是对劳动者的一种约束；否则，如果他们富有，他们就不会想要工作（Davis 和 Sanchez - Martinez，2015；Townsend，1979）。

当审视第四次工业革命时，我们可以看到，技术在解决工业道德差、道德品质差、教育水平低下、市场能力不足等问题方面发挥着重要作用。Darioshi 和 Lahav（2021）指出，运用系统化的技术可以提高决策者的效率，尽管这可能使他们更倾向于直觉，更容易出现偏差，甚至会降低准确性；自动化可能导致习惯的形成，即使在不太理想的情况下，该活动也会持续进行，从而提升决策水平，增强工业道德。Salloum 等（2018）认为，许多组织正在积极利用移动技术设备提高业务运作效率，因为这些设备能够增强通信和移动功能，学习如何使用这些设备的有用功能已变得至关重要。移动设备可以促进人与人之间的交流，同时提供方便的访问途径，用户可随时随地获取信息资源。

Mourad 和 Tewfik（2018）认为，人工智能经常被市场称为能够超越人类的终极自动化技术。Moravec 悖论声称，人类和计算机擅长不同的工作；人类更擅长直觉技能，机器更擅长资源密集型任务。由此可以得出的结论是，人们可以通过使用技术，提高自身素质和决策质量。Pethig 和 Kroenung（2022）认为，人类参与许多决策过程已经过时；算法的典型特征是使用输入生成回复的计算程序，有可能通过适应历史数据并从中进行学习。

Salloum 等（2018）认为，由于技术的出现，知识共享现在已经成为可能；知识共享是构建整体知识管理流程的重要组成部分，它犹如一枚神奇的子弹，增强了个人和组织利用信息技术进行学习的能力。各机构正在不断鼓励员工努力创造知识共享的环境，如果员工对共享知识持积极态度，他们就会愿意分享知识，进而技术就可以帮助个人作出更好的决策。

根据亚文化贫困理论，贫困者往往会逐渐适应自身所处的环境，形成了使其贫困状态持续的生活方式。另外，文化也在因技术进步而不断发展。Combi（2016）提出以下观点："数字原住民"是指 1980 年至 1990 年出生的人，当社会数字工具首次在网络上可获得时，他们便可以使用；众多技术的使用改变了人们理解和消化信息的方式；人类学文化研究最重要的目标之一，就是反思社会的新技术进步引起的文化变化；新媒体具有信息传递速度快、可获取性高、传递和转换方便、匿名性的可能和各种身份等特点，及其对文化产生的不容忽视影响（见图12.3）。

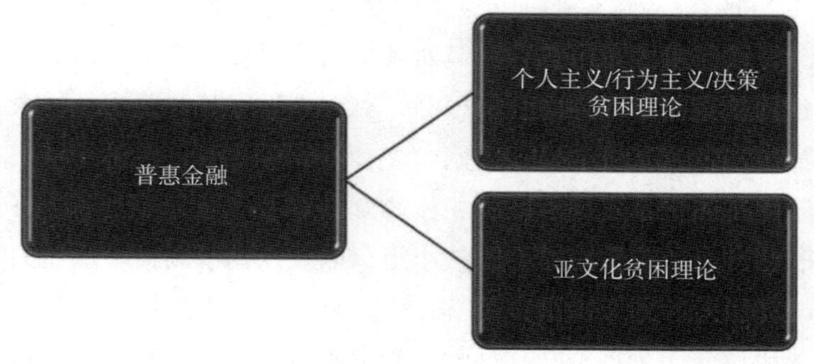

图12.3　普惠金融与古典贫困理论

12.4　从古典经济学理论看普惠金融与贫困

古典经济学理论认为，普惠金融帮助消除贫困的唯一途径是，通过慈善和志愿工作最大限度地救济有需要的人。慈善组织和非营利机构应该利用发展融资来帮助穷人，但 Davis 和 Sanchez - Martinez（2015）认为，任何建立在传统贫困理论基础上的政策举措都应该注重维持“通过经济状况调查，使低水平的公共再分配支出最大限度地发挥慈善和志愿努力在救济工作中的作用”。人们普遍认为贫困者是“自我选择”陷入贫困的，是由他们的努力和能力不足所致，而不是因为市场失灵（Townsend，1979）。普惠金融倡议应遵循这样的理念：帮助穷人的唯一动机是道德，任何其他方式的帮助或援助，只是对穷人才能的一种投资。相对较低的生产率和不参与金融市场并非金融市场结构的必然结果，而是经过有意识的选择；个人在塑造自己的行为结果方面起着重要作用，几乎不受社会和政治环境的影响。

Sanchez - Martinez 和 Davis（2014）所强调的重点是，尽管贫困者可以有其他选择做得更好，但他们作出的选择依然限制了他们获得经济资源的机会，增加了其最终陷入贫困或被排除在主流金融部门之外的风险。因此，这种看法的支持者批评将补贴作为消除贫困手段的做法，认为消除贫困的普惠金融项目必须由社区而不是政府赞助，社区领袖应成为消除贫困的普惠金融项目的唯一资金来源。

第5章中讨论的社区梯队理论将社区领袖提升为普惠金融的倡导者。这一理论的基本原理是，社区领袖应为“金字塔”底层的人提供正规金融服务，因为社区领袖可以通过影响社区成员对其生活作出重大调整，从而改善他们的福祉。社区领袖在社区中的知名度很高，有能力说服其社区成员加入正规金融机构，从而获得金融服务，摆脱贫困。

普惠金融项目应努力鼓励穷人积极改变自己的行为，包括提供咨询、建立戒毒中心、支持戒毒康复、成立帮扶小组，以及以刑事制裁和惩罚的形式进行约束（Davis 和 Sanchez - Martinez，2015）。然而，不建议将现金转移补贴作为消除贫困的手段，因为现金转移补贴会激发其破坏性习惯和不正常行为，不利于激励穷人克服困难（Davis，2014）。

从传统的角度看，资助普惠金融项目以消除贫困可以通过干预基金来实现。第6章的普惠金融干预基金理论认为，与使用公共资金相比，普惠金融倡议和项目应由各种资金提供者通过独特的干预措施来赞助。慈善家、非政府组织和外国政府都是世界上杰出的捐助者，这些独一无二的捐助者经常支持惠及全世界公众的全球发展融资项目。在一些经济体中，跨境捐助资金占普惠金融资金的大部分，其中大部分资金流向了小额贷款公司，尤其是资金提供者可以选择他们希望将哪些普惠金融项目进行到底，以实现“干预基金”目标。简而言之，政府资金（如补贴）不应参与通过普惠金融项目消除贫困的过程。

12.5 小结

本章的目的是，在第四次工业革命和偏离传统贫困概念的框架内，分析普惠金融对贫困的影响。从传统经济学的角度出发，本章分析了贫困的内涵及结果；以亚当·斯密（Adam Smith）和大卫·李嘉图（David Ricardo）等著名学者的著作为基础，论证了消除贫困的古典方法。古典经济学理论认为，个人和家庭的贫困应归咎于他们的决策。例如，穷人通常被视为缺乏自制力的人，而缺乏自制力不利于生产力发展。另外，古典经济学理论也认为个人遗传能力的差异可能是导致贫困的一个因素。人们往往倾向于把陷入贫困和福利陷阱的主要原因归咎于贫困者自己的决策失误。因此，传统经济学家认为存在着一个最低救助标准，低于这个标准，国家就必须提供援助，帮助穷人避免陷入贫困。本章的内容主要以古典经济学的这些理论及其他核心论点为基础构建。最后，我们对第四次工业革命背景下的技术进步与金融排斥现象之间的关系进行了一些思考。

参考文献

1. Acemoglu, D., & Robinson, J. A. (2013). Why nations fail: The origins of power, prosperity, and poverty. Crown Books.

2. Alwang, J., Mills, B. F., & Taruvinga, N. (2002). Why has poverty increased in Zimbabwe? The World Bank.

3. Bradshaw, T. K. (2007). Theories of poverty and anti - poverty programs in community development. Community Development, 38 (1), 7 - 25.

4. Combi, M. (2016). Cultures and technology: An analysis of some of the changes in progress—Digital, global, and local culture. In Cultural heritage in a changing world (pp. 3 - 15). Springer.

5. Darioshi, R., & Lahav, E. (2021). The impact of technology on the human decision - making process. Human Behavior and Emerging Technologies, 3 (3), 391 - 400.

6. Davis, E. P. (2014). A review of the economic theories of poverty. National Institute of Economic and Social Science.

7. Davis, E. P., & Sanchez - Martinez, M. (2015). Economic theories of poverty. Joseph Rowntree Foundation.

8. Davids, Y. D. (2010). Explaining poverty: A comparison between perceptions and conditions of poverty in South Africa. University of Stellenbosch.

9. Gorski, P. (2008). The Myth of the culture of Poverty. Educational Leadership, 65, 32.

10. Kasarda, J. D., & Ting, K. F. (1996). Joblessness and poverty in America's central cities: Cause and policy prescriptions. Housing Policy Debate, 7,

387 – 419.

11. Lal, D., & Myint, H. (1998). The political economy of poverty, equity, and growth: A comparative study. Oxford University Press.

12. Mourad, S., & Tewfik, A. (2018, April). Machine – assisted human decisionmaking. In 2018 IEEE International Conference on Acoustics, Speech, and Signal Processing (ICASSP) (pp. 6981 – 6985). IEEE.

13. Mhlanga, D. (2020). Financial inclusion and poverty reduction: evidence from the small – scale agricultural sector in Manicaland Province of Zimbabwe (Doctoral dissertation, North – West University [South Africa]).

14. Mhlanga, D. (2021). Financial access and poverty reduction in agriculture: A case of households in Manicaland province, Zimbabwe. *African Journal of Business and Economic Research*, 16 (2), 73.

15. Mhlanga, D., Dunga, S. H., & Moloi, T. (2020). Financial inclusion and poverty alleviation among smallholder farmers in Zimbabwe. *Eurasian Journal of Economics and Finance*, 8 (3), 168 – 182.

16. Mhlanga, D., & Ndhlovu, E. (2021). Financialised Agrarian primitive accumulation in Zimbabwe. *African Renaissance*, 18 (3), 185.

17. Moynihan, D. P. (1997). The Negro family: The case for national action (1965). *African American Male Research*, 1 – 35.

18. Pethig, F., Kroenung, J. (2022). Biased Humans, (Un) Biased Algorithms? Journal of Business Ethics.

19. Rank, M. R., Yoon, H. – S., & Hirschl, T. A. (2003). American poverty as a structural failing: Evidence and arguments. J. Soc. & Soc. Welfare, 30.

20. Salloum, S. A., Al – Emran, M., & Shaalan, K. (2018, August). The impact of knowledge sharing on information systems: a review. In International Conference on knowledge Management in Organizations (pp. 94 – 106). Springer, Cham.

21. Sanchez – Martinez, M., & Davis, P. (2014). A review of the economic theories of poverty. National Institute of Economic and Social Research (NIESR)

Discussion Papers,（435）.

22. Townsend, P.（1979）. Poverty in the UK. University of California.

23. Yapa, L.（1996）. What causes poverty? A postmodern view. Annals of the Association of American Geographers, 86, 707 – 728.

13. 从新古典贫困理论看第四次工业革命背景下普惠金融对消除贫困的影响

13.1 导言

阿尔弗雷德·马歇尔（Alfred Marshall）被视为奠定新古典主义理论基石的著名学者之一。古典经济学的理论和历史是新古典主义经济学理论的基础。马歇尔借鉴古典经济学理论，认为在自由市场经济体系中，生产率低下在很大程度上受个人的能力、技术、资本的影响（Davis，2007，2014）。Davis（2007）认为，新古典经济学的贫困理论也是如此，其将贫困的产生归咎于外部性、道德风险、逆向选择和知识不足导致的市场失灵。换言之，不确定性会加剧贫困，因为贫困者更容易受到冲击，这些冲击会对他们的福祉产生负面影响，如经济衰退、疾病、家庭破裂等（Davis，2007；Davis 和 Sanchez - Martinez，2015）。

新古典主义理论还认为，道德风险偶尔会导致巨大的社会成本或限制信贷供给。当这种情况发生时，企业会受到影响，导致许多人失业或找不到合适的工作进而造成贫困（Chiappori 等，1994）。与古典经济学一样，人们对政府消除贫困的作用也持怀疑态度（Gillori 等，1992）。

新古典经济学理论认为，政府的作用是偏向于实施旨在缓解市场失灵的有针对性的项目。这一理论认为，政府的参与在某些情况下可能是必要的，但并非总是如此（Gillis 等，1992）。受古典经济学影响的新古典主义者同样认为，很难在实现完全收入平等的同时又不造成重大效率损失（Dequech，2007）。正因为如此，许多新古典主义的学者认为，消除贫困不是经济政策的目标，当政策能更有效地分配资源时，就是消除贫困的理想政策（Davis，2014；Dequech，2007）。这种观点与古典经济学的观点相冲突，后者认为须对每个人的效用单独评估（Jung 和 Smith，2007），因为这样可以使劳动力市场更有效率，减少非熟练工人的数量，提高非熟练工人薪酬。马歇尔（Marshall）和新古典主义学者认为，教育是消除贫困的重要手段（Davis 和 Sanchez - Martinez，2015）。综上所述，下文将讨论新古典主义理论认为造成贫困的主要原因。

13.2　新古典经济学的贫困理论

综合分析新古典经济学的理论和显著特征，新古典经济学认为贫困的主要原因是：货币贫困观、资产贫困观（资产和金融或收入贫困观）、激励、市场失灵和获得信贷的贫困观、人力资本理论、少数族裔群体和移民的贫困观、健康和人口统计的贫困观，如图 13.1 所示。

图 13.1　新古典经济学的贫困理论

13.2.1 货币贫困观

货币贫困观准确地反映了新古典经济学的核心思想（Laderchi 等，2003），货币贫困观与消费者效用最大化行为一致。消费可以作为衡量福利的指标，因而收入和消费是研究中应使用的重要因素，也是正确分析贫困问题的主要变量（Davis，2014）。Bhalla（2002）对这一观点提出质疑，认为从金融角度看，缺乏收入是造成贫困的众多变量中的主要变量。收入可提高贫困者的购买力，进而获得资源，有助于解决资源差异问题（Davis，2014）。此外，Bhalla（2002）指出，收入使生活贫困的人能够获得或接受免费的公共产品，这将大幅提高他们的福祉。Rowntree（1902）提出了最低权利方法，将处于贫困线的收入水平作为每个人都应享有的最低物质资源水平。许多坚持新古典经济学思想的理论家并不认为消除贫困是主要的经济目标，但支持这种观点。

Rowntree 贫困线是基于获得充足营养的膳食、基本住房和穿衣费用所需的资金估算得出的（Davis 和 Sanchez - Martinez，2015）。生活在贫困线以上但明显物质匮乏和穿衣肮脏的人属于相对贫困，生活在贫困线以下的人属于绝对贫困（Rowntree，1902）。Davis（2014）认为，这种贫困评估方式是客观的，就是让贫困者自己参与外部评估，这是 Rowntree 贫困线观点的贡献之一。此外，Rowntree 贫困线观点的显著特点是，从个人主义的角度看待贫困问题，而不是简单地受穷人独特处境的影响（Mhlanga，2020a）。然而，货币贫困观在多个方面受到质疑。例如，货币贫困观以量化消费中的效用等未经证实的条件为基础，可能无法充分描述福祉的特征（Laderchi 等，2003）。同样，正如 Davis（2014）所观察到的，穷人可能会受到经济衰退等冲击，如生病、患癌，甚至有些人可能会离婚。因此，需要对贫困进行周期性测量，以区分暂时贫困的人和长期贫困的人。这与 Ulimwengu（2008）的观点一致。

此外，Davis 和 Sanchez - Martinez（2015）指出，资产与收入在衡量贫困方面发挥着同等作用。当以当前收入为主要衡量贫困的标准时，货币衡量贫困方法忽略了一些关键因素。例如，仅考虑当前收入会忽略债务、储蓄、地理位置的价格差异以及与个人工作相关的具体支出。因此，当前的收入并不能准确反映真实全面的贫困状况。此外，货币贫困观将贫困描述为个人问题，而不是社区问题。尽管这一观点侧重于个人，但用于评估贫困的数据是在家庭层面上衡量的，而贫困在家庭层面上的分布可能并不均衡，特别是在男女性别之间、成人和儿童之间（Davis 和 Sanchez - Martinez，2015；Hulme 和 McKay，2013）。最后，Davis（2014）认为，价值判断是在没有贫困者参与的情况下由外部作出的评估。货币贫困观的主要政策启示是，政府或国家应加大力度努力提高国内生产总值（GDP），以增加就业和收入，使贫困者能够满足其基本需求和愿望（Ulimwengu，2008）。

13.2.2 资产贫困观

货币贫困观和社会排斥观的原则是资产贫困观的基础。资产贫困观有时被称为资产金融或收入风险贫困观（Davis 和 Sanchez - Martinez，2015；Mhlanga，2020a；Mhlanga 和 Moloi，2020）。该理论认为，拥有充足资产的家庭受到收入波动影响的可能性较小，因为他们可以调整资产，使其在受到不利冲击时陷入贫困的风险较低。这一理论基于以下论断：资产较多的家庭更有能力承受不利收入冲击，因为他们可以变卖部分资产；相比之下，贫困家庭在发生不利冲击时没有任何可以变卖的资产。

此外，Ulimwengu（2008）认为，资产持有量较少和收入渠道较为单一会影响贫困的可能性和贫困时间的长短。当主要工作不稳定时，这种情况会更加普遍，因为这导致家庭内部环境更容易不稳定，是低收入家庭的普遍趋势。除了积累私人资产外，Ulimwengu（2008）还指出，健康和教育等社会资产不足也是导致家庭贫困率上升并持续存在的重要因素。资产能够通过继承代代相传的能力，是导致贫困持续存在的另一个因素。财产继承非常有助于消除家庭贫困（Mhlanga 和 Moloi，2021；Ulimwengu，2008）。

因此，没有资产的家庭无法给后代留下任何遗产，这将对他们造成不利影响，并导致他们长期陷入贫困。同样，Ulimwengu（2008）认为，除私人资产外，社会资产（如教育和健康）也对贫困率及其持续性至关重要。还有人认为，资产贫乏的人很难进行储蓄，而且往往面临缺乏抵押担保的问题，因而会受到金融部门歧视，导致其无法参与正规金融市场。通常情况下，建议设立发展账户（DA），包含生活贫困者可使用的对等账户（matching account），从而尽量减少资产贫困（Davis，2014；Mhlanga，2020a）。Davis（2014）认为，发展账户（DA）最初是由美国提出的。换言之，资产贫困观认为，应评估导致家庭贫困，并使这种贫困持续存在的，家庭所缺乏的合适资产（Davis，2014；Sachs，2005）。

13.2.3 激励、市场失灵和获得信贷的贫困观

另一个造成家庭贫困的主要因素是市场失灵。根据这一理论，贫困的主要诱因是市场失灵，特别是信息不对称对个人、家庭和企业获得信贷的不利影响。由于市场失灵，个人更有可能作出错误的判断，但有时也会作出有利自己的判断（Davis，2014；Mhlanga，2020a）。Banerjee 和 Duflo（2012）认为，贫困者常因为信息不对称而作出有损自身利益的决策，因为贫困者资源匮乏，必须在健康和其他需求之间做出选择。做事拖延、缺乏自制力、只顾当前消费而忽视未来消费等原因也可能会使人作出错误的决策。此外，Banerjee 等（2011）认为，放纵和懒惰等因素也可能与穷人有关。但是，对富人而言，他们只是因社会地位不同而不会面临上述成本。例如，富人虽然可以享受养老金计划和更好的优质饮食，但他们也必须为老年生活储蓄。Davis 和 Sanchez - Martinez（2015）认为，所有上述现象都是信息不对称导致的市场失灵的表现，造成了不良激励。

穷人的这些行为可能会导致其养成不良储蓄习惯，从而导致更多穷人陷入人为贫困。同样，Davis（2014）认为，高昂的交易成本和政府支出是导致市场失灵的额外因素，也是造成人们没有良好储蓄习惯的原因。此外，Banerjee 等（2011）认为，家庭或微观层面的支持性政策可以帮助弱势群体改善生活。Davis 和 Sanchez - Martinez（2015）认为，政府援助的方式包括小额转移支付和鼓励行为改变的补贴政策，对知识和观念进行干预的措施可对弱势群体产生重大影响（Davis，2014）。此外，还应努力推行节育、促进健康膳食生活方式，以及创立公司等措施（Davis，2014）。

Rosenzweig（2012）等学者指出，相对于解决宏观层面的问题，解决个人层面的问题所带来的好处微乎其微。这为 Davis（2014）提供了支撑，他认为，与消除贫困的国家层面宏观政策相比，个人或家庭层面的政策可能会面临更高的信息成本和实施成本。此外，由于穷人很难创办新的小型公司，因此，应注意扩大弱势家庭的就业选择（Davis 和 Sanchez - Martinez，2015）。此外，Pemberton 等（2013）认为，在劳动力市场中，低薪工人缺乏竞争技能是与市场失

灵相关的另一难题；强调为了避免贫困的发生和持续，个人需要同时拥有高质量和多样化的技能组合。这也表明了缺乏技能会导致贫困持续存在。Davis（2014）认为，劳动力市场的技能错配和信息不对称是市场失灵的罪魁祸首。然而，解决这些技能差距需要高昂的教育和培训成本，穷人通常负担不起。

此外，Salverda 等（2009）指出，因学校教育水平和学习成绩影响产生的不良行为，导致贫困家庭的儿童能力不足，会影响其晚年生活的贫困程度。发达国家和发展中国家对非熟练劳动力需求的下降，使这一情况更加严重（Davis，2014；Salverda 等，2010）。因此，旨在解决市场失灵的劳动力市场干预措施最终可能导致家庭贫困程度加剧（Besley 和 Burgess，2009）。Besley 和 Burgess（2003）进一步假设，过度的监管可能会阻碍私营企业的发展，不利于消除贫困。这也会对投资环境产生负面影响，进而导致经济活动和就业机会减少（Besley 和 Burgess，2003）。此外，难以获得信贷也是导致贫困的一个因素。Granville 和 Mallick（2012）指出，造成这些群体贫困的主要原因之一是，缺乏足够抵押品难以获得融资，进而无法创办企业，摆脱贫困。

就像获得足够的金融资产并非易事，信贷市场存在的信息不对称、道德风险和逆向选择等难题会导致人们难以获得借贷机会（Davis，2014；Ulimwengu，2008）。Ulimwengu（2008）分析，信贷可得性不足和资产稀缺相辅相成，互为因果，并形成恶性循环。例如，流动性和抵押品不足问题，限制了部分人获得信贷的能力，以及购买资产的能力，导致其难以摆脱贫困；信贷供应与资产稀缺之间的因果关系会导致贫困陷阱。Besley 和 Burgess（2003）认为，获得信贷对穷人改善生活极为重要。获得信贷与获得教育一样，能够确保人们利用经济增长带来的优势和机会，提高经济增长与消除贫困之间的正向相关性。Besley 和 Burgess（2003）进一步指出，如果贫困者拥有经商机会，获得金融资源，不平等问题就能得到缓解；获得信贷也可作为收入再分配的一种方式。此外，Conces（1996）指出，信贷除了对公司融资非常重要外，还有助于平滑消费。然而，信贷在不改变支出的情况下，也可能会导致收入不平等。

13.2.4　人力资本理论

人力资本理论由贝克尔（Becker）于 1964 年提出，强调员工所拥有的才能的价值（Davis，2014）。新古典经济学的主线之一是，关注个人在教育、培训和流动等方面的决策如何影响人力资本。即使该理论无法解释经济制度和社会规范等其他因素在消除贫困中所发挥的作用，但提出的论点有助于揭示工人之间的收入差异（Davis，2014）。Salverda 等（2009）的研究表明，贫困家庭往往倾向于减少教育投资，从而限制了其创造更多收入的能力，导致了其贫困率居高不下。

与此类似，贝克尔（Becker）也认为，贫困与教育水平较低有关，贫困家庭对教育的重视程度通常较低。Davis（2014）认为，从人力资本理论角度看贫困问题，可以采取以下政策：即使由于遗传能力差异等因素，无法实现所有人的收入平等，但通过增加教育支出，可提高贫困者的能力，提高其增加收入的潜力。部分学者认为，投资人力资本需要付出巨大的经济和情感代价，以至于有些人难以承担如此高昂的成本（Becker，1964；Davis，2014；Ulimwengu，2008）。

有部分人会满足于稳定但低薪的工作，也有部分人可能不愿与他人断绝关系（Becker，1964；Davis，2014；Ulimwengu，2008）。此外，Davis 和Sanchez - Martinez（2015）指出，当人们没有能力投资于自己的技能，将会延长低工资持续时间，进而导致贫困。因此，人力资本投资的成本上升，将会形成持续恶性循环。确保要求重新分配公共资源（如教育）的政策得到落实，有助于人们的技能分布均衡，打破教育与贫困的恶性循环（Becker，1964；Davis 和 Sanchez - Martinez，2015）。此外，Lydall（1968）认为，智力、环境和教育方面的个体差异可能会影响个人的收入，并与收入形成相互影响的局面。Scott 等（2000）的研究认为，成人教育项目对技能要求不高的成人和无法进入传统学校学习的人来说极为有益，能够提高人们的技能和收入水平，推动贫困程度下降。

13.2.5 少数族裔群体和移民的贫困观

尽管文化因素（如对教育的态度）可能会对少数族裔群体的贫困产生重大影响，但少数族裔群体的贫困往往与歧视有关（Farkas，2017；Tackey 等，2011）。Davis（2014）认为，少数族裔群体的移民融入状况也是解释少数族裔群体贫困的一个因素。Davis 和 Sanchez - Martinez（2015）认为，尽管少数族裔群体社区只占移民的一小部分，仍然意味着移民比当地人更有可能陷入贫困。例如，Davis（2014）指出，在 2010 年，英国超过 25% 的少数族裔人士生活在低收入家庭，是英国白人的 2 倍。Blume 等（2007）的研究表明，移民有资格获得福利援助的可能性随着居留时间的延长而增加，这降低了他们陷入贫困或生活在贫困线以下的可能性。这是因为预测贫困可能性的一个重要因素是，在东道国逗留时间的长短（Blume 等，2007；Davis 和 Sanchez – Martinez，2015）。

此外，Davis（2014）认为，留在东道国的移民有更多的时间适应东道国的社会经济环境。因此，他们可能不太容易陷入贫困。移民拥有的技能与就业市场需求的技能不匹配也是造成贫困的一个因素，这可能是由于产业结构发生了根本性变化，如从制造业转向服务业（Davis 和 Sanchez – Martinez，2015）。此外，根据 Davis（2014）的研究，移民的教育程度对其就业前景有重大影响，将影响贫困率，教育程度高的移民陷入贫困的可能性较小，因为高教育水平会给未来的雇主留下移民是有能力工人的印象，从而降低移民失业的可能性（Davis，2014）。Raphael 和 Smolensky（2009）称，移民贫困既有直接影响，也有间接影响。某一地区移民人口的增加会导致贫困率上升，这是直接影响，贫困率的增加是直接后果。移民的增加会影响不同技能水平的劳动力供应，将对本地雇员的工资产生负面影响，这是间接影响。还存在关于迁移的观点，指的是移民劳动力供应的增加会带来低工资的强烈负面外部效应（Davis 和 Sanchez – Martinez，2015；Raphael 和 Smolensky，2009）。

13.2.6　健康和人口统计的贫困观

Davis 和 Sanchez – Martinez（2015）认为，一个人的健康和年龄因素是其人力资本的重要组成部分，对个人陷入贫困的可能性具有显著的间接影响。Reinstadler 和 Ray（2010）指出，个人健康状况可能以几种方式导致贫困：当一个人健康有问题时，获得工作的机会就会减少，进而增加其生活贫困的可能性。此外，根据 Buddelmeyer 和 Cai（2009）的研究，健康有问题的人虽然可以进入劳动力市场，但他们更多从事低端工作，选择低薪职位，这是因为其边际生产力下降，无法满足高薪工作要求。

反过来，Buddelmeyer 和 Cai（2009）证明了因缺乏收入而导致的贫困，最终会造成健康隐患，这是因为贫困会导致营养不良、食用垃圾食品和无法获得足够的医疗服务等问题。后来，又有学者指出，贫困带来的心理问题会导致人们不健康的生活行为，包括吸烟、过量饮酒、滥用药物和暴饮暴食（Davis，2014）。因此，健康状况不佳与贫困之间的相互作用效应可能会导致无法打破贫困循环，而使劳动适龄人口陷入贫困（Davis，2014）。年龄也是预测贫困的一个重要因素，尤其是当年龄与失业和健康问题挂钩时。早期遭受贫困的人更有可能没有工作，然后再次经历贫困。Iryna（2013）认为，经验证据表明，老年人的边际生产力往往低于年轻人，因为他们的认知能力较低，进而影响其人力资本储备。因此，年龄对摆脱贫困的机会有负面影响，原因在于就业时间短、再次就业的可能性低、人力资本退化率高等。

与健康状况差、收入低和贫困的恶性循环一样，年龄与贫困之间也存在着此类关系（Davis 和 Sanchez - Martinez，2015）。缺乏工作经验会降低青年找到工作的可能性，因为雇主无法确定他们的生产力。据研究，缺乏工作经验同样适用于年轻雇员（Davis，2014；Davis 和 Sanchez - Martinez，2015）。青年人因就业保护法而被劳动力市场拒之门外的可能性也很高，青年的高失业率导致了高贫困率。此外，单亲家庭很可能导致贫困，因为此类家庭赚取的收入无法完全满足家庭的需要，无法获得双职工家庭所享有的规模经济优势（Davis 和 Sanchez - Martinez，2015；Iryna，2013）。Davis（2014）认为，受包括父母分居在内的社会经济问题影响，单亲家庭的数量大幅增加，导致了这些家庭的贫困，尤其是以女性为户主的家庭。

女性群体中存在包括偏见和被排斥在主流经济活动之外产生的贫困问题（Davis，2014）。处于风险中的人往往失业率较高，最典型的例子就是青年失业（Davis，2007）。第二个例子就是有孩子的单亲父母，由于其无法承受昂贵的托儿服务，迫使其将更多的时间花在育儿需求上，而不是就业市场上（Davis，2014；Iryna，2013）。因为无法获得足够的便宜托儿服务，他（她）们无法在劳动力市场上就业（Davis，2014；Davis 和 Sanchez - Martinez，2015；Iryna，2013）。

对此，可提出明确的政策建议，即确保低收入家庭获得所需的托儿支持，以便其有更多时间进入劳动力市场就业（Ellwood，2004）。更广泛地说，人们认为贫困者对政策的反应较小，是因为难以找到贫困产生的根源。后来，有人声称，提高就业率和低工资家庭工资的措施将会大幅消除贫困（Ellwood，2004）。

13.3　第四次工业革命与新古典贫困理论

第四次工业革命（4IR）开创了一个经济混乱的新时代，给人们带来了不确定的社会经济后果（Mhlanga，2020b）。4IR 的特点是“数字世界、生物世界和物理世界的融合，以及人工智能、云计算、机器人、3D 打印、物联网和先进的无线技术等”（Ndungú 和 Signe，2020）。各种技术在众多领域的应用既产生了可以预期的影响，也有难以预期的影响。Mhlanga（2020b）探讨了 4IR 技术对消除贫困的影响，特别关注了人工智能的作用，研究发现，通过获取相关数据，人工智能有能力为人类提供有价值的信息，进而对消除贫困产生显著影响。人工智能在贫困地图、农业综合企业、医疗保健和金融体系等领域对贫困产生了显著影响。尤其是，数字普惠金融对金融体系产生了重大影响。此外，Mhlanga（2020b）发现，人工智能能够通过收集贫困者的数据，确定贫困者的数量和地区分布，从而提出解决贫困问题的方案。因此，第四次工业革命对贫困的影响是多方面的，从新古典经济学贫困理论的角度看也是如此。图 13.2 从新古典经济学贫困理论的角度，概述了第四次工业革命影响贫困的渠道。

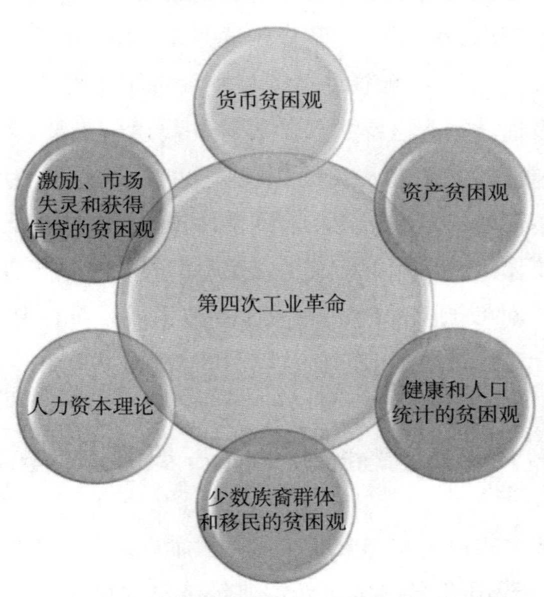

图 13.2　第四次工业革命与新古典经济学贫困理论

如图 13.2 所示，从新古典经济学贫困理论的角度看，第四次工业革命以各种方式对贫困产生了巨大影响，包括货币贫困观、资产贫困观、激励、市场失灵和获得信贷的贫困观、人力资本理论、少数族裔群体和移民的贫困观、健康和人口统计的贫困观。例如，许多技术在金融业中的应用对提高穷人的收入有重大影响。从货币贫困观看，穷人现在可通过数字普惠金融获得信贷改善生活。

Appiah - Otoo 和 Song（2021）研究了金融科技（FinTech）对消除贫困的直接和间接影响，并以中国 31 个省份的家庭平均资本消费作为第三方支付和信贷对贫困影响的次级衡量标准。他们认为，金融科技有助于减少中国的贫困，并且这种消除贫困效应来自金融科技与经济增长和金融发展之间的相互促进。Cao（2022）也对农村数字金融普惠与消除贫困之间的关系进行了实证分析，认为农村数字普惠金融可以消除贫困。Wang 和 Fu（2021）研究表明，数字普惠金融有助于解决中国农村家庭的贫困脆弱性。上述研究都表明，第四次工业革命的技术将为贫困者带来巨大利益。

Mhlanga（2022）认为，新冠疫情扰乱了人们生活中的任何一个领域，全球经济的所有部门也因此受到了严重影响。新冠疫情减缓并逆转了健康领域的进步，导致人类预期寿命缩短，尤其是在贫穷和不发达国家。另一方面，机器学习和人工智能在全球应对新冠疫情过程中发挥了重要作用。例如，人工智能、机器学习以及通过远程医疗提供的各种在线通信工具，为促进客户交流、提供了解新冠疫情传播的渠道，以及加快新冠疫情研究和治疗提供了平台。因此，第四次工业革命的技术在扭转新冠疫情冲击影响和帮助大规模人口摆脱贫困方面发挥了重要作用。尽管第四次工业革命的技术在一定程度上给社会造成了困扰，并增加了不可预见的影响，但这些技术所发挥的作用使我们得出结论，政府必须建立对这些技术的信任，以消除贫困。

13.4 普惠金融与新古典贫困理论

从新古典经济学的角度看，第四次工业革命背景下的普惠金融对消除贫困产生了巨大影响。图 13.3 显示了从新古典经济学的角度看，普惠金融有助于解决贫困的渠道。

图 13.3　普惠金融与新古典贫困理论

如图 13.3 所示，从新古典经济学的角度看，普惠金融可通过以下途径在消除贫困问题方面发挥作用：货币贫困观，资产贫困观，激励、市场失灵和获得信贷的贫困观，人力资本理论，少数族裔群体和移民的贫困观，健康和人口统计的贫困观。关于激励、市场失灵和获得信贷的贫困观，Mhlanga（2021a）认为，信贷风险是银行和金融业最重要的课题之一，因为在发放贷款的过程中，需要对收回贷款的可能性进行大量评估。在新兴经济体中，未获得银行资金的人往往是因为无法提供金融机构贷款所需的传统类型抵押品或身份证明。

人工智能或机器学习对金融机构进行信用风险评估产生了巨大影响。事实证明，4IR 能够有效解决信贷安全问题，具体表现为人工智能或机器学习通过利用可接受的替代数据源，如公共数据，应对信息不对称、逆向选择和道德风险等问题，使缺乏实物抵押品的人也能获得贷款。因此，银行和信用贷款机构等金融机构必须加大对人工智能和机器学习的投入，以确保贫困家庭能够获得贷款，帮助其战胜贫困。

Lal（2018）认为，通过合作银行获得融资，对消除贫困有着直接而重要的影响。普惠金融通过为贫困群体提供储蓄、贷款、保险等基本金融服务，对贫困者的生活产生了良好的影响，使其摆脱贫困。同样，Rahman（2020）认为，普惠金融提供了各种高质量的金融产品和服务，是消除全球贫困最重要的手段之一。首先，普惠金融具有让女性参与无法在没有金融援助的情况下进行劳动活动的能力，提高了女性的权利。其次，普惠金融促进了消费和投资，从而增加收入。最后，普惠金融增加了对预防保健等社会方面的支出。总之，普惠金融可以解决目前威胁新兴国家消除贫困面临的许多挑战。

Mhlanga（2021b）也指出，获得交易账户、借贷、储蓄和保险服务，以及金融机构提供的其他金融产品和服务，对长期消除贫困有重大影响。普惠金融有助于实现 17 项可持续发展目标（SDGs）中的 7 项目标，包括消除贫困、消除饥饿、实现粮食安全、改善营养状况、促进农业可持续等。这是因为普惠金融有助于提高贫困者收入，而提高贫困者的收入又有助于提高其购买力，使其获得解决贫困和不平等的资源问题。此外，Davis 和 Sanchez – Martinez（2015）指出，个人不愿意投资自身技能的行为经常会延长低薪的时间，提高了人力资本投资的成本，并使贫困问题持续恶性循环。打破恶性循环的策略之一是，保证教育等公共资源的分配制度获得有效执行，这有助于实现人口中的技能分布均衡。贫困者能够通过普惠金融获得良好的教育，帮助其获得高收入，进而通过消除贫困提高生活质量。

13.5 小结

本章的重点是分析在第四次工业革命背景下，新古典经济学贫困理论及普惠金融对贫困的影响。目的是在第四次工业革命背景下，从新古典经济学角度讨论普惠金融如何影响消除贫困。主要思路是从新古典经济学的角度评估贫困者的含义，并检验新古典经济学贫困理论的结论是否会因为第四次工业革命而改变。

新古典经济学建立在古典经济学的前提和传统之上。在古典经济学传统的基础上，马歇尔（Marshall）认为，自由市场经济体制下，人们的才能禀赋不平等、技能和资本不平等是造成个人生产力差异的重要因素，进而导致了贫困。同样，新古典经济学将贫困归因于外部性、道德风险、逆向选择和信息不对称等因素造成的市场失灵。换句话说，不确定性会导致贫困，因为穷人很容易受到冲击，进而影响其福祉。例如，经济衰退、疾病和家庭破裂。本章最后从新古典经济学角度，强调了第四次工业革命和普惠金融发展对贫困的影响。

参考文献

1. Appiah – Otoo, I. , & Song, N. （2021）. The impact of Fintech on poverty reduction: Evidence from China. *Sustainability*, 13 （9）, 5225.

2. Banerjee, A. V. , & Duflo, E. （2012）. Poor Economics: Barefoot hedge – fund managers, DIY doctors and the surprising truth about life on less than 1 [dollar] a Day. Penguin Books.

3. Banerjee, A. , Banerjee, A. V. , & Duflo, E. （2011）. Poor economics: A radical rethinking of the way to fight global poverty. Public Affairs.

4. Becker, G. S. （1964）. Human capital theory. Columbia.

5. Besley, T. , & Burgess, R. （2003）. Halving global poverty. Journal of Economic Perspectives, 17 （3）, 3 – 22.

6. Bhalla, S. S. （2002）. Imagine there's no country: Poverty, inequality, and growth in the era of globalization. Peterson Institute.

7. Blume, K. , Gustafsson, B. , Pedersen, P. J. , & Verner, M. （2007）. At the lower end of the table: Determinants of poverty among immigrants to Denmark and Sweden. *Journal of Ethnic and Migration Studies*, 33 （3）, 373 – 396.

8. Buddelmeyer, H. , & Cai, L. （2009）. Interrelated dynamics of health and poverty in Australia. IZA（Discussion Paper No. 4602）.

9. Cao, Y. （2022）. Rural digital financial inclusion and poverty reduction: Asymmetry and performance evaluation. In Proceedings of the 5th International Conference on Economic Management and Green Development（pp. 610 – 625）. Springer.

10. Chiappori, P. A. , Macho, I. , Rey, P. , & Salanié, B. （1994）. Repeated moral hazard: The role of memory, commitment, and the access to credit markets. *European Economic Review*, 38 （8）, 1527 – 1553.

11. Conces, R. J. (1996). Book review: The price of a dream: The story of the Grameen Bank and the idea that is helping the poor to change their lives. International Third World Studies Journal and Review, 8.

12. Davis, E. P. (2014). A review of the economic theories of poverty. National Institute of Economic and Social Science.

13. Davis, E. P., & Sanchez - Martinez, M. (2015). *Economic theories of poverty*. Joseph Rowntree Foundation.

14. Davis, P. (2007). Discussions among the poor: Exploring poverty dynamics with focus groups in Bangladesh. Chronic Poverty Research Centre (Working Paper No. 84).

15. Dequech, D. (2007). Neoclassical, mainstream, orthodox, and heterodox economics. *Journal of Post Keynesian Economics*, 30 (2), 279 - 302.

16. Ellwood, D. T. (2004). Whither poverty in Great Britain and the United States? The determinants of changing poverty and whether work will work. In Seeking a premier economy: The economic effects of British economic reforms, 1980 - 2000 (pp. 313 - 370). University of Chicago Press.

17. Farkas, G. (2017). Human capital or cultural capital? Ethnicity and poverty groups in an urban school district. Routledge.

18. Gillis, M., Perkins, D. H., Roemer, M., & Snodgrass, D. R. (1992). Economics of development (3rd ed.). WW Norton & Company, Inc.

19. Granville, B., & Mallick, S. (2012). Integrating poverty reduction in IMF - World Bank models. In The IMF, World Bank and Policy Reform (pp. 183 - 200). Routledge.

20. Hulme, D., & McKay, A. (2013). Identifying and measuring chronic poverty: Beyond monetary measures? In The many dimensions of poverty (pp. 187 - 214). Palgrave Macmillan.

21. Iryna, K. Y. Z. Y. M. A. (2013). Changes in the patterns of poverty duration in Germany, 1992 - 2009 (No. 2013 - 06). LISER.

22. Jung, S. Y., & Smith, R. J. (2007). The economics of poverty: Explanatory theories to inform practice. *Journal of Human Behaviour in the Social Envi-*

ronment, 16 (1 -2), 21 -39.

23. Laderchi, C. R., Saith, R., & Stewart, F. (2003). Does it matter that we do not agree on the definition of poverty? A comparison of four approaches. *Oxford Development Studies*, 31 (3), 243 -274.

24. Lal, T. (2018). Impact of financial inclusion on poverty alleviation through cooperative banks. *International Journal of Social Economics*, 45 (5), 808 -828.

25. Lydall, H. (1968). The structure of earnings. Clarendon Press.

26. Mhlanga, D. (2020a). Financial inclusion and poverty reduction: evidence from small scale agricultural sector in Manicaland Province of Zimbabwe (Doctoral dissertation, North - West University (South Africa)).

27. Mhlanga, D. (2020b). Artificial Intelligence (AI) and Poverty Reduction in the Fourth Industrial Revolution (4IR) Preprints, 2020090362.

28. Mhlanga, D. (2021a). Financial access and poverty reduction in agriculture: A case of households in Manicaland province, Zimbabwe. *African Journal of Business and Economic Research*, 16 (2), 73.

29. Mhlanga, D. (2021b). Financial inclusion in emerging economies: The application of machine learning and artificial intelligence in credit risk assessment. *International Journal of Financial Studies*, 9 (3), 39.

30. Mhlanga, D. (2022). The role of artificial intelligence and machine learning amid the COVID - 19 pandemic: What lessons are we learning on 4IR and the sustainable development goals. *International Journal of Environmental Research and Public Health*, 19 (3), 1879.

31. Mhlanga, D., & Moloi, T. (2021). COVID - 19, and sustainable development goals: A comparative analysis of Zimbabwe and South Africa. *African Renaissance*, 18 (1), 1744 -2532.

32. Mhlanga, D., Dunga, S. H., & Moloi, T. (2020). Financial inclusion and poverty alleviation among smallholder farmers in Zimbabwe. *Eurasian Journal of Economics and Finance*, 8 (3), 168 -182.

33. Ndung' u, N., & Signe, L. (2020). The Fourth Industrial Revolution and

digitization will transform Africa into a global powerhouse. Foresight Africa Report.

34. Pemberton, S., Sutton, E., & Fahmy, E. (2013). Poverty and social exclusion in the UK. Poverty and Social Exclusion/ESRC.

35. Rahman, M. M. (2020). Financial inclusion for poverty alleviation: The role of Islamic finance in Bangladesh. *Enhancing Financial Inclusion through Islamic Finance*, II, 17–50.

36. Raphael, S., & Smolensky, E. (2009). Immigration and poverty in the United States. *American Economic Review*, 99 (2), 41–44.

37. Reinstadler, A., & Ray, J. (2010). Macro determinants of individual income poverty in 93 regions of Europe (Working Papers No. 2010–13). CEPS/INSTEAD.

38. Rosenzweig, M. R. (2012). Thinking small: Poor economics: A radical rethinking of the way to fight global poverty: Review essay. *Journal of Economic Literature*, 50 (1), 115–127.

39. Rowntree, B. S. (1902). Poverty: A study of town life. Macmillan.

40. Sachs, J. (2005). The end of poverty: How we can make it happen in our lifetime. Penguin UK.

41. Salverda, W., Nolan, B., & Smeeding, T. M. (Eds.). (2009). The Oxford handbook of economic inequality. OUP Oxford.

42. Scott, E. K., London, A. S., & Edin, K. (2000). Looking to the future: Welfare reliant women talk about their job aspirations in the context of welfare reform. Journal of Social Issues, 56 (4), 727–746.

43. Tackey, N. D., Barnes, H., & Khambhaita, P. (2011). Poverty, ethnicity and education. JRF programme paper: Poverty and ethnicity.

44. Ulimwengu, J. M. (2008). Persistent poverty and welfare programs in the United States (Vol. 818). Intl Food Policy Res Inst.

45. Wang, X., & Fu, Y. (2022). Digital financial inclusion and vulnerability to poverty: Evidence from Chinese rural households. China Agricultural Economic Review, 14 (1), 64–83.

14. 从凯恩斯主义或自由主义贫困理论看第四次工业革命背景下普惠金融对消除贫困的影响

14.1　导言

凯恩斯主义理论和自由主义理论认为，导致贫困的根源不仅有市场失灵，而且也包括各种形式的经济不发达（Davis，2014；Davis 和 Sanchez – Martinez，2015）。

自由主义者认为，经济扩张可以显著改善经济发展，是消除贫困的关键因素；政府通过财政政策和货币政策干预宏观经济，可有效解决非自愿失业等重大问题。凯恩斯主义经济学家认为，如果非自愿失业问题得到解决，一个国家的贫困水平就会有所下降，尤其是那些受到非自愿失业影响的群体（Davis，2014；Mhlanga，2020，2021a；Sachs，2005）。

在典型的凯恩斯主义者看来，人力资本水平低是欠发达的另一个标志。商业资本水平低，如建筑和机械等方面，是造成该地区不发达的另一个突出因素，这也会导致该地区的贫困程度较高（Davis，2014；Sachs，2005）。此外，根据自由主义思想家的观点，欠发达的表现包括：低水平的电力和卫生系统、交通网络和其他基础设施（Davis，2014；Sachs，2005）。欠发达还与自然资本问题（如无法使用的土地）、公共机构资本问题（如法治和安全）、知识资本（技术诀窍）问题有关，而这些因素都是提高生产力所必需的（Davis，2007，2014；Sachs，2005）。自由主义者还认为，一个地区的欠发达指标能够更全面地反映该地区人口的贫困程度（Davis，2007；Mhlanga，2020，2021b；Sachs，2005）。虽然工业化国家偶尔也会存在类似问题，但有人认为新兴国家受众多结构性因素的影响更大（Davis，2007，2014；Mhlanga 等，2020）。

Sachs（2005）认为，自由主义者强调提供资本物品（如教育及其相关商品），以推动人力资本基础设施发展，提高贫困者的生产能力。萨克斯（Sachs）在制定反贫困政策时采用了临床方法，他对贫困问题的看法推动了贫困概念的新发展，引人注目。在与贫困群体打交道时，他主张采用灵活方法，而不是“一刀切”的策略（Davis，2007；Sachs，2005）。Davis（2014）认为，如果认同萨克斯（Sachs）的方法，在解决贫困问题时就需要考虑几个方面问题，包括贫困陷阱的存在、经济政策框架、财政政策、财政陷阱、文化障碍和地缘政治。值得注意的是，Davis（2014）进一步为萨克斯（Sachs）的方法提供了支撑，他认为，制度环境的强弱也会对贫困产生影响。例如，如果国家机构容易腐败，市场运行就会受到极大干扰。另一种观点认为，地理位置偏远是最重要的因素，因为地理位置偏远会使人们难以获取必要的商品和服务，实现理想的福利水平。

中断基本物品的供应将导致大量人口跌至贫困线以下。Sachs（2005）提出，自由主义理论认为，解决贫困问题的唯一方法就是在宏观层面对各种经济问题进行评估，然后针对不同经济状况制定政策。此外，Davis（2007）总结了反对者的观点，他们认为萨克斯（Sachs）的策略就像“大推动”方法，依赖大量援助帮助穷人摆脱贫困的恶性循环。还有人认为，尽管萨克斯（Sachs）的策略在 20 世纪 50 年代得到了广泛采用，但几乎没有证据表明它确实行之有效（Davis 和 Baulch，2011；Sachs，2005）。

然而，Davis（2007）认为，自下而上战略优于自上而下战略。自下而上战略主张让穷人参与进来，而不是在穷人未参与的情况下获得援助；自上而下战略往往会带来穷人依赖综合征问题，即穷人无法依靠自身力量消除贫困（Davis，2007；Sachs，2005）。此外，提供大量援助可能产生的后果是援助被滥用，会使援助无法到达目标受援者手中。Sachs（2005）建议采取更严格的措施，避免政府援助滥用的情况。总之，公共产品是包括在自由主义经济学家认为重要的资本物品清单中（Davis，2014）。

Davis 和 Sanchez - Martinez（2015）认为，自由主义的贫困理论与森（Sen）的能力方法一致，都重视公共产品的作用。Laderchi 等（2003）认为，凯恩斯主义理论家强调的资源充足与否并不重要，重要的是资源是否适合满足人们的需求。因此，外部性和公共产品是贫困根源分析中的关键因素，尤其是能力方面。著名的自由主义经济学家凯恩斯（J. M. Keynes）和阿尔弗雷德·马歇尔（Alfred Marshall）一致认为，市场经济运行（如供给与需求）能够推动经济增长和发展，是消除贫困的最有效手段。Davis（2014）认为以下因素将会造成贫困恶化：低水平的"人力资本"（健康、技能和教育）、"商业资本"（机械和建筑）、"基础设施"（交通、电力和卫生设施）、"自然资本"（可利用的土地）、"公共机构资本"（法治、安全）和"知识资本"（提高生产力所需的技术诀窍）。

14.2　凯恩斯主义或自由主义的贫困理论

下文列出了符合凯恩斯主义（通常被称为自由主义）主要特征和基本假设的主要贫困理论。与新古典经济学的贫困理论侧重于经济的微观方面相比，凯恩斯主义贫困理论更多关注国家的宏观经济活动。此外与宿命论的贫困理论相反，凯恩斯主义贫困理论强调失业是贫困的主要根源。一言以蔽之，凯恩斯主义或自由主义的两种贫困理论，就是从失业的角度解释贫困和宿命论。

图 14.1 简要概括了凯恩斯主义或自由主义的贫困理论。凯恩斯主义或自由主义认为，失业是贫困的主要原因，同时也是宿命论的主要原因。凯恩斯主义的另一个观点是从宏观经济角度看待贫困问题。

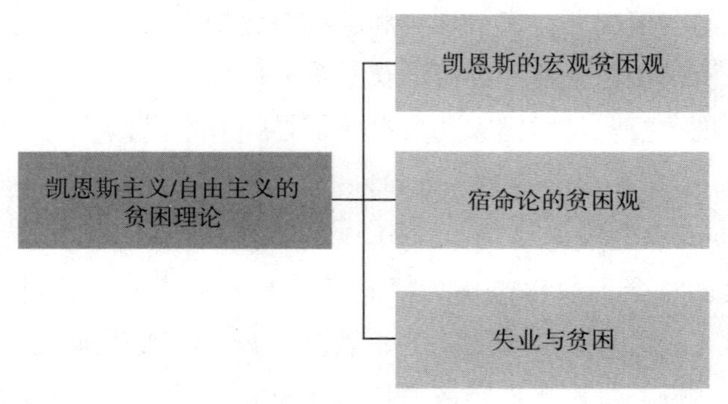

图 14.1　凯恩斯主义或自由主义的贫困理论

14.2.1 凯恩斯的宏观贫困观

尽管凯恩斯赞同教育在消除贫困方面的价值，但他的贫困理论与早期的新古典经济学贫困理论有很大不同。与新古典经济学主要关注贫困理论的微观方面相比，凯恩斯更重视经济的宏观方面对贫困的影响（Davis，2014；Davis 和 Sanchez - Martinez，2015；Townsend，1979）。凯恩斯指出，人力资本投资的关键在于集体投资公共教育，而非个人选择，个人的人力资本发展应该建立在对公共教育的共同投入基础之上（Davis，2014）。

凯恩斯还主张突出中央政府对经济的贡献。凯恩斯主义者认为，要解决贫困，进行政府干预非常必要。其主张是，要通过大量的公共教育支出和其他形式的政府干预，解决造成贫困的各种经济原因，如非自愿失业和人力资本积累。此外，投资人力资本、解决非自愿失业问题和消除贫困都有助于发挥享有盛誉的乘数理论作用，促进经济增长（Davis 和 Sanchez - Martinez，2015）。

Davis 和 Sanchez - Martinez（2015）认为，从凯恩斯主义或自由主义的角度看，贫困源于人们不幸遭遇失去工作、无法工作或即使想工作也无法工作。对此，Townsend（1979）认为，政府必须积极干预经济活动，发挥其监管、激励以及补充作用，而不是强加或强制执行。此外，有人认为国家干预有益于遭遇不幸的人，即那些没有工作但有能力并渴望得到工作的人。进一步地，Townsend（1979）分析，自由主义哲学认为贫困可能是市场失灵的表现，进而成功地证明在某些情况下，实行现金和实物再分配税收以消除贫困的措施具有合理性，总投资是创造就业和经济增长最重要的因素（Davis，2014）。凯恩斯进一步指出，创业投资低的国家的典型特征是失业率高，劳动力供给者的贫困程度高（Davis，2014；Davis 和 Sanchez - Martinez，2015；Townsend，1979）。

Jung 和 Smith（2007）认为，自由主义者建议，利用税收收入和发行债券为公共投资提供资金，通常被称为凯恩斯的投资社会化。此外，也有学者认为，投资于具有最大乘数效应的关键领域，例如，基础设施和人力资本发展领域，对发挥公共投资作用实现经济增长目标至关重要，有利于创造就业和消除贫困（Davis，2014；Jung 和 Smith，2007）。有观点认为，将资金投入这些领域会吸引私人资本投资，进而推动经济增长和消除贫困（Davis，2014；Davis 和 Sanchez - Martinez，2015）。Davis（2014）认为，如果一个国家能够刺激经济增长，创造就业机会，消除贫困，那么这种增长就是可取的。Jefferson（2012）补充道，这种增长具有吸引力，因为它既可以使政府不必提高税率而又能够消除贫困。

此外，凯恩斯主义者认为，这种形式的增长将减少绝对贫困，因为随着收入的增加，会有更多的人生活在绝对贫困线以上（Davis 和 Sanchez – Martinez，2015；Jefferson，2012）。然而，Granville 和 Mallick（2012）提出了一个假设，认为经济增长带来的收入增加是否会导致收入分配差距的下降，将决定经济增长对相对贫困的影响。根据 Ellwood（2004）的理论，即使经济增长，贫困也会增加，尤其是在穷人被排除在经济进程之外的情况下，因此，包容、可持续的增长对有效消除贫困至关重要。在关键经济部门中，信贷自由流入中小微企业（SMEs）可以为低收入者创造就业，将对消除贫困产生重大影响（Davis 和 Sanchez – Martinez，2015，Ellwood，2004）。Granville 和 Mallick（2012）认为，为了确保小企业业主和以增长为导向的公司能够获得他们所需的融资，应采取相应政策措施加大对信贷的影响力。然而，中小微企业一直缺乏抵押品，导致其因为不确定性和对风险的认识造成的信贷配给而无法获得信贷（Davis 和 Sanchez – Martinez，2015；Granville 和 Mallick，2012）。

14.2.2　宿命论的贫困观

宿命论认为，除市场扭曲外，各种形式的发展不足也是造成贫困的根源（Shek，2004）；更重要的是，人们的不幸或运气不佳等先天性或宿命性事件会导致贫困（Mhlanga，2020；Shek，2004）；营养不良、社会和经济影响以及其他问题也与贫困有关。自由主义者认为，反映国家不发达的指标包括人力资本水平低下，如健康、技能和教育水平低下，这也反映了其贫困程度（Davis，2014；Sachs，2005）。宿命论还通常将贫困与无法控制的意外情况联系在一起（Bullock 和 Waugh，2005）。

Davids 和 Gouws（2013）的研究表明，宿命论的贫困观主要用于解释人们如何看待自己所处的不公正和不利环境。在这种情况下，人们会认为任何对其不公平歧视或不公正待遇都是厄运或不幸的结果，通常会导致其陷入贫困。凯恩斯主义者或自由主义者认为，尽管少数人渴望工作，但“他们的不幸，使其失去了劳动能力，不能工作，或不被期望工作”，这是造成贫困的主要原因。

为了“管理、补充和敦促，而不是强加”，需要政府采取行动（Townsend，1979）。宿命论认为，市场不完善可能导致贫困，在某些情况下，需要进行公平的收入再分配（如现金和实物）（Davis，2014）。

14.2.3 失业与贫困

失业剥夺了人们的劳动收入，而劳动收入是帮助人们摆脱贫困的关键因素，是造成贫困的原因之一。有学者认为，那些没有收入来源的人更有可能陷入贫困，因为他们负担不起基本生活所需。换句话说，这些人通常会陷入极端贫困（Davis，2014）。Aassve 等（2006）认为，当贫困者在一生中间歇性地从事短期工作时，贫困就会对失业高度敏感。

此外，Aassve 等（2005）和 Barros 等（2015）认为，当穷人得到一份工作但无法保住这份工作时，无论他们获得多少收入，他们面临重新陷入贫困的风险更大。这是因为他们就业时所积累的资金无法让他们过上高于国家贫困线的生活水平。同样，Pemberton 等（2013）指出，即使有养老金和社会保障制度，那些零散或不定期就业的人也更有可能陷入贫困，因为他们退休后的待遇会出现缺口。因此，保持稳定的就业对于消除贫困的持续性至关重要，而且也有助于个人追求更好的职业前景和更高的收入。

就业稳定也使借贷更加容易，从而使家庭或个人能够享受长期消费，也是消费平滑的重要措施。此外，就业稳定也能够使家庭以自己的能力进行储蓄和投资，将大大消除贫困（Barros 等，2015）。森（Sen）（2017）还指出，稳定的工作可以使资产转化为应享权利变得简单，也是区分短期贫困和持续贫困的关键。个人陷入和摆脱贫困将制约其获取资产、积累人力资本和积累流动资金的能力。由于他们的收入不稳定，很难摆脱贫困（Davis 和 Sanchez - Martinez，2015；Reinstadler 和 Ray，2010）。此外，不仅是个人失业会导致人们陷入贫困，地区性失业也会对贫困产生直接和间接的影响（Reinstadler 和 Ray，2010）。地区失业与贫困之间存在明显关系，地区失业率越高，个人失业率也就越高，导致当地贫困率越高。

另外，失业率对在职者议价能力的影响，是地区失业率对贫困产生间接影响的原因。当地区失业率高时，在职者的议价谈判能力就会减弱。他们会由于工作竞争激烈或担心失去职位而降低薪酬要求（Davis，2014；Reinstadler 和

Ray，2010）。更重要的是，Reinstadler 和 Ray（2010）发现，即使控制了影响贫困可能性的个人特征之后，地区失业率等集体变量仍具有重要意义。这为凯恩斯主义理论提供了强有力的证据，即宏观经济问题对贫困有重大影响。尽管就业是公认的消除贫困的工具，但在某些情况下，就业问题也会助长贫困，特别是如果就业的形式是兼职、低薪、临时性且毫无保障的情况下（Salverda 等，2009）。Iryna（2013）指出，德国在 2012 年危机期间就出现了类似情况，当失业率下降时，贫困不仅未减少反而急剧增加。津巴布韦在 2007 年国际金融危机期间，金融部门的就业人数很多，但在那里工作的人却很贫困，原因是通货膨胀导致其实际收入减少，由于大量资金流动，金融机构不得不雇用大量员工。此外，据估计，工人阶层约占英国 1400 万贫困者的一半（Davis 和 Sanchez - Martinez，2015）。Osterling（2007）指出，经济重组等经济改革措施可能会导致贫困，尤其是在短期内，这一观点得到了支持。

除了失业，还有其他宏观经济问题，如通货膨胀，也被认为是导致贫困的因素。专家认为，当名义收入的增长速度慢于价格的增长速度时，通货膨胀就会导致贫困。因为工人的实际收入会下降，生活必需品的价格受到影响，进而导致贫困（Davis 和 Sanchez - Martinez，2015）。此外，Agénor（2004）在对 38 个不同国家的横截面数据研究中发现，通货膨胀几乎总是导致贫困加剧。与此类似，Easterly 和 Fischer（2001）在对美国 31869 户家庭的调查中发现，人们担忧通货膨胀可能是造成贫困的一个因素。

此外，Davis 和 Sanchez - Martinez（2015）认为，国家的主权债务过高可能是导致贫困的另一个因素。当公共资源被用于消除贫困而牺牲了资本投资项目时，这种债务就会阻碍经济增长，从而加剧贫困（Davis 和 Sanchez - Martinez，2015；Granville 和 Mallick，2012）。资本市场泡沫也可能导致比较严重的贫困。Early 和 Olsen（2002）指出，因为住房成本和房租的大幅上涨，对那些没有足够收入支付房租和利息的人来说，无家可归的风险将增大，对没有足够资产抵押以申请抵押贷款的人也是如此。因此，住房泡沫可能会导致贫困，因为它阻碍了弱势群体通过参与房地产市场行使其基本的住房权（Davis 和 Sanchez - Martinez，2015）。总之，失业是导致贫困的因素之一。因为失业使人们无法获得必要的劳动收入来帮助其摆脱贫困。

14.3 第四次工业革命与凯恩斯主义或自由主义贫困理论

从凯恩斯主义或自由主义贫困理论的角度看，第四次工业革命也会对贫困产生影响。Schwab（2016）认为，“与之前的工业革命相比，第四次工业革命的发展速度是指数级的，而不是线性的，几乎对每个国家的每个行业都造成了巨大影响”。图 14.2 概述了第四次工业革命影响凯恩斯主义或自由主义贫困理论的渠道。

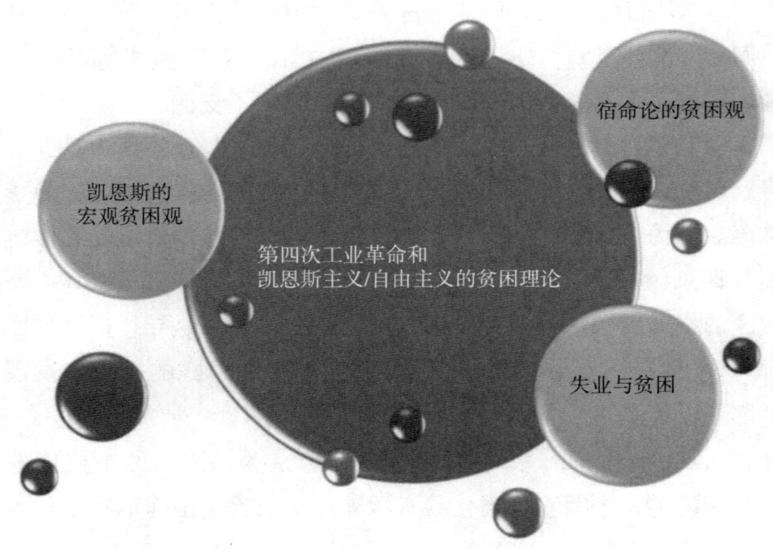

图 14.2　第四次工业革命和凯恩斯主义或自由主义贫困理论

如图 14.2 所示，第四次工业革命带来的变化可以影响凯恩斯主义或自由主义贫困理论，特别是在失业和贫困方面。根据凯恩斯主义理论，失业是造成贫困的原因之一，因为失业会使人们的劳动收入下降，而劳动收入是人们摆脱贫困的关键因素。凯恩斯主义者认为，没有正式收入来源的人更有可能成为穷人，因为他们买不起生活必需品。换句话说，这些人更有可能处于绝对贫困之中，而失业使贫困变得更加敏感，尤其是当穷人一生中都处于零散、短期的工作状态。

Peters 和 Jandri'c（2019）认为，随着技术变革和技术性失业的快速增长，基于人力资源和经济人思想的教育解决方案难以解决技术性失业问题。因此，当代教育需要基于“同人合作”形象的非超时空方法，深刻地重新思考工作、教育和研究的含义（Peters 和 Jandri'c，2019）。Peters 和 Jandri'c（2019）认为，21 世纪最棘手的社会问题之一肯定是技术性失业的加速。目前，许多领域同时受到了新技术的颠覆，而最新技术显然会比现有技术扼杀更多的工作岗位。目前，数十亿人工作的行业可能受到影响，但恰恰有数十亿人需要就业（Schwab，2016）。

Schwab（2016）还指出：“我们正处于一场技术革命的边缘，这场革命将从根本上改变我们的生活、工作和人际关系。就其规模、范围和复杂性而言，这场变革将是人类从未经历过的。我们还不知道它将如何发展，但清楚的是，我们必须采取综合全面的应对措施，让全球经济体的所有利益相关者都参与进来，包括公共部门和私营部门、学术界和民间社团。”Peters 和 Jandri'c（2019）认为，政策制定者应持开放态度，使教育变得可负担、易获得，并使开放的高等教育生态系统中的机构有利可图。而且，技术性失业无疑是一个迫在眉睫的问题，它将造成更大的不平等，以及劳动回报与资本回报之间的差距越拉越大。Butler 和 Buys（2020）也认为，学术界就技术性失业问题已经分为两大阵营，即技术悲观主义者和技术乐观主义者。技术悲观主义者认为，创新不利于就业，因为创新会导致经济结构变化，增加了非熟练劳动力市场的失业率，同时降低了技术劳动力市场的就业率。技术乐观主义者认为，创新会产生大量新的就业机会，同时也会对现有的各种支持性企业和部门产生积极影响，从而产生净增效应。

Matovcíková（2017）认为，失业不仅会造成重大经济损失，而且会产生各种社会影响，包括降低失业者及其家人的生活水平；失业会给人们造成压力和担忧，导致酗酒和犯罪率上升，这与凯恩斯主义者的研究结果一致。因此，可以得出结论，正如凯恩斯主义者或自由主义者的观点，技术导致的失业率上升会造成人们的贫困和绝望，尤其是第四次工业革命巨大的技术进步和由此导致的流离失所者。为了防止贫困的急剧增加以及随之而来的可持续发展目标无法实现，各方利益相关者必须从现在开始为此做好准备。

14.4 普惠金融与凯恩斯主义或自由主义贫困理论

我们发现，从凯恩斯主义者的观点来看，各种技术的应用使失业状况发生了巨大变化。凯恩斯主义者认为，普惠金融也对贫困产生了巨大影响。图 14.3 显示了从凯恩斯主义或自由主义视角看，普惠金融对贫困产生影响的渠道。

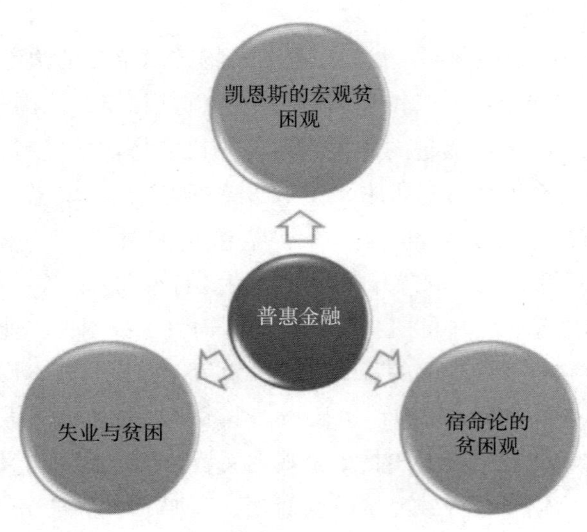

图 14.3 普惠金融与凯恩斯主义或自由主义贫困理论

从凯恩斯主义贫困理论的角度看，金融对解决贫困问题有巨大帮助，尤其是在解决失业方面。普惠金融正致力于让更多人参与金融体系，即让被排除在金融体系之外的人参与正规金融体系，获得储蓄、支付、信贷、转账和保险等金融服务。当人们获得金融资源时，将更多投资于人力资本。凯恩斯（J. M. Keynes）认为，个人人力资本的积累不应取决于个人的决定，而应该通过对公共教育的总体投资实现。当人们获得良好的教育时，他们就能获得适当报酬的工作，从而摆脱贫困。

凯恩斯主义者强调中央政府在经济中的作用。因此，必须强调基于普惠金融的公共服务理论，政府支持普惠金融项目，第 5 章对此进行了详细阐述。根据这一理论，普惠金融是政府对公民应尽的责任，公民期望政府为他们提供正规金融服务。政府应通过公共机构向所有居民提供正规金融服务。

根据公共财政理论，只有政府才有权为普惠金融项目提供资金。这与凯恩斯主义者的观点一致，即政府的干预是消除贫困的必要条件。政府可以采取各种政策措施，解决造成贫困的不同经济根源，如应对非自愿失业，通过大规模公共教育投资进行人力资本积累。有学者认为，人力资本投资和解决非自愿失业问题，将会通过乘数效应促进经济增长，最终实现消除贫困目标。这就是我们认为政府可以通过资助各种普惠金融项目解决各种贫困问题的原因。

这是因为，普惠金融致力于将公民纳入金融体系的覆盖范围，确保每个人，尤其是低收入群体都能获得金融服务，促进有效的资源分配，并以合理的价格向受到金融排斥的家庭成员和小微企业提供各种金融产品，从而形成一个更具普惠性的金融体系（Mehry 等，2021）。Mehry 等（2021）认为，普惠金融体系对微观层面和宏观层面都产生了积极影响：从微观层面看，家庭在获得资金的同时，可以更好地规划其收入。微观金融和普惠金融能够使家庭编制支出预算和教育支付计划，让其在未来过上更好的生活。此外，贷款便利性的改善可以鼓励企业家创办新的小型企业，增加国民经济产出。

提高融资可得性已成为全球经济政策制定者的主要优先事项。增加社会弱势群体获得正规金融服务的机会不仅有利于个人，而且也有利于国家。普惠金融有助于家庭平滑消费，而贷款和储蓄则使家庭和个人能够享受长期消费。此外，获得普惠金融支持的家庭能够储蓄并投资于他们的才能，这会对贫困产生重大影响。当家庭成员拥有稳定的工作并积极理财时，更容易将资产转化为权益，稳定的就业是区分短期贫困和持续贫困的基础。普惠金融还能保护家庭因失败而陷入贫困，并使其摆脱贫困，也能使个人在其一生中积累资产和流动资源，有助于防止收入波动，进而帮助家庭摆脱贫困。此外，不仅个人失业会使个人陷入贫困，而且地区失业也会对贫困产生直接和间接的影响。因此，通过国家政策（如建立公共合作银行）发展普惠金融，可对地区失业和消除贫困产生重大影响。

14.5　小结

本章试图从第四次工业革命背景下的凯恩斯主义贫困理论出发，讨论普惠金融对贫困的影响。研究发现，凯恩斯主义或自由主义贫困理论的核心思想是，贫困不仅仅是由市场缺陷造成的，而且各种表现形式的经济不发达也是造成贫困的原因。自由主义者认为，经济增长可以大大促进经济发展，而经济发展是帮助人们摆脱贫困的关键因素。政府须通过财政政策和货币政策在宏观经济层面进行干预，以解决大规模失业问题，尤其是非自愿失业。凯恩斯主义经济学家认为，当非自愿失业问题得到解决后，国家的贫困水平就会下降，尤其是受非自愿失业影响的人。本章最后分析了普惠金融和第四次工业革命的发展对贫困的影响。

参考文献

1. Aassve, A. , Burgess, S. , Propper, C. , & Dickson, M. (2005) . Modelling poverty by not modelling poverty: A simultaneous hazard approach to the UK. http://hdl. handle. net/11565/1898591.

2. Aassve, A. , Iacovou, M. , & Mencarini, L. (2006) . Youth poverty and transition to adulthood in Europe. Demographic Research, 15, 21 – 50.

3. Agénor, P. R. (2004) . Macroeconomic adjustment and the poor: Analytical issues and cross – country evidence. Journal of Economic Surveys, 18 (3), 351 – 408.

4. Barros, R. P. D. , Corseuil, C. H. L. , Mendonça, R. S. P. D. , & Reis, M. C. (2015) . Poverty, inequality and macroeconomic instability. http: //repositorio. ipea. gov. br/handle/11058/4663.

5. Bullock, H. E. , & Waugh, I. M. (2005) . Beliefs about poverty and opportunity among Mexican immigrant farm workers 1. Journal of Applied Social Psychology, 35 (6), 1132 – 1149.

6. Butler, M. , & Buys, B. (2020) . Will the Fourth Industrial Revolution lead to large – scale unemployment? https: //www. usb. ac. za/usb_ insights/will – the – fourth – industrial – revolution – lead – to – large – scale – unemployment/.

7. Davids, Y. D. , & Gouws, A. (2013) . Monitoring perceptions of the causes of poverty in South Africa. Social Indicators Research, 110 (3), 1201 – 1220.

8. Davis, E. P. (2014). A review of the economic theories of poverty. National Institute of Economic and Social Science. http://bura.brunel.ac.uk/handle/2438/10008.

9. Davis, E. P., & Sanchez-Martinez, M. (2015). Economic theories of poverty. Joseph Rowntree Foundation.

10. Davis, P., & Baulch, B. (2011). Parallel realities: Exploring poverty dynamics using mixed methods in rural Bangladesh. The Journal of Development Studies, 47 (1), 118-142.

11. Early, D. W., & Olsen, E. O. (2002). Subsidized housing, emergency shelters, and homelessness: An empirical investigation using data from the 1990 census. Advances in Economic Analysis & Policy, 2 (1), 1-34.

12. Easterly, W., & Fischer, S. (2001, May). Inflation and the poor. Journal of Money, Credit and Banking, 33 (2), 160-178. https://doi.org/10.2307/2673879.

13. Ellwood, D. T. (2004). Whither poverty in Great Britain and the United States? The determinants of changing poverty and whether work will work. In Seeking a Premier Economy: The Economic Effects of British Economic Reforms, 1980-2000 (pp. 313-370). University of Chicago Press.

14. Granville, B., & Mallick, S. (2012). Integrating poverty reduction in IMF-World Bank models. In The IMF, World Bank and Policy Reform (pp. 183-200). Routledge.

15. Iryna, K. Y. Z. Y. M. A. (2013). Changes in the patterns of poverty duration in Germany, 1992-2009 (No. 2013-06). LISER.

16. Jefferson, P. N. (Ed.). (2012). The Oxford handbook of the economics of poverty. Oxford University Press.

17. Jung, S. Y., & Smith, R. J. (2007). The economics of poverty: Explanatory theories to inform practice. Journal of Human Behavior in the Social Environment, 16 (1-2), 21-39.

18. Laderchi, C. R., Saith, R., & Stewart, F. (2003). Does it matter that we do not agree on the definition of poverty? A comparison of four approaches. Oxford

Development Studies, 31 (3), 243 – 274.

19. Maˇtovˇcíková, D. (2017). Industry 4.0 as the Culprit of Unemployment. 12th IWKM 2017, 12 – 13.

20. Mehry, E. B., Ashraf, S., & Marwa, E. (2021). The impact of financial inclusion on unemployment rate in developing countries. International Journal of Economics and Financial Issues, 11 (1), 79.

21. Mhlanga, D. (2020). Financial inclusion and poverty reduction: evidence from small – scale agricultural sector in Manicaland Province of Zimbabwe [Doctoral dissertation, North – West University (South Africa)].

22. Mhlanga, D. (2021a). Financial access and poverty reduction in agriculture: A case of households in manical and province, Zimbabwe. African Journal of Business and Economic Research, 16 (2), 73.

23. Mhlanga, D. (2021b). Artificial intelligence in the industry 4.0, and its impact on poverty, innovation, infrastructure development, and the sustainable development goals: Lessons from emerging economies? Sustainability, 13 (11), 5788.

24. Mhlanga, D., Dunga, S. H., & Moloi, T. (2020). Financial inclusion and poverty alleviation among smallholder farmers in Zimbabwe. Eurasian Journal of Economics and Finance, 8 (3), 168 – 182.

25. Osterling, K. L. (2007). Social capital and neighbourhood poverty: Toward an ecologically grounded model of neighbourhood effects. Journal of Human Behavior in the Social Environment, 16 (1 – 2), 123 – 147.

26. Pemberton, S., Sutton, E., & Fahmy, E. (2013). Poverty and social exclusion in the UK. Poverty and Social Exclusion/ESRC.

27. Peters, M. A., & Jandri'c, P. (2019). Education and technological unemployment in the Fourth Industrial Revolution. The Oxford handbook of higher education systems and university management (pp. 1 – 23).

28. Reinstadler, A., & Ray, J. C. (2010). Macro determinants of individual income poverty in 93 regions of Europe (Working Papers No. 2010 – 13). CEPS/INSTEAD.

29. Sachs, J. (2005). The end of poverty: How we can make it happen in our lifetime. Penguin UK.

30. Salverda, W., Nolan, B., & Smeeding, T. M. (Eds.). (2009). The Oxford handbook of economic inequality. OUP Oxford.

31. Schwab, K. (2016). The Fourth Industrial Revolution: What it means, how to respond. https://www.weforum.org/agenda/2016/01/the-fourth-industrial-revolution-what-it-means-and-how-to-respond/.

32. Sen, A. (2017). Democracy as a universal value. In Applied ethics (pp. 107-117). Routledge.

33. Shek, D. T. (2004). Beliefs about the causes of poverty in parents and adolescents experiencing economic disadvantage in Hong Kong. The Journal of Genetic Psychology, 165 (3), 272-292.

34. Townsend, P. (1979). Poverty in the United Kingdom.

15. 从激进主义贫困理论看第四次工业革命背景下普惠金融对消除贫困的影响

15.1 导言

激进主义理论认为，资本主义贫困的主要原因是基于阶级分化的社会和政治因素（Davis，2014；Mhlanga，2020）。此外，Blank（2003）指出，激进主义理论认为，市场本质上是功能失调，无法正常运作。因此，资本主义制度下的工资通常很低，而且市场还存在一些失业问题。在资本主义社会，可以通过实施严格的市场监管消除贫困，如设定最低工资。这一学派的许多支持者认为，分层的劳动力市场、种族主义和腐败都是导致贫困的结构性问题例证（Davis 和 Sanchez - Martinez，2015；Mhlanga，2021a，2021b）。政府对功能失调的劳动力市场实施监管，是消除贫困的主要措施（Davis，2014；Davis 和 Sanchez - Martinez，2015；Mhlanga，2021a，2021b）。激进主义认为，政府监管应侧重于改善员工的工作条件和激励获得更高的工资（Blank，2003）。该学派的政策实质上是实施反歧视法和劳动力市场变革，这些变革需要消除阻碍工作、最终导致贫困的结构性障碍。

如前所述，阻止最低收入阶层的雇员陷入贫困的最关键措施之一是实行最低工资制度，这样可以防止最低收入阶层的雇员因资本主义的剥削而陷入贫困（Davis 和 Sanchez - Martinez，2015；Mhlanga 和 Moloi，2021）。Jung 和 Smith（2007）认为，实行最低工资制度的原因是，当一直领取福利金的人最终找到工作时，劳动力市场竞争就会加剧，导致所有工人的收入下降，并造成贫困恶化。与此类似，Pemberton 等（2013）认为，低薪工作往往会通过间接方式导致贫困。例如，低薪工人更容易出现健康问题，而这些问题最终会影响他们的工作效率（人力资本），将减少他们避免贫困的机会。

同样，低薪工作阻碍了人们储蓄，从而增加了贫困的可能性，尤其是在遭遇负面冲击时（Pemberton 等，2013）。同时，Davis 和 Sanchez - Martinez（2015）指出，制定最低工资标准可以帮助人们消除贫困，因为它设定了一个底线，超过这个底线，均衡工资就不能再上升了。Iryna（2013）还认为，成立工会是消除贫困的策略之一，这可以保障工人的最低生活水平，提高他们的工资议价能力。但是，有关最低工资制度和成立工会的法律可能会造成扭曲，并对生产效率造成重大影响（Davis 和 Sanchez - Martinez，2015）。Neumark 和 Wascher（2002）认为，尽管存在一定缺陷，但设定最低工资有助于通过将高收入家庭的收入重新分配给低收入家庭，以实现收入分配的平等。

15.2　激进主义的贫困理论

激进主义的贫困理论成果包括，双重劳动力市场、歧视与阶级、贫困与环境、贫困的结构性观点。图 15.1 描述了激进主义贫困理论的主要内容。

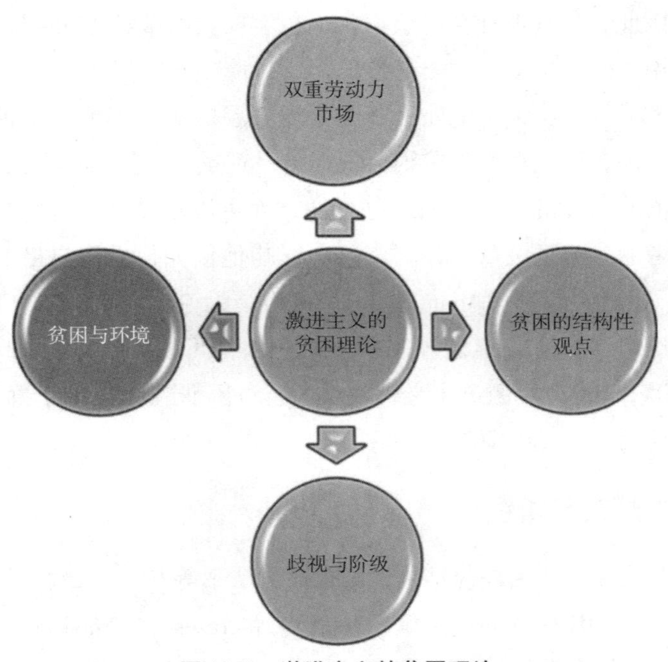

图 15.1　激进主义的贫困理论

15.2.1 双重劳动力市场

这一理论认为，劳动力市场存在主要部门和次要部门（Davis，2014）。与主要部门相比，次要部门的特点是工作不稳定、收入低、晋升机会渺茫（Davis，2014）。Rank 等（2003）认为，双重劳动力市场假说中的贫困源于系统性脆弱而不是个人特征和日常习惯。激进主义理论强调次要劳动力市场对贫困的不利影响多于个人特征（Townsend 等，1979）。

激进主义理论更注重分析企业如何利用劳动力市场的双重结构，使贫困和不平等永久化。本节分析激进主义理论与新古典主义在贫困方面的分歧（Davis，2014）。此外，激进主义理论更加关注社会阶层问题，这成为其基本的分析要素，也是其核心思想（Davis，2014）。在激进主义理论中，收入在公众之间的分配方式取决于阶层的组织方式。这种分工造成了获取重要社会资源和补充资本的不公平（Davis，2014）。因此，一些社会阶层会比其他阶层处于更不利的地位，从而变得更加贫穷（Davis 和 Sanchez - Martinez，2015）。Tackey 等（2011）通过对英国的研究证实了这一观点，发现社会阶层是影响学业成功的重要因素。因此，与其他社会阶层相比，在学校表现良好的社会阶层成员更有可能战胜贫困。

Ayittey（2005）认为，由处于资源分配底层的工人组成社会的较低阶层，控制生产和管理，以成功消除贫困。根据这一观点，处于贫困状态的人能够找到解决其目前所面临贫困问题的最好办法，而可以不受任何外部指导或影响。据称，贫困者的参与至关重要，因为这会影响他们如何看待自己的处境（Davis，2014）。亚当·斯密（Adam Smith）认为，无论个人状况如何，若不考虑工人阶层的疾病、事故或年老等问题，每个人都可以为劳动力市场作出贡献（Jung 和 Smith，2007）。激进主义理论认为，贫困研究应集中于确保维护社会正义和社会权利（Davis，2014）。

15.2.2 歧视与阶级

歧视是个人和群体因外部结构性因素而无法平等获得宝贵、稀缺社会资源的结果（Davis，2014；Western 等，2005）。Morazes 和 Pintak（2007）认为，导致不平等持续性和获取资源有限性的因素多种多样，如阶层、地理、种族、性别和年龄等。因此，有些人与生俱来的特质与他们无法控制的社会发展密切相关，犯罪、教育、健康、住房和就业就是其中的几个问题。这些因素最终决定不同社会群体之间的差距程度（Davis 和 Sanchez - Martinez，2015）。因此，Jefferson（2012）认为，这就证明了在社会和经济层面存在着歧视。

根据这一观点，Davis（2014）认为，受偏见影响的人难以充分参与所有社会活动，包括经济、政治和其他方面的活动。歧视甚至会强行阻止某些人参与经济活动和融入等级社会；这种偏见会导致人们继续被排除在基本经济资源之外，表明了社会歧视与经济歧视之间的联系；由于阶层不平等和偏见，受到歧视的人将生活在极度贫困之中（Davis，2014）。因此，Jung 和 Smith（2007）认为，反歧视法和产生公平成果的经济增长是更重要、更有效的反贫困政策。

Elliott 和 Sims（2001）也得出了类似的结论，发现种族歧视是贫困产生的主要原因之一，支持经济增长的政策经常忽视某些被歧视的社会群体。Hoover 等（2004）认为，由于歧视和阶层原因，美国的有色人种无法像白人一样从经济增长中获益，尤其是在消除贫困方面。此外，一些学者指出，鉴于在许多国家，物质财富的拥有通常伴随着社会地位，社会地位是决定一个社区中不平等现象的关键因素之一（Mhlanga，2020）。

15.2.3　贫困与环境

Davis（2014）认为，伴随经济增长而来的是对资源不可持续的开采，尤其是对黄金、钻石、铂金等自然资源的开采，以及生产对环境有害的商品，这些将对贫困产生间接的负面影响；当环境承受不可持续的自然资源开发和生产过程中有害外部因素增加时，贫困率就会攀升。虽然许多人认为，一般来说，经济增长会带来个人收入的增加，但也有人认为，生产对环境造成的负面外部效应将超过收入增加带来的好处，这会对贫困产生不利影响（Davis 和Sanchez - Martinez，2015）。Davis（2014）认为，更重要的是，富裕国家也会受到贫困与环境关系的影响，尽管这种关系传统上只发生在不发达国家。Dasgupta 等（2005）认为，土地、空气和水的污染会损害大部分国家公众的健康和福祉。

Dasgupta 等（2005）认为，当贫困者的健康受到损害时，其人力资本就会受到负面影响。由于人力资本受损失，穷人将被迫接受微薄的薪水，导致他们挣扎在贫困线上。Dasgupta 等（2005）、Davis 和 Sanchez - Martinez（2015）认为，环境与贫困的关系表现为，在发展中国家，贫困者的健康极易受到环境外部因素的影响。Súnchez – Martínez（2012）指出，并非只有不发达国家存在经济和环境贫困陷阱，发达国家也可能经历同样的情况。此外，贫困—环境陷阱更有可能发生在财富和资本水平较低的国家（Davis，2014）。环境污染超过设定阈值的国家最终会进入低财富和环境质量差的国家行列（Davis，2014）。

激进主义理论家认为，空气污染是由高收入国家和重工业集团的行为造成的，对部分最底层人口造成了显著的负面环境污染不利影响（Davis 和Sanchez – Martinez，2015；Duraiappah，1998）。同样，Dixon 等（2013）也指出，收入较高国家的个人和社区可以抵御空气污染的负面影响。此外，许多国家和城镇的低收入居民区附近或内部都有较多的污染工厂（Dixon 等，2013）。因此，收入较低的人更有可能遭受空气污染等外部因素对健康的负面影响。

Davids（2010）对环境污染与贫困之间的关系提供了传统解释，认为环境污染导致呼吸道疾病增加，对蓝领工人的生产力产生负面影响，进而影响他们的工资。Duraiappah（1998）认为，这会导致劳动者的收入减少，从而造成贫困。同样，许多学者指出，可以采取各种政策解决这一市场失灵问题，但 Davis（2014）强调更应该将重点放在从根本上消除这些问题的措施上，如杜绝高收入群体造成的环境污染负外部性。Davids（2014）认为，转移政策可确保环境负担得到公平、有意义的分配，这一点至关重要，例如，对造成污染的耐用产品的消费者征收污染费。

15.2.4 贫困的结构性观点

贫困的结构性观点认为，贫困的原因之一是，社会中存在不公平的条件和机会（Davis，2014）。人们之所以贫穷，是因为经济体制限制了其获得适当资金的能力，而这些资金可以使他们摆脱贫穷（Shek，2004）。根据这一观点，不应该因为外部原因而谴责穷人，例如，不利的社会制度限制了他们获得发展的机会（Davis，2014；Shek，2004）。当穷人较少有机会参与社会活动时，社会不公正会影响经济的根本基础。受资本主义制度影响，社会中的富人比穷人有更多特权，造成了经济的不公平，穷人因此受到剥削（Davis，2014；Hunt，1996）。根据这一观点，人们将贫困根源归因于机会剥夺，即穷人由于生活在资源受限、环境恶劣的地方而缺乏机会（Shek，2004）。社会结构，尤其是机会结构，是贫困的结构性根源。

就业与机会之间的关系被称为机会结构，与求职者有关。经济中是否有足够的就业机会，以及低收入群体是否有足够的就业机会，是否具备填补这些职位所需的技能和资格，都是与贫困相关的概念。Bartik（2002）指出，穷人通常可以从事服务业中的低薪职业，同时往往伴随着就业机会不足、工作不稳定、医疗保险不足或极少等风险。此外，针对援助福利申请者的措施通常只是转移失业者，而不是减少失业人数。这是机会结构不利于穷人的另一种表现形式。当领取福利金的人加入劳动大军时，劳动力供应通常会增加，从而对工资率的下降造成压力。此外，领取福利金的人获得工作也会减少市场上的空缺职位，从而使非福利领取者更难找到工作，推高失业率（Davis，2014）。这就是结构性观点对贫困问题的解释。

15.3　第四次工业革命与激进主义的贫困理论

如前所述，第四次工业革命对人类生活的方方面面都产生了影响，包括激进主义理论家在内的许多理论家对贫困的看法。

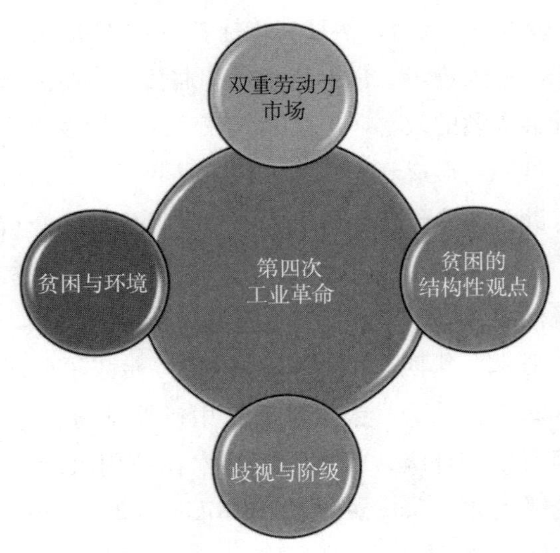

图 15.2　第四次工业革命与激进主义贫困理论

图 15.2 显示，从激进主义的贫困理论角度看，第四次工业革命中发生的

变化会对贫困产生影响。包括双重劳动力市场、歧视与阶级、贫困与环境、贫困的结构性观点等方面。

根据激进主义的贫困理论，歧视会使一些人在非自愿的情况下被排除在经济社会和等级社会之外，导致他们陷入贫困。Morse 和 Pence（2021）认为，技术彻底改变了歧视在金融服务中的表现形式。当计算机在决策岗位上取代人类判断时，基于直觉的歧视就会减少；新的建模技术增加了以前被排除在这些市场之外的家庭获得金融服务的机会；然而，由于人类参与了算法的开发过程，因此算法可能会出现偏差；在很多情况下，算法的不透明性和复杂性可能会在金融机构提供金融服务时造成统计歧视，如营销、定价和信贷风险评估等，违反了反歧视法。由于智能手机在美国的普及，居住在传统金融机构覆盖不到地区的人现在也可以获得各种金融服务（Mehrotra，2019；Rauniyar 等，2021）。智能手机的使用增加了居住在传统金融机构服务不足地区的人们获得金融服务的机会。在美国，80%的人拥有手机，而且拥有手机的人口比例不因种族而异，这意味着移动支付服务可以公平地惠及所有种族和族裔群体（Anderson，2019；Morse 和 Pence，2021）。监管机构认识到了技术接入对普惠金融发展的重要性，及其有助于进一步消除正规金融服务的歧视。

Suárez Ojeda（2021）认为，信息和传播技术的发展在提高人们和社会的生活质量方面带来了重大进步，例如，信息和通信技术融入城市管理，大大提高了公共服务和社会福利的效率。但是，仅仅考虑应用技术进步而不考虑用户的多样性和平等，可能会形成新形式的歧视，导致个人陷入贫困。当然，如果利用得当，技术有助于消除歧视，解决将农村地区作为一个被排斥在基本公共服务之外所带来的负面影响，让人们获得更好的服务，减轻贫困。同样，技术可以使残疾人更好行使其基本权利，并促进其发展。

Li 等（2020）强调，第四次工业革命（4IR）带来了前所未有的银行业创新和进步。Li 等（2020）认为，银行可以使用机器学习技术（人工智能的一个分支）来预测银行信贷评级，机器学习技术在信用风险分析中发挥了重要作用，可以应对歧视问题。Gangadharan 和 Niklas（2019）认为，算法歧视已经成为一个高度数据化世界中争论的重要话题。激进主义理论也指出，经济增长与不可持续的资源开采相互影响，尤其是黄金、钻石、铂金等自然资源的开采，以及生产有害副产品，可能会对贫困产生间接和负面的影响。

激进主义理论还认为，不可持续地开采自然资源，以及生产过程中产生的负外部性增加，造成环境受到严重破坏时，贫困率就会上升。一般来说，经济增长会提高个人收入，但生产对环境造成的负面外部效应将超过收入增长带来的所有好处，也会对贫困产生负面影响。Alvear 等（2018）认为，第四次工业革命中的创新扭转了环境破坏的趋势，如智慧城市（SC）的做法，可以减少人类活动对环境的负面影响。有证据表明，随着物联网（IoT）技术的发展，智慧城市的良好效果在我们的生活中逐渐显现。Alvear 等（2018）发现，大众传感技术已成为环境监测的有力工具，可实现分布式、协作、可负担且精准地监管繁忙城市中的空气污染水平。

Kumar（2020）认为，利用物联网（IoTs）、信息和通信技术（ICTs）以及电子政务工具，政府已经实现了环境的自我感知。智能社区利用现有的环境法规和电子民主管理实践对环境资源管理进行全天候（每周 7 天、每天 24 小时）干预。Razmjoo 等（2022）认为，随着智慧城市的出现，物联网（IoTs）可以使城市中更复杂、更普遍的应用场景得以简化；物联网系统有助于公共交通领域的交通管理和列车延误，公用事业领域的物联网系统则可用于降低总账单和相关支出以及规范用电。路灯照明领域采用物联网解决方案，可以改善路灯控制，节约城市道路照明相关能源。物联网系统能够收集垃圾容器中垃圾量的数据，在垃圾管理方面非常有效。此外，物联网解决方案对公共安全也是必要的，可避免车辆失窃和智能手机丢失，以及改善公共安全。Razmjoo 等（2022）认为，物联网解决方案还有利于减少城市交通拥堵，例如，智能智慧停车系统能够帮助车辆找到空闲停车位。

另外，贫困的结构性观点认为，产生贫困的原因之一是，社会中存在不平等的条件和机会，而不是穷人的智力和文化不足。人们之所以贫穷，是因为经济体系的条件阻碍了他们获得重要的收入以摆脱贫困。因此，不应将贫困归咎于贫困者个人，而是外部因素导致了其贫困，如限制他们获得机会的社会制度。事实的确如此，因为在新冠疫情期间，农村地区的许多学生由于互联网和智能工具的供应问题而无法上课。例如，Bhuvanwari 和 Sahayam（2022）发现，处于贫穷和不利环境中的儿童最容易受到影响，因为他们在新冠疫情期间无法上课，有可能失去教育机会。

社会经济地位低下的女童受社会歧视最严重，导致她们在青春期后或因家庭原因辍学，如做家务、照顾老人、遭受虐待、剥削和性骚扰、被迫早婚、参与劳动活动，所有这些情况都很常见，而且在新冠疫情封锁期间有所增加。Lai 和 Widmar（2021）认为，数字鸿沟降低了那些无法轻松访问互联网的人上网并执行重要任务的可能性。在新冠疫情期间，对许多家庭来说，互联网服务不足已经从不方便变成了紧急事件或冲击。总的来说，根据贫困的结构性观点，受社会条件和机会不平等影响，某些群体有可能陷入贫困。

15.4　普惠金融与激进主义的贫困理论

从激进主义的贫困理论角度看，正如我们发现各种技术的应用给贫困带来许多变化一样，普惠金融也对贫困产生了巨大影响。图 15.3 展示了从激进主义的贫困理论角度，普惠金融对贫困产生影响的渠道。

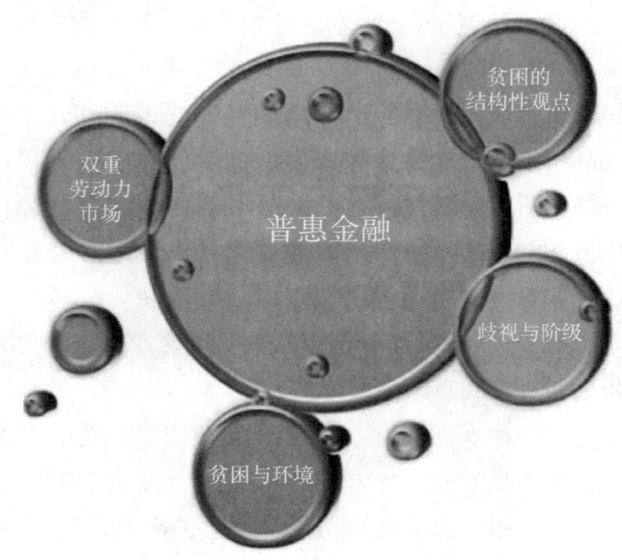

图 15.3　普惠金融与激进主义的贫困理论

普惠金融可以帮助弱势群体获得正规金融服务。现在，借助普惠金融的力量，女性、残疾人和青少年都能获得正规金融服务，帮助其摆脱贫困。

在许多社会中，女性都面临着歧视，她们是地位较低的弱势群体。根据国际劳工组织（International Labour Organization）（2022）的数据显示，“不平等的性别角色会影响到最基本的自决、尊严和自由等方面，反过来又影响普惠金融”。国际劳工组织（2022）指出，普惠金融既是性别平等的催化剂，也是性别平等的晴雨表，尤其是当普惠金融带来“平等获取各种以需求为基础的金融服务，如储蓄、信贷、保险、支付等以及相应的金融教育”。普惠金融还为女性提供了社会和经济赋权的机会，无论她们是在家工作还是外出工作，抑或是她们是受雇或自雇。普惠金融为女性提供了积累资产、创造收入、管理金融风险并充分参与经济活动的工具，提升了她们走出贫困的能力。Balasubramanian 等（2018）的研究表明，拥有土地女性的正式账户所有权与正式储蓄之间存在显著的关系，但她们被剥夺了正规和非正规信贷；当女性得到家庭中其他人（尤其是男性）支持时，她们更有可能使用正规信贷。如果女性没有土地，无论她们拥有多少财富，都无法获得信贷。

激进主义的贫困理论还指出，当不可持续的自然资源开发和生产过程中负外部效应增加对环境产生不利影响时，贫困率就会上升。因此，通过金融科技提高普惠金融水平是应对环境问题的另一个策略。绿色贷款可以为客户提供资金，用于购买对环境友好的物品，如太阳能电池板、隔热性能更好的房屋以及有机作物和肥料。由于这些贷款是新生事物，必须对其进行全面研究，以确定它们是否能鼓励人们采取环保行为，减少人们的碳足迹。

众所周知，普惠金融通过增加可再生能源的使用，有利于环境保护（Feng 等，2022）。Feng 等（2022）研究了普惠金融是否会影响中国的可再生能源利用和环境质量。研究发现，自动取款机数量和保险总额的增加对中国可再生能源的利用产生了长期积极影响；“普惠金融在中国鼓励了可再生能源的使用，并减少了二氧化碳排放”。因此，激进主义的贫困理论认为，将资源转向环境可持续的消费和工业，对于解决贫困和环境问题至关重要。

15.5　小结

本章旨在从激进主义贫困理论的视角，在第四次工业革命的背景下，探讨普惠金融对贫困水平的影响。本章研究发现，激进主义理论家认为，市场不能以正常方式运行，本质上是失灵的，这就是为什么资本主义国家将工资维持在较低水平，导致越来越多的人陷入贫困。另一个问题是，人们因市场条件而失去工作的机会。还有人指出，在资本主义制度下，可以通过严格的市场监管来消除贫困，如设立最低工资标准。激进主义贫困理论认为，贫困是结构性问题（如贫富差距）的结果，如劳动力市场分层、歧视和腐败，这些因素导致了贫困的长期存在。他们之所以强烈建议政府控制劳动力市场，主要是因为劳动力市场无法正常运行。根据激进主义贫困理论，国家调控的目标应该是改善工人的工作条件和鼓励提高工人的工资。一言以蔽之，激进主义贫困理论的政策主张是，应在劳动力市场实施反歧视法律和改革，这对于消除阻碍工作的结构性障碍非常重要，如果不消除这些障碍，最终将导致贫困。本章最后就消除贫困与来临的第四次工业革命之间的关系谈了一些看法。

参考文献

1. Alvear, O., Calafate, C. T., Cano, J. C., & Manzoni, P. (2018). Crowdsensing in smart cities: Overview, platforms, and environment sensing issues. Sensors, 18 (2), 460.

2. Anderson, M. (2019). Mobile technology and home broadband 2019.

3. Ayittey, G. B. (2005). Why Africa is poor. In Africa unchained (pp. 1-32). Palgrave Macmillan.

4. Balasubramanian, S. A., Kuppusamy, T., & Natarajan, T. (2018). Financial inclusion and land ownership status of women. International Journal of Development Issues, 18 (1), 51-69.

5. Bartik, T. (2002). Instrumental variable estimates of the labour market spillover effects of welfare reform. WE Upjohn Institute Staff Working Paper, (02-78).

6. Bhuvaneswari, G., & Sahayam, B. D. (2022). A study on the impact of COVID-19 pandemic: Gendered digital divide and sustainable development goals. ECS Transactions, 107 (1), 10603.

7. Blank, R. M. (2003). Selecting among anti-poverty policies: Can an economist be both critical and caring? Review of Social Economy, 61 (4), 447-469.

8. Davis, E. P. (2014). A review of the economic theories of poverty.

9. Davis, E. P., & Sanchez – Martinez, M. (2015). Economic theories of poverty. Joseph Rowntree Foundation.

10. Davids, Y. D. (2010). Explaining poverty: a comparison between perceptions and conditions of poverty in South Africa (Doctoral dissertation, Stellenbosch: University of Stellenbosch).

11. Dasgupta, S., Deichmann, U., Meisner, C., & Wheeler, D. (2005). Where is the poverty – environment nexus? Evidence from Cambodia, Lao PDR, and Vietnam. World Development, 33 (4), 617 – 638.

12. Dixon, J., Scura, L., Carpenter, R., & Sherman, P. (2013). Economic analysis of environmental impacts. Routledge.

13. Duraiappah, A. K. (1998). Poverty and environmental degradation: A review and analysis of the nexus. World Development, 26 (12), 2169 – 2179.

14. Elliott, J. R., & Sims, M. (2001). Ghettos and barrios: The impact of neighbourhood poverty and race on job matching among blacks and Latinos. Social Problems, 48 (3), 341 – 361.

15. Feng, X., Feng, J., Zhang, L., Tu, H., & Xia, Z. (2022). Vector control in China, from malaria endemic to elimination and challenges ahead. Infectious Diseases of Poverty, 11 (1), 1 – 11.

16. Hoover, G. A., Formby, J. P., & Kim, H. (2004). Poverty, non – white poverty, and the Sen index. Review of Income and Wealth, 50 (4), 543 – 559.

17. Hunt, M. O. (1996). The individual, society, or both? A comparison of Black, Latino, and White beliefs about the causes of poverty. Social Forces, 75 (1), 293 – 322.

18. International Labour Organization. (2022). Gender and financial inclusion.

19. Iryna, K. Y. Z. Y. M. A. (2013). Changes in the patterns of poverty duration in Germany, 1992 – 2009 (No. 2013 – 06). LISER.

20. Jefferson, P. N. (Ed.). (2012). The Oxford handbook of the economics of poverty. Oxford University Press.

21. Jung, S. Y., & Smith, R. J. (2007). The economics of poverty: Explanatory theories to inform practice. Journal of Human Behaviour in the Social Environment, 16 (1-2), 21-39.

22. Kumar, V. (2020). Smart environment for smart cities. In Smart environment for smart cities (pp. 1-53). Springer.

23. Lai, J., & Widmar, N. O. (2021). Revisiting the digital divide in the COVID-19 era. Applied Economic Perspectives and Policy, 43 (1), 458-464.

24. Li, J. P., Mirza, N., Rahat, B., & Xiong, D. (2020). Machine learning and credit rating prediction in the age of the fourth industrial revolution. Technological Forecasting and Social Change, 161, 120-309.

25. Mehrotra, A. (2019, April). Financial inclusion through fintech—A case of lost focus. In 2019 International Conference on Automation, Computational and Technology Management (ICACTM) (pp. 103-107). IEEE.

26. Mhlanga, D. (2020). Financial inclusion and poverty reduction: evidence from the small-scale agricultural sector in Manicaland Province of Zimbabwe [Doctoral dissertation, North-West University (South Africa)].

27. Mhlanga, D. (2021a). Artificial intelligence in the industry 4.0, and its impact on poverty, innovation, infrastructure development, and the sustainable development goals: Lessons from emerging economies? Sustainability, 13 (11), 57-88.

28. Mhlanga, D. (2021b). Financial access and poverty reduction in agriculture: A case of households in Manicaland province, Zimbabwe. African Journal of Business and Economic Research, 16 (2), 73.

29. Mhlanga, D., & Moloi, T. (2021). COVID-19, and sustainable development goals: A comparative analysis of Zimbabwe and South Africa. African Renaissance, 18 (1), 1744-2532.

30. Morazes, J., & Pintak, I. (2007). Theories of global poverty: Comparing developed world and developing world frameworks. Journal of Human Behavior in the Social Environment, 16 (1-2), 105-121.

31. Morse, A., & Pence, K. (2021). Technological innovation and discrimi-

nation in household finance. In The Palgrave handbook of technological finance (pp. 783 – 808) . Palgrave Macmillan.

32. Neumark, D. , & Wascher, W. (2002) . Do minimum wages fight poverty? Economic Inquiry, 40 (3), 315 – 333.

33. Pemberton, S. , Sutton, E. , & Fahmy, E. (2013) . Poverty and social exclusion in the UK. Poverty and Social Exclusion/ESRC.

34. Rank, M. R. , Yoon, H. S. , & Hirschl, T. A. (2003) . American poverty as a structural failing: Evidence and arguments. J. Soc. & Soc. Welfare, 30, 3.

35. Rauniyar, K. , Rauniyar, K. , & Sah, D. K. (2021) . Role of FinTech and innovations for improvising digital financial inclusion. International Journal of Innovative Science and Research Technology, 6, 1419 – 1424.

36. Razmjoo, A. , Gandomi, A. , Mahlooji, M. , Astiaso Garcia, D. , Mirjalili, S. , Rezvani, A. , Memon, S. (2022) . An investigation of the policies and crucial sectors of smart cities based on IoT application. Applied Sciences, 12 (5), 2672.

37. Sánchez – Martínez, M. (2012) . Three Essays in Macroeconomics (Doctoral dissertation) .

38. Shek, D. T. (2004) . Beliefs about the causes of poverty in parents and adolescents experiencing economic disadvantage in Hong Kong. The Journal of Genetic Psychology, 165 (3), 272 – 292.

39. Suárez Ojeda, M. (2021) . Sustainability and non – discrimination: The only possible path for the proper development of smart cities and smart territories.

40. In The Fourth Industrial Revolution and Its Impact on Ethics (pp. 199 – 214) . Springer.

41. Tackey, N. D. , Barnes, H. , & Khambhaita, P. (2011) . Poverty, ethnicity and education. JRF programme paper: Poverty and ethnicity.

42. Townsend, P. (1979) . Poverty in the United Kingdom: A survey of household resources and standards of living. University of California Press.

43. Western, J. , Dwan, K. , & Kebonang, Z. (2005) . The importance of visibility for social inequality research. Australian Journal of Social Issues, 40 (1), 125 – 141.

16. 从非经济视角贫困理论看第四次工业革命背景下普惠金融对消除贫困的影响

16.1 导言

本章将介绍不同于经济学视角贫困理论的多种贫困理论。前面介绍的贫困理论完全建立在经济学原理之上，而社会排斥理论和社会资本理论的假设和结论则来自不同领域，包括社会学和心理学，而非仅限于经济学。本章将探讨作为政治经济学理论等范式基本思想的社会排斥是如何导致贫困的。本章主要内容包括社会排斥理论和社会资本理论，是不同学科的交叉研究，如社会科学（Davis，2014；Mhlanga，2020a，2021）（见图 16.1）。

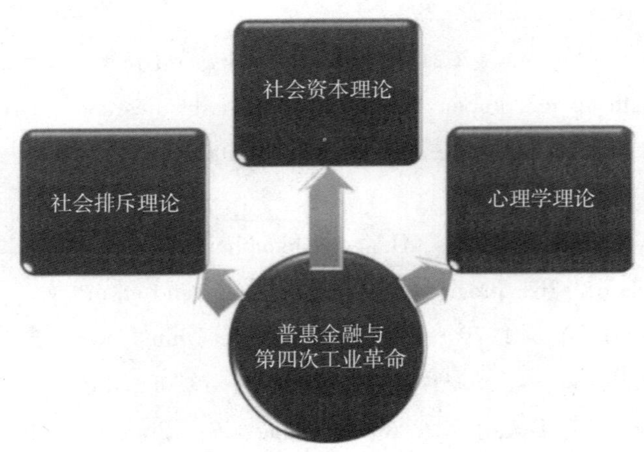

图 16.1　第四次工业革命背景下，普惠金融与非经济视角的贫困理论

如图 16.1 所示，不同于经济学贫困理论的众多非经济视角的贫困理论，包括社会排斥理论、社会资本理论和心理学理论。

16.2　非经济视角的贫困理论

16.2.1　社会排斥理论

欧盟（European Union）认为，社会排斥是指个人或群体不能充分参与社会项目和活动（Davis，2014）。然而，Hills 和 Stewart（2005）认为，贫困呈现个人参与程度低的社会特征，进而将社会排斥描述为一种远远超出物质资源匮乏的现象。Morazes 和 Pintak（2007）发现，理论家们普遍认为，社会排斥通过阻碍某些群体参与社会和政治生活、消费、生产和其他活动而导致其贫困。Davis 和 Sanchez – Martinez（2015）认为，欧洲大陆对贫困的分析主要强调社会排斥在解释贫困中的作用。社会排斥最特殊的地方在于其内在关注点，而不是仅仅关注导致贫困与资源匮乏加剧和恶化的动力和过程，以及产生贫困与匮乏的行为主体（Davis，2014；Hills 和 Stewart，2014）。此外，社会排斥还有助于研究人员考察社会结构要素以及具有特殊社会特征的群体情况，如老年人、残疾人、流离失所者和少数民族社区，这些因素可能会导致社会排斥。最后，社会排斥导致了对解决分配问题关注范式的转变，而分配问题是消除贫困的重要因素（Davis，2014）。

因此，社会排斥范式的一个特点是不平等（Hills 和 Stewart，2005）。不平等不仅可以用收入差距来解释，而且可以理解为社会资源的可用性以及贫困者选择的有限性（Hills 和 Stewart，2005）。此外，Davis（2014）认为，除收入不平等外，还应考虑其他因素，如健康状况和邻里不平等。然而，社会排斥理论面临着诸多挑战。在对剥夺的理论解释方面，有人认为该理论是众多观点中定义最不明确的，且常常呈现出不同的解释（Davis，2014；Hills 和 Stewart，2005）。

此外，还需要从典型的社会互动角度对社会排斥进行精确定义。据说，像英国这样的工业化国家更容易产生社会排斥。在发展中国家，许多人不被允许进入正规部门，如获得正规工作，但他们可能不会被排斥在习惯的社会模式和联系之外（Davis 和 Sanchez – Martinez，2015）。此外，将社会排斥的多种特征结合起来颇为棘手（Davis 和 Sanchez - Martinez，2015）。下一节将讨论贫困的社会资本理论。

16.2.2 社会资本理论

为了解释美国黑人、白人和年轻人之间的收入差距，Loury（1976）提出了社会资本理论，认为这一理论应与人力资本理论融合。根据这项研究，社会资本会影响人们的社会地位，进而影响发展规范的人力资本特征和能力（Davis，2014；Johnson 和 Mason，2012）。人力资本特征将对人们的经济地位和贫困程度产生重大影响（Johnson 和 Mason，2012）。Loury（1976）研究了种族差异，发现白人有更高的机会积累社会资本，是因为白人有能力利用就业市场优势建立必要的联系。

此外，Loury（1976）认为，将人力资本与个人的社会出身区分开来是极具挑战性的。要分析影响生产积累，进而影响人们贫困水平问题，人力资本和社会出身是关键因素。运用 Loury 的社会资本理论有助于理解少数群体和非少数群体的各种经济成果差异，进而揭示和解释这些群体之间的差距。经过上述研究，社会资本理论是一种解释贫困存在原因的合适理论（Davis，2014；Loury，1976）。Osterling（2007）扩展了社会资本理论的功能，将其视为一种可以在人们消除贫困的其他资本形式方面发挥重要作用的工具。在这一过程中，他还提出了一些想法，获得社会权威就是各种社会资本中的一个例子。

Putnam（2001）认为，社会资本可分为两个不同的部分：桥梁型社会资本和纽带型社会资本。桥梁型社会资本指的是连接许多群体的普惠社会网络资本。桥梁型社会资本有助于解释贫困为何持续存在，因为没有这种资本的人会在社会中孤立挣扎。贫困地区地处偏远，居民无法近距离接触积极的、亲社会的榜样，将降低他们战胜贫困的预期（Davis，2014；Putnam，2001）。与此类似，缺乏桥梁型社会资本的贫困者找工作的机会可能有限，尤其是当他们生活在失业率较高的地区（Osterling，2007）。

要改善人们的境况，唯一的办法是建立桥梁型社会资本，通过强大的人际关系网络在其他地方找到工作（Osterling，2007）。此外，社会外部联系薄弱的社区经常会遇到各种社会经济问题及其传染效应，不利的行为标准更容易通过同伴压力在儿童和青少年中传播（Davis，2014）。Osterling（2007）认为，拥有大量的桥梁型社会资本是向上发展的重要资产，因为它是一种可以帮助创造机会和提供知识的工具，而这在一个人的社会范围内是不可能实现的。Wilson（2012）认为，贫困者高度集中社区的人通常很少与那些有稳定工作、受过教育的人交流，没有渠道接受公共援助。从而导致贫困者高度集中的社区通常与来自主流商业的社交网络进行了社会隔绝。相反，以强大的凝聚力和社会支持为特征的网络提供了社会资本（Davis 和 Sanchez – Martinez，2015）。

受社区社会结构问题与缺乏信任、互惠和社会支持问题这两个关键因素影响，纽带型社会资本的缺乏会对贫困持续产生负面影响。这些因素会影响社会安全网的强度，而社会安全网对于阻止生活水平下降（尤其是发生不利冲击时）和加速消除贫困的进程至关重要（Davis，2014）。根据 Osterling（2007）的研究，社会支持与更好的心理健康密切相关，而心理健康又与一个人贫困的倾向有关。Putnam（2001）强调，贫困可能是由于缺乏社会资本造成的，但反过来却不一定。也就是说，社会资本水平低的地方并不总是穷人高度集中的地方。虽然穷人可能属于社会资本水平较高的社会群体，但他们往往缺乏利用现有社会资本所需的技能。因此，从本质上讲，社会资本是解决贫困问题的必要条件，但并不是充分条件。

贫困社区的物质和经济条件只会因社会资本而略有改善（Davis 和Sanchez – Martinez，2015）。社会资本的另一个消极方面是，密集的社会网络可能并不会在本质上为公众或社区带来价值，反而会降低社区的价值，卖淫网络、青少年帮派和黑手党家族就是社会资本的一些反面案例，与普遍利益背道而驰。尽管这些网络可能会使其参与者受益，但它们对社区福祉的影响却微乎其微，甚至相反（Putnam，2001）。

此外，本地网络中的社会资本可能会阻碍人们求职，尤其是在需要资源来减轻低收入影响的情况下（Davis，2014）。Pemberton 等（2013）认为，当社会资本较低时，许多人将被卷入贫困并持续下去；当人们的社会资本被削减时，如处于失业状态，低水平的社会资本就会经常出现。失业会阻碍人们参与社会网络，减少他们找到工作的机会，延长他们的贫困时间。

特别是当人们害怕失去社会资本时，就无法自由地去其他地方寻找工作。失业在人们中间变得更加普遍，特别是当人们对失去社会网络产生恐惧，将会阻止他们无法迁移到其他地区寻找工作。从社会资本理论的角度看，这是另一个可能导致贫困的因素。此外，家庭关系破裂和慢性疾病等问题也可能会导致社会排斥。只有建立强有力的社会安全网（这需要高水平的社会资本），才能消除社会排斥对普遍贫困的不利影响（Davis，2014；Davis 和 Sanchez - Martinez，2015）。此外，Davis（2014）认为，社会资本的缺乏可能会间接地对贫困产生不利影响。这意味着，由于该地区社会资本水平较低，当父母外出工作时，家庭获得亲友照顾的机会可能会受到限制，父母会选择有偿托儿服务，从而增加工作的机会成本，造成贫困循环（Davis，2014）。

16.2.3 心理学理论

除了经济学对贫困的解释，心理学也能解释贫困的原因（Weiss 和 Gal，2007）。贫困的心理学理论主要强调心理问题，即人际交往能力差和情感问题是造成贫困的因素。因此，根据心理学解释，一个人独特的情绪状态是造成其贫困的原因。心理学理论还认为，归因理论可以用来解释贫困的根源。根据归因理论，人们总是为失败寻找不同的借口，将错误归因于别人（El - Burki 等，2016；Hewstone，1990）。心理学家将基本归因错误定义为过分强调对失败的人格解释而不是情境行为主体的做法。基本归因错误是心理学解释理论存在的问题，这种倾向通常在承认小组成员的失败时显现出来。美国白人对黑人贫困的个人和文化解释正是这种模式的反映（Hewstone，1990）。

16.3 普惠金融与非经济视角的贫困理论

在第 3 章中，普惠金融被定义为以可负担的成本向广大弱势群体和低收入群体（如农村居民、女性、小企业、小农户、青年以及其他群体）提供银行服务的过程（Leeladhar，2005）。Thorat（2007）将普惠金融定义为，正规金融体系向上述受排斥群体提供负担得起金融服务的过程，如获得支付服务、汇款服务、储蓄以及贷款和保险服务。从这些定义中，我们可以看到，普惠金融是有助于社会包容的关键因素，更重要的是有助于消除贫困和收入不平等。普惠金融通过为弱势群体（如女性、青年、小型企业、残疾人、农村地区的家庭和个人以及穷人）提供机会，实现社会包容。Shirazi 和 Ashraf（2018）评估了普惠金融在减少社会排斥方面的作用，认为普惠金融有助于解决社会排斥问题，进而解决贫困问题。

Bongomin 等（2016）研究了社会资本在乌干达农村地区金融素养与普惠金融关系中的中介作用，将社会资本和金融素养与普惠金融之间联系起来。他们认为，社会资本是乌干达农村贫困者金融素养与普惠金融之间关系的重要中介。金融素养对普惠金融没有直接影响，而是通过社会资本的充分中介作用发挥影响。在乌干达农村贫困家庭中，社会资本将金融素养与普惠金融之间的关系提升了 61.6%；在缺乏社会资本的情况下，金融素养普及可能无法提高乌干达农村贫困家庭的普惠金融水平。因此，管理者、决策者和普惠金融实践者必须倡导并着手在农村社区建立社会资本，以提高农村贫困家庭的普惠金融水平（Bongomin 等，2016）。

Bongomin 等（2018）还研究了社会资本在乌干达农村地区金融机构与普惠金融之间关系中的中介作用，认为社会资本在乌干达农村地区金融机构与普惠金融之间的关系中发挥着重要的中介作用。因此，在乌干达农村地区，贫困者的社会资本在促进金融机构、改善普惠金融方面发挥着重要作用。银行等金融机构应以社会资本作为实物抵押品的替代品，促进普惠金融发展，尤其是在乌干达农村地区的贫困者中（Bongomin 等，2018）。现有证据表明，适当的金融服务有助于改善家庭福利和激励小型企业活动，特别是在发展中国家的贫困者中。向穷人提供全面基本金融服务，如储蓄、付款和汇款、贷款和小额保险等，有助于在经济和社会方面增强其摆脱贫困的能力（Ardic 等，2011；Demirgüç－Kunt 和 Klapper，2012；Mhlanga，2020b，2022）。

Khaki 和 Sangmi（2016）认为，贫困的经济层面和社会政治层面之间的相互作用是环环相扣、持续互动的，获得资金对几乎所有增强权能的社会政治指标都有积极影响，但对金融素养和经济认知的影响相对较小；获得经济资源和普惠金融服务有助于鼓励微型企业家从事盈利活动，进而为他们提供有利环境，推动其进入社会网络，获得发展所需的原材料、营销支持和业务联系；普惠金融会对社会资本产生积极影响，反之则相反；社会资本的数量和质量为微型企业家提供了获得各种资金来源的便捷途径。Okello Candiya Bongomin 等（2017）也认为，不同代际社会资本构成要素的变化，对乌干达农村贫困者的普惠金融产生了重要的积极影响。Onodugo 等（2021）也指出，为了实现上述目标，应努力建立能够为必要的金融行为提供信息的社会网络，促进企业集群内中小企业的普惠金融发展。

Setiawan 等（2021）考察了马来西亚地区社会资本在金融素养与普惠金融之间关系的中介作用，发现金融素养对普惠金融和社会资本都有重大影响，社会资本对普惠金融有重大影响，社会资本对金融素养与普惠金融之间的关系发挥中介作用；社会资本具有部分中介作用，即通过主要预测变量、金融素养和社会资本对普惠金融发挥影响。政府应利用社会资本政策促进社区普惠金融和区域经济发展。

16.4 第四次工业革命与非经济视角的贫困理论

正如前文所述，第四次工业革命正在改变影响人类生活的方方面面。各种技术的应用可能会对贫困水平产生巨大影响，尤其是因社会排斥而产生的贫困。实证研究发现，互联网的全球普及正在年轻人和老年人之间造成差距（Hunsaker 和 Hargittai，2018；Seifert 等，2021），这可能是产生社会排斥的渠道。例如，根据 Andersen 等（2019）的数据，在美国，65 岁及以上的群体中，仍有 27% 的人不使用互联网。Perrin 和 Atske（2021）研究《2021 年皮尤研究中心调查》（2021 *Pew Research Center survey*）发现，约有 7% 的美国成年人表示他们不使用互联网。然而，Perrin 和 Atske（2021）表示，尽管被排除在外的成年人比例很高，但仍然有许多美国人将网络活动作为生活的重要组成部分，以便与朋友和家人联系、购物、获取新闻和搜索信息。这表明，许多成年人从互联网中获益，从而解决与社会排斥相关的问题，有助于解决贫困问题。

Seifert 等（2021）指出，新冠疫情已经将老年人置于以身体社交接触为基础的社会之外，而且老年人还往往因为不适用互联网、缺乏必要的设备和网络连接，或缺乏使用技术的经验而被排除在数字服务之外，进一步指出年老体弱且不上网的老年人（其中许多人住在长期护理机构）在使用互联网时会遇到困难，他们挣扎在社会排斥和数字排斥的双重负担中。因此，从社会资本理论看，我们认为科技成为了社会排斥的根源，它将人们推向贫困，加剧不平等程度。

除此之外，社会资本理论认为，社会资本影响个人的社会地位，而社会地位又会影响个人获得标准人力资本特征的能力，人力资本特征又会对个人的经济地位和贫困状况产生重大影响。社会资本理论还深入分析了种族差异，认为白人有更好的机会，通过建立社会关系能力来获得积累社会资本的机会，从而提高市场就业机会。在第四次工业革命中，技术能够使人们在各种社交媒体平台上建立联系，以拥有更多的社会资本。Ciriello 等（2018）认为，区块链技术是一种前景广阔、但尚未被充分理解的大规模社会和经济变革的推动者。例如，区块链使用户可以在社交媒体平台上安全地分享信息并从中获利（Ciriello 等，2018）。

Alayis 等（2018）认为，学生的创业意向受到社交网站使用情况和了解程度的影响，这些网站通常是学生实践和开展创业活动的工具和平台。然而，这种意向受到信任感和竞争压力的制约，这意味着更多的安全计划、网络教育和培训能够促进和推动青年创业活动。社会资本理论还认为，很难将人力资本与个人的社会出身分开。人力资本和社会出身是获得标准人力资本特征的关键因素，这些特征会影响资产积累，进而影响个人的贫困状况。因此，必须指出，至关重要的是，如果不加强农村地区对技术的利用，这些人由于缺乏有助于提高其人力资本能力的社会资本而仍将处于贫困之中。

Ramos 和 Rodrigues（2020）得出结论，出生在互联网时代的年轻消费者将社交网络视为与朋友和家人沟通的主要途径，网络是他们与朋友交流和搜索产品和品牌信息的关键渠道。因此，当他们通过对产品的评论和评分来分享自己的观点时，他们就成为了品牌代理商，有助于建立品牌的网络声誉；社交网络有助于提高“百岁一代”（1996 年之后及世纪之交出生的一代人）的个人价值，这些平台的使用有助于教育这些用户。

社会资本理论中的社会资本可以看作是一种在创造个人消除贫困所需的其他形式资本方面发挥重要作用的工具，其他形式资本的一些例子包括在社会中获得权利，而技术正在这方面发挥良好作用。由于技术的力量，一些人成为了社会的影响者，他们利用这种力量通过广告摆脱贫困。除了用经济理论来解释贫困的根源外，还有一些心理学理论，也认为贫困是由心理因素造成的，对贫困根源的心理学解释主要集中在个人的情感问题和人际交往能力差的问题上。因此，贫困被归咎于个人的心理情绪状态。

Kalaivani 和 Blessing（2018）认为，当今教师使用了如电影剪辑、广告、评论和戏剧等不同技巧，使课程比过去的书本式教学有趣得多，而且还能让学生在课堂上专心听讲、聚精会神；电子学习也改变了人们对远程学习的看法，使学生像亲临课堂一样互动学习。他们进一步总结道，情绪对我们的行为有很大影响，网络学习与在线用户的情绪之间存在关系。因此，可以得出结论，技术有助于提高个人的情绪。根据心理学理论，贫困的根源是个人的心理情绪状态。因此，我们认为，技术有助于解决贫困问题。

16.5 小结

本章试图阐述不同于经济学贫困理论的各种非经济视角的贫困理论。本章着重指出前几章讨论的所有贫困理论都是基于纯粹的经济学原理，而贫困的社会排斥理论和社会资本理论的假设和结论则来自社会学和心理学等多个学科，并不局限于经济学。本章强调贫困的社会排斥原因是政治经济学理论的核心范式概念的一部分。本章表明，社会排斥理论和社会资本理论的基础是，社会科学等不同领域的研究成果，这有助于清楚地了解普惠金融和第四次工业革命对贫困的影响。本章最后从贫困的社会排斥理论、社会资本理论和心理学理论角度，分析了普惠金融和第四次工业革命发展对贫困的影响。

参考文献

1. Alayis, M. M. H., Abdelwahed, N. A. A., & Atteya, N. (2018). Impact of social networking sites' use on entrepreneurial intention among undergraduate business students: The case of Saudi Arabia. *International Journal of Entrepreneurship*, 22 (4), 1 – 18.

2. Andersen, O. W., Basile, I., De Kemp, A., Gotz, G., Lundsgaarde, E., & Orth, M. (2019). Blended finance evaluation: Governance and methodological challenges.

3. Ardic, O. P., Heimann, M., & Mylenko, N. (2011). Access to financial services and the financial inclusion agenda around the world: a cross – country analysis with a new data set. World Bank Policy Research Working Paper, (5537).

4. Bongomin, G. O. C., Ntayi, J. M., Munene, J. C., & Nabeta, I. N.

(2016). Social capital: mediator of financial literacy and financial inclusion in rural Uganda. Review of International Business and Strategy.

5. Bongomin, G. O. C., Munene, J. C., Ntayi, J. M., & Malinga, C. A. (2018). Exploring the mediating role of social capital in the relationship between financial intermediation and financial inclusion in rural Uganda. *International Journal of Social Economics*, 45 (5), 829 - 847.

6. Ciriello, R., Beck, R., & Thatcher, J. (2018). The paradoxical effects of blockchain technology on social networking practices. SSRN 3920002. 16.

7. Davis, E. P. (2014). A review of the economic theories of poverty.

8. Davis, E. P., & Sanchez - Martinez, M. (2015). *Economic theories of poverty*. Joseph Rowntree Foundation.

9. Demirgüç - Kunt, A., & Klapper, L. F. (2012). Financial inclusion in Africa: An overview. World Bank Policy Research Working Paper, (6088).

10. El - Burki, I. J., Porpora, D. V., & Reynolds, R. R. (2016). When race matters: What newspaper opinion pieces say about race and poverty. *International Journal of Communication*, 10, 17.

11. Hewstone, M. (1990). The "ultimate attribution error"? A review of the literature on intergroup causal attribution. European Journal of Social Psychology, 20 (4), 311 - 335.

12. Hills, J., & Stewart, K. (Eds.). (2005). A more equal society? New Labour, poverty, inequality and exclusion. Policy Press.

13. Hunsaker, A., & Hargittai, E. (2018). A review of Internet use among older adults. New Media & Society, 20 (10), 3937 - 3954.

14. Johnson, C. K., & Mason, P. L. (2012). Theories of poverty: Traditional explanations and new directions. The Oxford handbook of the economics of poverty (pp. 105 - 138).

15. Kalaivani, C., & Blessing Mary, A. (2018). Impact of technology on emotional intelligence.

16. Khaki, A. R., & Sangmi, M. (2016). Financial inclusion & social capital a case study of SGSY beneficiaries in Kashmir valley. Independent Journal of

Management & Production, 7 (4), 1005 – 1033.

17. Leeladhar, V. (2005). Indian banking – The challenges ahead. Studies in Indian Economy, 2, 202.

18. Loury, G. C. (1976). A dynamic theory of racial income differences (No. 225). Discussion Paper.

19. Mhlanga, D. (2020a). Financial inclusion and poverty reduction: evidence from small – scale agricultural sector in Manicaland Province of Zimbabwe (Doctoral dissertation, North – West University [South Africa]).

20. Mhlanga, D. (2020b). Industry 4.0 in finance: the impact of artificial intelligence (AI) on digital financial inclusion. *International Journal of Financial Studies*, 8 (3), 45.

21. Mhlanga, D. (2021). Financial access and poverty reduction in agriculture: A case of households in Manicaland province, Zimbabwe. *African Journal of Business and Economic Research*, 16 (2), 73.

22. Mhlanga, D. (2022). The role of artificial intelligence and machine learning amid the COVID – 19 pandemic: what lessons are we learning on 4IR and the sustainable development goals. *International Journal of Environmental Research and Public Health*, 19 (3), 1879.

23. Morazes, J., & Pintak, I. (2007). Theories of global poverty: Comparing developed world and developing world frameworks. *Journal of Human Behavior in the Social Environment*, 16 (1 – 2), 105 – 121.

24. Okello Candiya Bongomin, G., Munene, J. C., Ntayi Mpeera, J., & Malinga Akol, C. (2017). Financial inclusion in rural Uganda: The role of social capital and generational values. *Cogent Business & Management*, 4 (1), 1302866.

25. Onodugo, C., Ogbo, A., & Ogbaekirigwe, C. (2021). The moderating role of social capital on the effect of financial behaviour on financial inclusion. *Problems and Perspectives in Management*, 19 (3), 502.

26. Osterling, K. L. (2007). Social capital and neighbourhood poverty: Toward an ecologically grounded model of neighbourhood effects. *Journal of Human Behaviour in the Social Environment*, 16 (1 – 2), 123 – 147.

27. Pemberton, S. , Sutton, E. , & Fahmy, E. (2013) . Poverty and Social Exclusion in the UK. Bristol: Poverty and Social Exclusion/ESRC.

28. Perrin, A. , & Atske, S. (2021) . 7% of Americans don't use the internet. Who are they?

29. Putnam, R. (2001) . Bowling alone: The collapse and revival of American community Robert Putnam. Simon & Schuster.

30. Ramos, C. M. , & Rodrigues, J. M. (2020, July) . The influence of social networking technology on centennials purchase intent. In International Conference on Human – Computer Interaction (pp. 451 – 465) . Springer, Cham.

31. Seifert, A. , Cotten, S. R. , & Xie, B. (2021) . A double burden of exclusion?

32. Digital and social exclusion of older adults in times of COVID – 19. The Journals of Gerontology: Series B, 76 (3), e99 – e103.

33. Setiawan, M. A. , Salim, U. , & Khusniyah, N. (2021) . The mediating role of social capital in the relationship between financial literacy and financial inclusion. Jurnal Aplikasi Manajemen, 19 (4) .

34. Shirazi, N. S. , & Ashraf, D. (2018, Jan 30) . The interlinkage between social exclusion and financial inclusion: Evidence from Pakistan. Dawood, The Inter linkage between Social Exclusion and Financial Inclusion: Evidence from Pakistan.

35. Thorat, S. (2007) . Economic exclusion and poverty in Asia: The example of castes in India. (2020) focus brief on the world's poor and hungry people/International Food Policy Research Institute (IFPRI) .

36. Weiss, I. , & Gal, J. (2007) . Poverty in the eyes of the beholder: Social workers compared to other middle – class professionals. British Journal of Social Work, 37 (5), 893 – 908.

37. Wilson, W. J. (2012) . The truly disadvantaged: The inner city, the underclass, and public policy. University of Chicago Press.

第五部分

数字普惠金融研究案例

17. 发展中国家数字普惠金融成功案例

17.1　导言

金融服务为市场有效运行、经济和社会发展提供重要支撑。金融活动作为一种基础设施服务，与经济发展紧密关联，为农业、制造业和第三产业的运行以及个人发展提供必要的投入要素（Mhlanga，2020a，2022），而且为提高国内生产总值（GDP）、投资、就业贡献力量（United Nations Conference on Trade and Development，2021）。金融服务通过银行、证券和保险公司等渠道，调动和管理国内资金，为中小微企业和金融消费者提供信贷支持，以此促进国内交易和国际贸易发展（Mhlanga，2020b，2021；Mhlanga 和 Ndhlovu，2021；United Nations Conference on Trade and Development，2021）。因此，正如 17 项可持续发展目标所述，金融服务对经济社会发展至关重要。本章将介绍新兴发展中国家发展数字普惠金融和提供数字普惠金融服务的成功案例。

17.2　中国的数字普惠金融

世界银行集团和中国人民银行（2018）指出，“从农村信用社和政策性银行的改革，到代理银行模式产生，再到金融科技公司的出现和规模扩张，中国的普惠金融理念和实践经历了重大转变。近期，中国普惠金融发展特点呈现为各种不同的供应商、金融产品和政策措施大量涌现”。随着经济体制改革和金融业改革进程加快，中国公众和企业，尤其是中小微企业和低收入群体，现在可以获得更多的金融服务。

截至 2020 年 6 月末，中国对农业和中小微企业的贷款余额分别达到 40.7

万亿元人民币和37.8万亿元人民币，分别占全部金融机构贷款余额的24%和22%（He等，2021；Tufail等，2022）。Chen和Yuan（2021）认为，尽管中国普惠金融发展迅速，但仍处于初级发展阶段，尚需提高覆盖面和普及率，距离成为一个蓬勃且成熟的市场还有很远的路。尽管如此，普惠金融在帮助中国各地区消除贫困和实现经济发展方面已发挥了重要作用。根据2018年国际货币基金组织金融可及性调查（Financial Access Survey），中国每平方公里有10.8家商业银行网点，在159个国家和地区中排名第79位，不仅高于世界平均水平，而且高于美国（9.0）、巴西（3.7）、俄罗斯（1.9）、加拿大（0.7）和澳大利亚（0.7）等国家（Chen和Yuan，2021）。根据Chen和Yuan（2021）的统计，中国每10万名成年人拥有8.8家商业银行网点，中国在159个国家和地区中排名第112位，低于经济合作与发展组织国家平均水平和金砖国家平均水平。2017年世界银行的普惠金融数据库调查也证明了这一点。中国每平方公里自动取款机（ATM）数量为118.3台，每10万名成年人拥有96.3台自动取款机（ATM），在全球分别排名第25位和第24位，遥遥领先于同地区其他经济体（Chen和Yuan，2021）。图17.1显示了中国每10万名成年人拥有的自动取款机（ATM）数量变化情况。

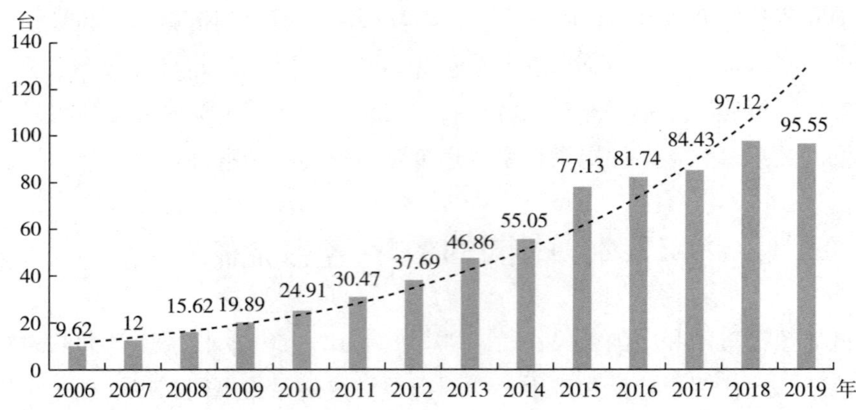

图17.1 中国每10万名成年人拥有自动取款机数量

17.2.1 自动取款机数量变化情况

图17.1显示，自2006年以来，中国每10万名成年人拥有的自动取款机

（ATM）数量持续增加，仅在2018年和2019年之间略有下降；整体呈现不断上升态势。

世界银行集团和中国人民银行对中国金融机构的实体网点的统计包括分支机构、自动取款机（ATM）和代理机构。统计估算结果与二十国集团（G20）高收入国家的中位数持平，并明显高于二十国集团的中等收入和中低收入国家。世界银行集团和中国人民银行（2018）强调，中国的代理机构网点对提高中国银行业机构的网点总覆盖面发挥了重要作用，庞大而广泛的代理机构网点有力支持了中国银行业的分支机构网点。就绝对规模而言，中国有近100万家代理机构网点，居世界首位。但中国代理机构网点的功能有限，如缺乏开户、还贷以及存款入账等功能，导致其难以充分推动金融产品使用，成为制约普惠金融发展的因素之一。中国在移动网络和互联网方面的高普及率，为中国公众提供了获取和使用更多金融产品和服务的途径。在移动网络和互联网的推动下，中国点对点（P2P）网络借贷平台和非银行数字支付供应商不断发展壮大，此外，中国还有更多的金融科技创新案例。

然而，相较于其他国家，中国只有略多于一半的成年人表示他们的家庭可以使用互联网，低于二十国集团中高收入国家和中低收入国家的平均水平。中国基本普及了具有上网功能的手机，成人普及率达97%。世界银行集团和中国人民银行（2018）强调，中国在普及基本而重要的金融工具方面——储值交易账户——取得了重大进展。2014年全球普惠金融数据库调查的数据也证实了这一点，调查显示，79%的中国成年人表示至少有一个储值交易账户，包括在受监管的金融机构或数字支付供应商开立的交易账户和存款账户。

17.2.2　村镇银行推动普惠金融发展情况

根据Chen和Yuan（2021）的分析，法规和政策激励、市场机遇、竞争加剧等因素推动了多元化金融机构扩大其分支机构的覆盖范围，尤其是在中国的偏远地区和农村地区。截至2019年末，中国银行业金融机构的构成如下：国有商业银行6家、股份制商业银行12家、城市商业银行134家、农村金融机构3915家，其中农村商业银行1478家、农村合作银行28家、农村信用社722家、村镇银行1630家、农村资金互助社44家、贷款公司13家。中国的银行和金融机构分支机构和网点数量也急剧增加，截至2019年末已达22.8万个，比2013年末增长8.4%。农村金融服务供应商的数量也大幅增加，尤其是新型农村金融机构，如村镇银行、贷款公司、小额贷款公司和农村资金互助社。根据Chen和Yuan（2021）的研究，截至2018年末，四类新型农村金融机构共有84000个营业网点；截至2019年末，四类新型农村金融机构有110万台自动取款机（ATM），3100万个销售点（POS）。

中国的村镇银行大幅提升了农村和偏远地区金融服务的广度和覆盖面，为许多小农户和小微企业提供金融服务。例如，自2006年开展村镇银行试点以来，全国已设立1633家村镇银行，其中65.7%分布在中西部地区，在31个省（自治区、直辖市）的1300个县都设有村镇银行。县域的农户和小微企业从村镇银行获得的贷款占比超过90%。截至2019年9月末，借款人平均贷款余额为4.8万美元。监管部门要求主发起银行积极支持村镇银行稳步发展。在此举措推动下，符合监管标准的商业银行成为村镇银行的主要股东和发起人，在公司治理、风险管理、技术和人才等方面，为村镇银行提供帮助并加强督导。

截至2019年末，中国银行子公司中银富登村镇银行在全国22个省有166家分支机构和125家村镇银行，成为中国最大的村镇银行集团。为满足中小微企业和农户多样化、特色化的金融需求，中银富登村镇银行提供了广泛而丰富的涉农贷款等金融产品和服务。Chen和Yuan（2021）的数据显示，中银富登村镇银行提供的涉农贷款产品涵盖水产养殖和家禽养殖等17类农产品中的76个品类。截至2019年末，该银行总资产为94.3亿美元，存贷款余额分别为60亿美元和64亿美元，比2011年末分别增长45倍和96倍。

17.2.3 银行账户、银行卡和贷款发放情况

银行账户和银行卡覆盖率是普惠金融的重要标志，因为这使人们有能力获得各种金融服务，并提升自身金融素养。在中国，得益于商业银行、金融基础设施和清算系统的快速发展，许多人拥有银行账户以及信用卡和借记卡。中国人民银行（PBC）表示，截至2019年末，商业银行已经开设84亿个账户并发行113亿张银行卡，而在2009年时仅有20亿个账户和28亿张银行卡（Gao和Yang，2021；Huang，2020）；截至2019年末，人均拥有8.09个账户和6.03张卡。从增长率看，农村地区的发展速度快于城市地区，这说明偏远地区和农村地区的银行账户和信用卡普及率快速提高（Gao和Yang，2021；Huang，

2020)。银行业金融机构贷款审批中的传统风险评估手段通常为合格抵押品，由于中小微企业和农民抵质押品有限，这限制了中小微企业和农民的贷款可得性。这一问题体现了在未得到充分金融服务群体中提供更为细分的贷款服务的重要性。

中国的商业银行和其他金融机构努力改进贷款评估工具，拓宽抵押品范围，创新金融产品，并采取新的贷款偿还策略，以确保中小微企业和农户在遵守监管要求、应对激烈的金融市场竞争的同时，能够获得更多的贷款支持，使未得到充分金融服务群体也能够得到更多的金融支持。根据 Chen 和 Yuan (2021) 的研究，新型融资方式在中国迅速发展，金融服务不足的企业能够通过基于应收账款和存货的供应链金融获得金融服务。

截至 2020 年 6 月末，中国用于农业和中小微企业的银行贷款余额分别达到 40. 7 万亿元人民币和 37. 8 万亿元人民币。例如，银行发放的单户授信 1000 万元以下贷款同比增长了 28. 4%，贷款余额达到 13 万亿元人民币，远高于 14% 的全部贷款增长率（Chen 和 Yuan，2021；Hasan，2020）。另一个重要问题是，由于高额贷款利率阻碍微型企业或低收入群体有效获得资金，潜在的贷款申请人很难通过授权渠道获得资金。Tsai（2017）指出，中国的银行业金融机构在政府和新技术支持下，逐渐完善了成本控制和风险分担机制。为了将小额分散的普惠性贷款成本控制在可接受的范围内，银行采取了一系列优惠的政策措施。根据中国银行保险监督管理委员会统计，2020 年上半年，全国新发放小微企业贷款平均利率为 5. 94%，企业贷款平均利率为 4. 64%，比 2019 年同期平均水平分别下降 0. 76 个百分点、0. 48 个百分点（Chen 和 Yuan，2021；Hasan 等，2020）。

建立金融信息基础设施，如信用评级平台和担保体系等，通过降低信息不对称和交易风险，将有效推动普惠金融发展。近年来，中国的金融信息基础设施建设取得长足发展。中国人民银行征信中心成立后，于 2006 年启动了征信系统，这是第一个核心基础设施，由中国人民银行管理。征信系统通过消除借贷双方的信息不对称，促进向个人和企业提供负责任的贷款。根据 Chen 和 Yuan 的研究（2021），截至 2019 年末，已有 10 亿个人和 2830 万家企业被纳入征信系统，其中 53% 是中小微企业。中国人民银行创建了世界上数据规模最大、最全面的征信系统。此外，新的监管政策也大幅放宽要求，金融服务供应商可以更加灵活使用抵押或担保。例如，国有和私营担保公司的出现，为商业银行发放贷款提供了更多可选择的风险缓释手段，从而能全面开展风险评估，降低贷款风险（Chen 和 Yuan，2021）。

17.2.4 数字普惠金融发展

根据 Huang（2020）的研究，中国已逐渐发展成为全球数字金融和金融科技（FinTech）的引领者之一。随着数字技术与金融服务融合，传统金融机构和新兴的互联网金融服务供应商都进一步提升了自身服务能力，以对接金融消费者和中小微企业等未被满足和忽视的金融需求。根据 Lai 等（2020）的研究，数字普惠金融降低了金融服务准入门槛，并利用创新模式、数字支付和金融产品提高了运营效率。广泛发展的数字支付取代了实体支付，通过支持偏远和农村地区，消除了金融服务的地域限制，这是中国数字普惠金融的第一个特点。Chen 和 Yuan（2021）研究发现，部分商业银行提供了一体化的金融服务平台，包括多种支付平台和多种支付产品，如银联的云闪付和中国银行的闪付、中国银行的跨境电商直连等支付产品，随着近场通信（NFC）、二维码等新型支付技术使用率提升，互联网支付和移动支付的交易笔数和交易额都保持了良好的增长势头。

随着支付宝和微信支付等非银行机构的普及，互联网支付和移动支付的增长率也在不断提高，中国农村地区的数字支付增长率明显高于城市地区。中国人民银行的数据显示，农村地区的互联网支付和移动支付从 2017 年的 1600 亿元人民币攀升至 2018 年的 3090 亿元人民币，接近城市地区。尽管近年来数字普惠金融取得了显著进步，但与世界其他地区一样，中国部分成年人仍缺乏基本的金融服务，这些成年人大多生活在农村地区。中国农村居民账户拥有率低于城市居民；实现城乡普惠金融的均等是更严峻的任务，因为中国的农村人口总数远远超过二十国集团所有国家的总和。由于电子商务和基于社交网络的非银行数字支付平台在中国的普及，互联网支付和手机支付现在已不再相互排斥。最近一年，19% 的中国成年人声称从其账户进行过网上支付，14% 声称进行过手机支付。

17.3　非洲的数字普惠金融

M－Pesa 推出后，每天有数百万非洲人使用数字金融服务，为代理商创造了数十万个就业岗位，并对金融机构和国民经济的运行产生了重大影响。国际金融公司（IFC）（2018）认为，数字普惠金融服务在撒哈拉以南非洲地区的显著扩张催生了全新的金融市场，提供价格合理、易于获取和可持续的金融服务，大幅提高了普惠金融水平，改善了数百万人的经济状况。在非洲，数字普惠金融服务的出现带来了全新的支付手段，推动了全新服务的发展，特别是有利于微型企业的初创。具有创新文化的开拓性组织能够迅速抓住数字普惠金融服务带来的机遇。数字普惠金融的最大功绩在于，当前，金融服务供应商都在研究如何利用这些数字技术提供适合低收入群体的金融产品和服务。大多数非洲人生活在农村社区，大多依赖现金交易。因此，数字普惠金融为个人、机构和国家提供了潜在的巨大优势。

据预测，到 2025 年，广泛采用数字普惠金融将使新兴经济体的 GDP 年均增长 3.7 万亿美元，其中 1/3 来自对中小微企业的新投资，2/3 来自大型企业和公共部门生产率的提高（IFC，2018；Kariuki，2020；Mwania，2018）。

17.3.1　发展背景与基础

尽管一些机构早年也在非洲探索开展数字普惠金融工作，但该地区数字普惠金融的发展基础在很大程度上主要受到了撒哈拉以南非洲地区数字普惠金融服务发展的影响。2007 年 Safaricom 公司在肯尼亚推出的 M－Pesa 移动支付服务成为革命性转折点（Kingiri 和 Fu，2019；McBride 和 Liyala，2021）。根据 IFC（2018）的研究，M－Pesa 在最初进入市场时，通过代理网络提供现金入账和出账服务、网上充值和个人对个人转账服务。其主要创新之处在于将金融服务与原有的金融基础设施分开，以移动网络运行，能够适应个人低成本、低收入的商业模式。自此，这一理念已被多个行业的数字普惠金融服务供应商所接受。

在 M－Pesa 推出时，肯尼亚银行业一直在推动创新。Equity 银行凭借其市场资本优势，创新地为其客户、微型企业和农业部门提供低成本融资方案；到

2011 年，该银行已为他们提供了超过 100 万笔贷款，金额达 14.5 亿美元。2017 年，肯尼亚共有 3700 万个活跃的移动支付账户，交易额达 360 亿美元（Central Bank of Kenya，2022；IFC，2018；Kariuki，2020；Mwania，2018）。撒哈拉以南非洲地区的数字支付在全球范围内处于领先地位，其数字金融账户注册量占全球总数的近一半，数字金融账户数超过银行账户数。在该地区，有 276 项服务横跨 90 个市场，注册客户超过 6.9 亿，每天交易额达 100 万美元（IFC，2018；Money，2017；Sy 等，2019）。非洲大多数有远见的银行和小额贷款机构立即认识到数字普惠金融赋能其业务的潜力，他们主要利用代理服务扩大业务范围，接入移动支付，提高客户便利性。许多机构开始考虑向底层的无银行账户个人和中小微企业拓展移动支付服务。这些个人和中小微企业虽然单个看起来金融能力不强，但通过规模效应却能提供可观的新增存款。随着争夺传统高价值客户的竞争加剧，银行也开始采取这一策略。Statista（2022a）的数据图显示了 2011 年至 2027 年撒哈拉以南非洲智能手机的用户数量变化情况。

图 17.2 展示了非洲智能手机用户的稳步增长。预计到 2027 年，撒哈拉以南非洲的智能手机用户数将从 2021 年的 5.03 亿增至 7.98 亿。图 17.3 显示，2006—2018 年，注册的移动支付账户数量变化趋势与图 17.2 所示的智能手机用户数量增长趋势相同。图 17.3 显示了 2006—2018 年每年年末的移动支付账户总数。移动支付服务的用户可以使用移动设备发送和接收汇款，而无须开设正规银行账户。

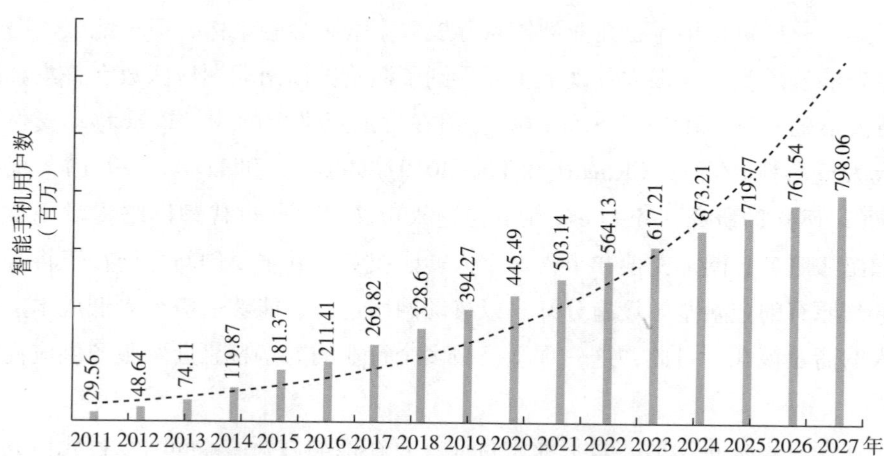

图 17.2　2011—2027 年撒哈拉以南非洲地区的智能手机用户数

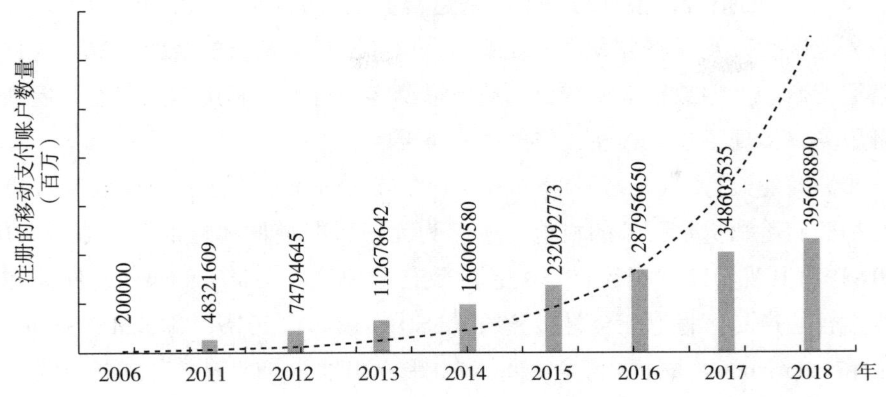

图 17.3　2006—2018 年撒哈拉以南非洲地区注册的移动支付账户数量

图 17.3 显示了移动支付在非洲的迅速扩展。其背后的原因包括，数字技术的提升，传统金融服务获取难度较大，以及新冠疫情带动的非接触式支付方式的兴起。移动支付服务由电信公司提供，由授权代理商网络提供技术支持，注册用户可将钱存入虚拟钱包，并用这些钱包支付和购物，也可以用来完成点对点（P2P）转账（Statista，2022b）。Statista（2022b）研究认为，移动支付使无法获得银行服务的人也能获得金融服务，使没有银行账户的人也能参与经济活动。因此，移动支付的使用在非洲急剧增加。非洲是世界上银行账户最匮乏的地区之一。在撒哈拉以南非洲、中东和北非地区，2019 年有 2 亿用户进行了 244.6 亿笔移动支付交易，占全球交易总量的 64.15%（Statista，2022a，2022b）。在 2019 年的 6901 亿美元移动支付交易额中，撒哈拉以南非洲地区交易额为 4563 亿美元。移动支付日益成为非洲电信公司的重要收入来源。在撒哈拉以南非洲地区，约有 144 家移动支付供应商，其中 M－Pesa、MoMo 和 Orange Money 占据较大的移动支付市场份额（Statista，2022）。

17.3.2　发展的关键驱动因素

相互合作关系是驱动非洲数字普惠金融服务发展的关键因素之一。许多金融服务，尤其是银行和小额贷款机构提供的金融服务，初期都是闭环系统。然而，随着人们将其个人账户与其他账户连接、与其他金融机构的账户相互连接的需求越发旺盛，互操作性在金融市场中越发重要。通过在整个价值链上发展数字支付，收款人可通过各种数字普惠金融服务领取工资和社会福利。根据

IFC（2018）的报告，银行与移动网络运营商之间的合作正在不断深入，并扩大服务范围，以互联服务方式开发新的客户和服务。银行的金融资源可与移动网络运营商的大型数据集相结合，精准描绘客户行为，利用人工智能开展新的金融服务，体现了建立相互合作关系的重要性。

非洲商业银行（CBA）和Safaricom的M－Shwari是首个支持数字普惠金融的小额储蓄和贷款服务的机构，专门为无银行账户群体提供金融服务，IFC（2018）将其视为建立相互合作关系的最佳范例之一。M－Shwari是储蓄和贷款相结合的产品，肯尼亚金融服务局（FSD Kenya）（2016）称，M－Shwari由CBA和Safaricom共同推出，M－Shwari账户由非洲商业银行（CBA）开设，但需与Safaricom提供的M－Pesa移动支付账户连接，M－Pesa钱包是向M－Shwari账户存款或从其取款的唯一途径。

通过为用户提供存款产品，并将贷款扩展至社交网络之外，M－Shwari试图通过让用户自主选择是否存款，扩大M－Pesa钱包的消费和收入利益，并使其功能多样化。在调查中，M－Shwari用户表示，其贷款和存款的主要目的是用于支付意外支出，并控制现金流变化。在4年内，M－Shwari有1400万用户，持有8100万美元的存款，并发放了近10亿美元的贷款。该项目的成功归功于配置了简单、易懂的客户操作说明。事实证明，这种简单易懂的客户操作说明非常有效。截至2014年末，该公司已向280万借款人发放了2060万美元贷款，并有920万个储蓄账户和720万注册用户。该项目由非洲商业银行（CBA）完成，就注册客户总数而言，非洲商业银行（CBA）是国家最大的零售银行。

2014年，非洲商业银行（CBA）与坦桑尼亚的Vodacom公司合作推出了类似的M－Pawa，到2017年每月发放贷款超过35万笔，价值超过5亿坦桑尼亚先令，约25万美元。在乌干达和卢旺达，与MTN建立了类似的合作伙伴关系，以“MoKash”为品牌，在推出第一年就有超过250万注册客户（Bharadwaj等，2019；IFC，2018；Nan和Markus，2019；Zhou，2015）。整个非洲大陆正在建立移动网络运营商和金融机构间的合作联盟，共同提供具有吸引力的数字普惠金融服务（Davidovic等，2020；IFC，2018）。

在坦桑尼亚，受数字服务供应商之间的激烈竞争，以及该国正在建设首个由市场主导的国内P2P移动支付互操作性平台的影响，难以获得建立合作关系所需的信任。此外，每个供应商都担心平台的互操作性会降低自身收益（Davidovic 等，2020；IFC，2018）。根据 IFC（2018）的研究，部分供应商正通过采用信息和通信技术战略，向金融科技公司开放应用程序接口，推进建立合作伙伴关系。应用程序接口（API）规定了两个系统如何以严格规范的方式相互通信连接。同时，允许第三方创建新系统和新产品，将供应商的专有信息安全地接入其服务和应用程序。M－Pesa 应用程序接口允许公司测试新的业务，并提供内置支付功能，让企业直接进行数字支付（IFC，2018）。

17.3.3　肯尼亚的成功案例

（1）M－Pesa 案例。近年来，由沃达丰公司和 Safaricom 运营的 M－Pesa 发展迅速，为 7 个国家提供服务。2017—2020 年，该产品的用户数量增加了 1200 万，当年用户总数达到 4150 万（Statista，2022b）。2020 年，M－Pesa 客户进行了 122 亿笔交易，为公司带来 7.8436 亿美元收入。MTN 集团提供的移动支付服务 MoMo 也呈现类似增长趋势。截至 2020 年 3 月末，MoMo 的活跃用户已达 3510 万（Statista，2022b）。

在非洲南部地区，银行服务相对难以获得，导致对使用移动支付产生了负面影响。移动支付在非洲起步较慢，其在非洲的使用率可能会在未来一段时间内继续增加，以解决非洲部分地区的金融排斥问题。截至 2016 年末，M－Pesa 每天转账超过 1030 万笔，2016 年 4 月 1 日至 2016 年 9 月 30 日期间，M－Pesa 的转账金额达到 3.2 万亿美元。2016 年 9 月 30 日，共兑换了 3.2 万亿肯尼亚先令。截至 2019 年 3 月末，M－Pesa 有 2260 万活跃用户（Oriyomi，2020）和超过 167000 个移动支付代理商，并与众多银行和自动取款机连接。移动银行业务的发展使得肯尼亚银行账户覆盖率快速增长，从 2006 年的 27% 提高到 2016 年的近 75%（Musa 等，2021；Oriyomi，2020）。尽管西联汇款公司也接受世界各地的国际移动转账，但国内移动转账仍以 M－Pesa 为主。

客户可以移动支付方式向各种组织汇款和收款，包括企业、公用事业单位和政府组织的定期支付等。许多金融服务将银行账户与移动支付连接，包括小额储蓄、贷款、保险以及银行账户和移动支付之间的转账。肯尼亚有 4700 万人口，是东非的经济、金融和交通枢纽。IFC（2018）的数据显示，肯尼亚近 3/4 的人口生活在农村地区，其中 61% 从事农业，主要是小农户；农业仍然是该国的主要产业，产值占国内生产总值（GDP）的1/3。

内罗毕已经成为肯尼亚金融科技中心，又称肯尼亚“硅谷”，这得益于当地数字普惠金融服务增长带来的机遇、现有金融机构的局限性以及支持性的监管环境（Musa 等，2021；Oriyomi，2020）。2017 年 82% 的成年人拥有金融账户，移动钱包对普惠金融发展产生了重大影响。自 2007 年推出 M – Pesa 以来，肯尼亚的移动支付产业已成为非洲最大、最成功的产业。其成效表现为，一方面，截至 2017 年末，肯尼亚共有 3740 万个移动钱包，成年人的移动钱包覆盖率达到 133%。在肯尼亚，有 6 家运营商支持移动支付，其中 81% 的移动支付使用 Safaricom（M – Pesa）系统，而 Airtel Money 和 Equitel 各占 6%。M – Pesa 和 Equitel 占据了市场主导地位，在 2017 年 7—9 月期间，M – Pesa 和 Equitel 分别占据了 166 亿美元交易额的 80% 和 19%（IFC，2018）。另一方面，自 2012 年以来，MShwari 的小额储蓄和贷款业务在肯尼亚及其他市场取得显著成效，它们使用的是移动钱包和移动网络。综上所述，肯尼亚自发展数字普惠金融以来，最显著的成效是促进了 M – Pesa 在金融消费者和企业支付方面的广泛使用。

在大多数市场中，多数金融交易在实体商店进行，由于商户费用、税收和管理等原因，店主通常不愿意接受移动支付。然而，2015 年肯尼亚仍有 4.9 万家企业接受移动支付，每天约有 100 万人使用移动支付。消费者的金融需求推动商家接受移动支付，许多企业主也被基于顾客使用 M – Pesa 会为其带来的低成本贷款承诺所吸引。银行卡支付一直在稳步下降，这可能与移动钱包在零售业的成功使用有关，以至于在 2017 年，肯尼亚成为第一个推出纯移动零售债券 M – Akiba 的国家，允许小额投资者以低至 30 美元购买。这种债券非常受欢迎，在 13 天内售罄。肯尼亚监管机构长期以来对数字普惠金融服务持“观望”态度，允许移动网络运营商建立合作伙伴关系，提供数字普惠金融服务和发行数字货币。

（2）M – Tiba 案例。第一，M – Tiba 的背景。肯尼亚于 2015 年创建了M – Tiba 数字支付和管理平台，以帮助受自付医疗费用影响最严重的所有低收入群体获得医疗保健服务。M – Tiba 服务的设计和实施方式不区分性别，有助于发展女性普惠金融（Mwangi，2019；Wilson 等，2022）。M – service Tiba 的合作伙伴包括金融科技公司和支付管理机构，如 Care Pay、Pharm Access Foundation、Safaricom 和 UAP 保险。这些合作伙伴提供各种金融解决方案，如移动储蓄账户、受益人医疗保险、医疗基金以及为诊所和捐助者提供的支付管理服务（Pazarbasioglu 等，2020；Wilson 等，2022）。此外，M－Tiba 还为健康保险公司和医疗保健供应商提供管理服务。同时，M－Tiba 账户还允许接收汇款，并提供价值高达约 80 美元的免费人身意外保险。肯尼亚国家医院保险基金（NHIF）通过应用程序与 M－Tiba 账户连接，客户能以数字化方式支付保费，这对占肯尼亚 80% 以上劳动力的非正规工人至关重要。参加保险计划遵守自愿原则，虽然每个家庭每月保险费用为 5 美元，但参保率仍然很低。

第二，M－Tiba 的运作模式。与 M－Tiba 平台连接的公共医疗机构网络平台会影响 M－Tiba 的运营模式。该平台于 2016 年推出，用于管理所有程序和交易，目前已有 3128 家医疗机构注册，到 2021 年将有 470 万用户，每年管理超过 100 万份医疗申请，交易量超过 1.048 亿笔。M－Tiba 平台的用户可使用该平台汇款和收款，将钱存入储蓄账户，并使用 M－Pesa 移动支付服务支付医疗费用。M－Tiba 是用户汇款和收款的安全途径。例如，家人和朋友的汇款可指定专门用于支付医疗费用。此外，用户的 M－Tiba 账户可作为接收捐助补贴和礼品卡的安全途径。捐助者的资金将用于实现特定目标，如治疗疟疾。

为保护医疗保健融资，M－Tiba 资金必须用于医疗机构。参与并完成M－Tiba 要求的医疗服务供应商可进入系统，接受业务管理和 M－Pesa 电子支付系统培训。由于为医疗服务供应商提供了管理协助，提高了整个医疗保健系统效率。M－Tiba 用户可使用移动设备选择及查找附近的医疗服务供应商。与 M－Tiba 有联系的医疗服务供应商采用国际公认的安全护理标准，M－Tiba 不断与其服务供应商合作，提高标准和管理水平，以获得预防性保健资金，降低慢性病及其他疾病的患病率。

捐助者能够更有效地跟踪资金的使用情况，医疗服务供应商和医疗保险公司可参与并获得有效的支付和信息服务。2015 年对该平台进行的市场接受度测试表明，尽管仍缺乏 M－Tiba 的性别分类数据，但 M－Tiba 对低收入群体中的女性产生了激励作用。评估对象为 5000 名居住在内罗毕附近地区、孩子未满 5 岁的妈妈。在试点前 6 个月，63% 的参与者使用了健康钱包；14% 的参与者表示，如果她们没有成为 M－Tiba 的客户，可能会推迟接受治疗。2020 年 8

月进行的全国代表性医疗保健移动服务调查，证明了 M－Tiba 对医疗保健金融的影响。在保险和支付方面，37%以上的受访者表示他们将手机用于医疗保健相关功能。M－Pesa、M－Tiba 和肯尼亚国家医院保险基金（NHIF）是最受欢迎的移动服务之一。

（3）发展趋势。图 17.4 基于 Deloitte（2022）数据，展示了2009—2021年肯尼亚数字普惠金融发展趋势。在大多数情况下，评估数字普惠金融的 3 个要素：获得金融服务的机会、金融服务的使用率以及金融产品和服务的质量。

图 17.4 显示了 2009 年以来肯尼亚在提高数字普惠金融方面的进展情况。数字普惠金融从 2009 年的 40.4% 上升到 2021 年的 83.7%。此外，无法获得正规融资的家庭比例自 2009 年以来一直在下降，从 2009 年的 32.7% 下降到 2021 年的 11.6%。这些数据表明，肯尼亚的数字普惠金融水平不断提高。M－Pesa 在提高数字普惠金融水平方面发挥了重要作用，尤其是对无银行账户的弱势群体而言更为重要。M－Pesa 自 2007 年 3 月首次为客户提供服务以来，已经取得了显著的发展成效。

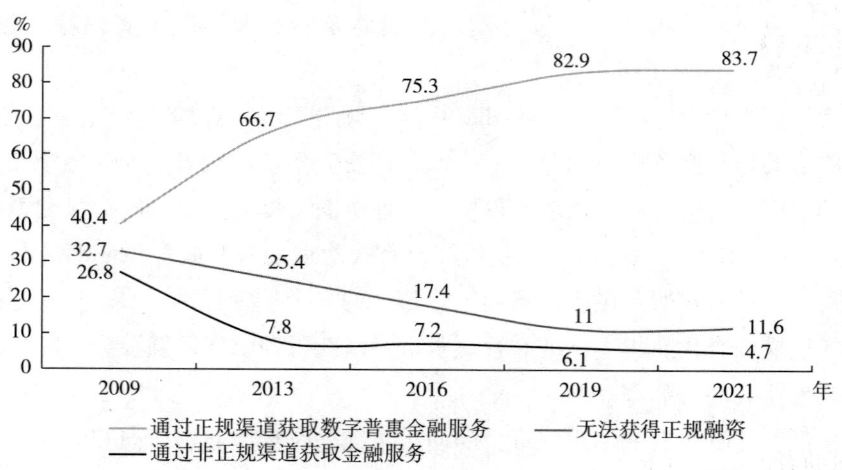

图 17.4 肯尼亚数字普惠金融发展趋势

17.4　小结

本章探讨了数字普惠金融在发展中国家的成功案例。提供数字普惠金融服务的大多数国家经济金融发展良好，具有充足的数字普惠金融基础设施。这些基础设施通常由大型跨国公司、先进技术机构和政府提供。本章详细分析了中国和非洲的数字普惠金融发展情况，重点讨论了肯尼亚 M – Pesa 和 M – Tiba 数字普惠金融产品取得的显著成就。

参考文献

1. Bharadwaj, P. , Jack, W. , & Suri, T. (2019) . Fintech and household resilience to shocks: Evidence from digital loans in Kenya (No. w25604) . National Bureau of Economic Research.

2. Central Bank of Kenya. (2022) . National Payments System.

3. Chen, W. , & Yuan, X. (2021) . Financial inclusion in China: An overview. Frontiers of Business Research in China, 15 (1), 1 – 21.

4. Davidovic, S. , Nunhuck, S. , Prady, D. , & Tourpe, H. (2020) . Beyond the COVID – 19 crisis: a framework for sustainable government – to – person mobile money transfers.

5. Deloitte. (2022) . Beyond financial inclusion: Redefining financial services for financial health in Kenya.

6. FSD (Financial Sector Deepening) Kenya. (2016) . The growth of M – Shwari in Kenya—A market development story going digital and getting to scale with banking services.

7. Gao, Y. , & Yang, H. (2021) . Does ownership matter? Firm ownership and corporate illegality in China. Journal of Business Ethics, 168 (2), 431 – 445.

8. Hasan, M. M. , Yajuan, L. , & Khan, S. (2020) . Promoting China's inclusive finance through digital financial services. Global Business Review, 0972150919895348.

9. He, D. , Du, Z. , & Xia, J. (Eds.) . (2021) . Chinese finance policy for a new era. Springer Singapore.

10. Huang, Q. (2020) . Ownership concentration and bank profitability in China. Economics Letters, 196, 109525.

11. International Finance Corporation. (2018) . Digital access: The future of financial inclusion in Africa.

12. Kariuki, K. (2020) . The political economy of the Kenyan agricultural sector in an era of decentralisation (Doctoral dissertation, SOAS University of London) .

13. Kingiri, A. N. , & Fu, X. (2019) . Understanding the diffusion and adoption of digital finance innovation in emerging economies: M – Pesa money mobile transfer service in Kenya. Innovation and Development.

14. Lai, J. T. , Yan, I. K. , Yi, X. , & Zhang, H. (2020) . Digital financial inclusion and consumption smoothing in China. China & World Economy, 28 (1), 64 – 93.

15. McBride, N. , & Liyala, S. (2021) . Memoirs from Bukhalalire: a poetic inquiry into the lived experience of M – PESA mobile money usage in rural Kenya. European Journal of Information Systems, 1 – 22.

16. Mhlanga, D. (2020a) . Financial inclusion and poverty reduction: evidence from small scale agricultural sector in Manicaland Province of Zimbabwe (Doctoral dissertation, North – West University [South Africa]) .

17. Mhlanga, D. (2020b) . Industry 4. 0 in finance: The impact of artificial intelligence (AI) on digital financial inclusion. International Journal of Financial Studies, 8 (3), 45.

18. Mhlanga, D. (2021) . Financial inclusion in emerging economies: The application of machine learning and artificial intelligence in credit risk assessment. International Journal of Financial Studies, 9 (3), 39.

19. Mhlanga, D. (2022) . COVID – 19 and digital financial inclusion: Policies and innovation that can accelerate financial inclusion in a post – COVID world through fintech. African Journal of Development Studies (formerly AFRIKA Journal

of Politics, Economics and Society), 2022 (si2), 79 – 100.

20. Mhlanga, D., & Ndhlovu, E. (2021). Socio – economic and political challenges in Zimbabwe and the development implications for Southern Africa. Journal of African Foreign Affairs, 8 (2), 75.

21. Money, G. M. (2017). State of the industry report on mobile money.

22. Musa, G. A., Anyuki, B. K., & Otieno, S. B. (2021). Assessing the Influence of Financial Sector Development on Kenya's Economic Growth.

23. Mwangi, S. M. (2019). An exploratory study of creating shared value in Kenya: a case study of M – Tiba (Doctoral dissertation, Strathmore University).

24. Mwania, P. M. (2018). Antecedents of technology adoption and financial inclusion among micro – enterprises in Machakos county, Kenya (Doctoral dissertation, KeMU).

25. Nan, W. V., & Markus, M. L. (2019, May). Is inclusive digital innovation inclusive? An investigation of M – Shwari in Kenya. In International Conference on Social Implications of Computers in Developing Countries (pp. 460 – 471). Springer, Cham.

26. Oriyomi, I. M. (2020). Effect of financial deepening on economic growth in Kenya (Doctoral dissertation, Univepcitet imeni Albfpeda HobelЯ).

27. Pazarbasioglu, C., Mora, A. G., Uttamchandani, M., Natarajan, H., Feyen, E., & Saal, M. (2020). Digital financial services. World Bank, 54.

28. Statista. (2022a). Number of smartphone subscriptions in Sub – Saharan Africa from 2011 to 2027.

29. Statista. (2022b). Mobile money in Africa – statistics & facts.

30. Sy, M. A. N., Maino, M. R., Massara, M. A., Saiz, H. P., & Sharma, P. (2019). FinTech in sub – saharan African countries: A game changer? International Monetary Fund.

31. Tsai, K. S. (2017). When shadow banking can be productive: Financing small and medium enterprises in China. The Journal of Development Studies, 53 (12), 2005 – 2028.

32. Tufail, M., Song, L., Umut, A., Ismailova, N., & Kuldasheva, Z.

(2022) . Does financial inclusion promote a green economic system? Evaluating the role of energy efficiency. Economic Research – Ekonomska Istraživanja, 1 –21.

33. United Nations Conference on Trade and Development. (2021) . Financial inclusion for development: Better access to financial services for women, the poor, and migrant work.

34. Wilson, D. R. , Haas, S. , van Gelder, S. , & Hitimana, R. (2022) . Digital financial services for health in support of universal health coverage: Qualitative programmatic case studies from Kenya and Rwanda.

35. World Bank Group, and People's Bank of China. (2018) . Toward universal financial inclusion in China: Models, challenges, and global lessons.

36. Zhou, A. (2015) . M – pawa 1 year on mobile banking perceptions, use in Tanzania.

18. 数字普惠金融与新兴市场的前进之路：实现可持续发展

18.1　导言

尽管数字技术取得了长足进步，提供金融服务方法不断创新，但全世界仍有近 1/3 的人无银行账户，即没有在金融机构或移动支付供应商开设银行账户（Kofman 和 Payne，2020；Mhlanga，2021）。虽然在高收入工业化经济体中，几乎人人拥有银行账户，但正如 Demirgüç - Kunt 等（2018）指出，新兴经济体的情况则大不相同，因为大多数无银行账户的人都居住在新兴经济体。印度等 7 个主要的增长经济体无银行账户人数占全球约 50%。Kofman 和 Payne（2021）认为，最贫困的家庭更有可能无银行账户，造成其无法获得正规银行服务，如收付款或购买保险。女性受到的影响更为严重，无论在发展中国家还是发达国家，女性都更有可能无银行账户。Kofman 和 Payne（2021）进一步指出，仅能以现金形式接收付款，或在某些情况下根本无法接收付款，是无法获得金融服务的根本原因。在发展中国家，只有 1/3 的男性缺乏正式身份证明，而女性却将近一半无正式身份证明，由此导致难以对女性的贡献以金融渠道发放合法薪酬。

Kelikume（2021）指出，数百万贫困者依赖于非正规经济部门。非正规经济部门是广泛而复杂的经济部门，常常是私营企业为主且资源效率低下的部门。充分了解非正规经济部门和数字普惠金融的关键作用，对促进经济公平增长和消除贫困至关重要。向低收入群体提供金融服务仍是一大难题，这是由于服务成本高，且维持小额资金的交易成本较高，在人烟稀少的地区提供金融服务具有挑战性。

Beck 和 Demirguç – Kunt（2008）的案例研究表明，非洲大多数在非正规经济部门工作的群体都没有获得正规金融服务。融资渠道受限是导致贫困和收入不平等的关键因素之一。通常银行业务有严格的文书登记要求，且维护费用昂贵。非洲超过 33% 的人为极端贫困群体，36% 为文盲群体。世界银行（2017）认为，对弱势群体而言，开立银行账户既困难又不方便，农村贫困者因为缺乏获得金融服务所需的资产而遭受金融排斥。

Kelikume（2021）持相反观点，认为随着非洲移动宽带网络的增长，可能会增加贫困者和弱势群体获得数字普惠金融服务的机会，并促进经济增长，消除贫困，非洲的贫困者和弱势群体能够以此获得广泛的金融服务，如 M – Pesa 等移动支付服务。若宽带网络等基础设施实现大范围覆盖，将使得弱势群体能够从事生产活动，特别是在非正规经济领域，促进消除贫困，改善整个非洲大陆公民的生活。因此，本章将重新审视数字普惠金融作用，讨论相关问题，分析各国政府，尤其是新兴市场国家政府的政策措施在提高数字普惠金融、推进可持续发展方面的有效性。第 7、第 8、第 9 章提供了有关数字普惠金融发展的背景，本章将就数字普惠金融如何提升消费者福利提出政策建议。

18.2 数字普惠金融发展

第 8 章提出了关于数字普惠金融的不同定义。世界银行（2022）将数字普惠金融定义为“利用具有成本收益的数字手段，以客户负担得起、服务供应商可持续的成本，为金融服务不足和被金融排斥的群体提供负责任的正规金融服务”。此外，Kofman 和 Payne（2021）认为，旧的金融服务运营模式已经发生了革命性变化。以数字技术为支撑的新金融产品、应用、流程和业务模式被称为数字普惠金融。数字普惠金融能够使个人和小微企业通过互联网或智能手机等移动设备与金融服务供应商建立联系，可以收付款、转账、贷款和投资。在发达经济体和新兴经济体中，现有机构和新的市场参与者都大量投资这些新数字技术，不断提高金融服务普及率和全球金融体系效率。

世界银行（2022）认为，由于数字普惠金融可能触达数十亿新客户，越来越多的银行和非银行机构已开始为被金融排斥和金融服务不足的群体提供数字金融服务，为已经接受正规金融服务的人提供更多的融资渠道。目前已有

80 多个国家推出了数字金融服务，其中部分国家随着广泛使用移动设备，数字金融服务已实现大规模普及。数以百万计未获得充分金融服务的贫困者正从单纯的“现金交易”转向正规的金融服务，使用手机或其他数字技术进行支付、转账、储蓄、贷款、保险，甚至获取证券服务。数字普惠金融服务迅速发展背后的另一个原因是越来越多新数字技术的出现。

Kofman 和 Payne（2021）报告称，金融消费者获取银行服务的方式发生了广泛而深刻的变化，由线下渠道转向了网上银行和移动银行。尽管中低收入国家移动支付和网上银行业务的扩张速度较慢，但 Kofman 和 Payne（2020）认为，其对未来的金融服务变革意义重大。国际货币基金组织（IMF）的“金融可及性调查”（2019）提供的获取和使用基本金融服务情况的全球数据库表明，在北美和欧洲发达国家，商业银行分支机构数量的下降可能成为导致国际商业银行分支机构数量扩张缓慢的重要原因，移动银行和网上银行正成为获取金融服务的新渠道。不仅高收入国家的移动银行和网上银行业务增长，而且撒哈拉以南非洲地区也具有庞大的移动支付用户群，已开始利用移动支付获得传统银行业务。

M – Shwari 账户可通过 M – Pesa 提供储蓄和贷款服务。非洲商业银行（CBA）和 Safaricom 在肯尼亚联合创建的 M – Shwari 账户就是典型案例（IMF，2019）。Machasio（2020）提出，M – Pesa 是肯尼亚于 2007 年推出的一项基于移动电话的转账服务，是数字普惠金融服务的典型成功案例，推动整个撒哈拉以南非洲地区广泛采用移动支付服务。移动支付服务现已成为支付商品和服务、工资、水电费以及政府现金转移的常用方式，对普惠金融发展作出了重大贡献。

Machasio（2020）认为，非洲移动支付账户占全球的近 46%，已成为全球最大的移动支付群体。根据世界银行（2017）的《全球普惠金融数据库报告》，个人银行账户或移动支付账户的覆盖率从 2011 年的 34% 上升到 2017 年的 43%；成年人移动支付账户覆盖率在 2014 年至 2017 年间几乎翻了一番，从 14% 上升至 21%。账户覆盖率和账户使用率的提高，对促进现金支付方式转为账户支付具有重大积极影响。数字化还提供了安全的支付方式，有助于降低犯罪率（World Bank，2022）。此外，数字支付更加透明。要充分利用数字金融服务，就必须制定金融消费者权益保护法律。世界银行在 2022 年指出，金融服务应适应弱势群体的金融需求，如首次用户、女性和低收入群体。

18.3 数字普惠金融的主要要素

在第7章的基础上，本章列出了数字普惠金融发展的主要要素。图18.1展示了数字普惠金融的主要构成要素，包括在线支付系统、设备、零售代理和其他数字普惠金融服务。

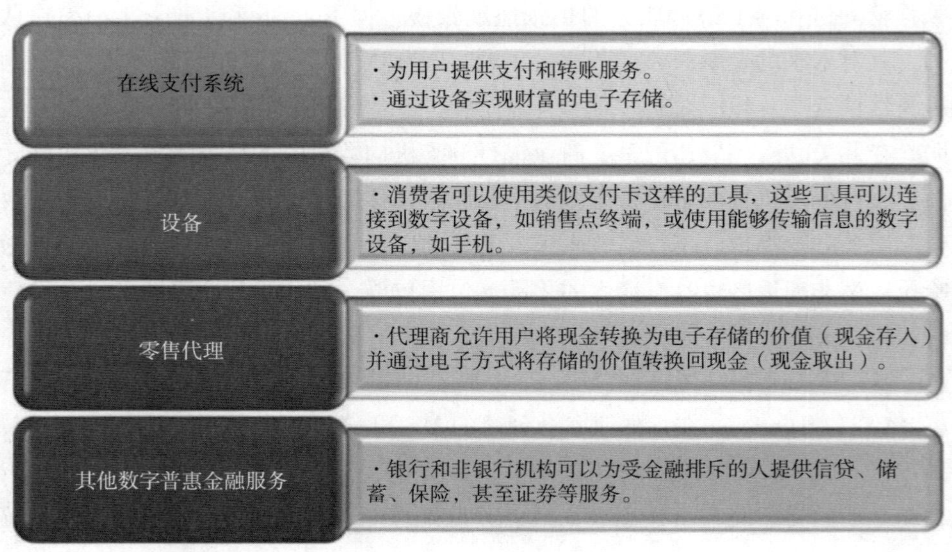

图18.1 数字普惠金融的主要构成要素

18.3.1 研究动态

全世界均关注通过数字手段实现普惠金融的问题。数字普惠金融对消除贫困、将更多人纳入正规金融体系，以及促进国民经济发展具有重要意义。Kelikume（2021）对普惠金融、非正规经济、移动技术和消除贫困之间的关系进行了研究，认为非正规经济部门发展与互联网的使用呈现显著正相关关系，而普惠金融发挥了显著作用。这意味着，普惠金融发展水平与非正规经济增长有关。

普惠金融发展能够促进消除贫困进程。移动电话普及率和互联网使用率对普惠金融发展、非正规经济增长和消除贫困发挥着重要作用。Cicchiello 等（2021）运用 2000—2019 年 42 个国家的年度数据，研究了亚洲和非洲最不发达国家的普惠金融指数与经济发展变量之间的关系；研究表明，经济增长促进了普惠金融，降低失业率和提升识字率是促进经济增长的关键；女性比男性更容易受到金融排斥。此外，Cicchiello 等（2021）发现，不平等会降低普惠金融水平，并对欠发达国家的发展产生不利影响。在欠发达国家，经济严重依赖农业，人们在就业时较少参与金融活动。这些国家经济严重依赖农业，生活在农村地区的人们在金融方面的融入程度较低。

Kouladoum 等（2022）研究了 2004—2019 年期间，撒哈拉以南非洲 43 个国家的普惠金融与数字技术之间的关系。通过固定和移动电话用户使用率、固定宽带、互联网用户以及数字化综合指标等信息和通信技术指标对数字技术进行评估，研究表明，数字技术对各个层面的普惠金融都发挥了推动作用。为评估数字技术对撒哈拉以南非洲地区普惠金融发展的影响，Kouladoum 等（2022）测度了普惠金融综合指标，研究显示，数字技术发展提升了撒哈拉以南非洲地区的普惠金融发展水平；金融知识普及在支持非洲金融稳定和普惠金融方面发挥了重要作用，因此应增加投入发展金融和技术基础设施以及增加人力资本。

根据 Khera 等（2022）的研究，数字技术在金融服务领域的应用一直不断增加。为分析数字技术对普惠金融的影响，Khera 等（2022）测度了包括 52 个新兴市场经济体和发展中国家的数字普惠金融指数。根据 Khera 等（2022）的研究，不同国家和地区的数字普惠金融服务存在显著差异，但非洲和亚洲的增长率最高。Khera 等（2022）认为，在新冠疫情期间，数字支付的使用速度增长更快；需要采取措施克服“数字鸿沟”，以持续推进普惠金融，并强化公众对数字普惠金融服务的信任。Bede Uzoma 等（2020）认为，应借助数字普惠金融平台推动普惠金融可持续增长，以实现消除贫困、饥饿、失业和减少不平等的可持续发展目标。Bede Uzoma 等（2020）研究表明，金融科技革命带来数字普惠金融发展，更多无银行账户和银行账户不足的人将被纳入正规的金融体系。

此外，Bede Uzoma 等（2020）发现，数字金融与普惠金融之间存在稳定的正相关关系。他们建议，撒哈拉以南非洲地区新兴经济体和发展中国家的货币当局应鼓励商业银行采用数字金融技术，安装更多的自动取款机，不鼓励在银行柜台上进行小额现金支付和提款。Shen 等（2021a，2021b）还提出，国家普惠金融倡议大多忽视了数字普惠金融的重要性，而集中于传统普惠金融服务。Shen 等（2021a，2021b）在 2017 年为 101 个国家创建了全面的数字普惠金融指数，指数在空间分布上呈现出较高的地域聚类特征和国民收入分组的聚类特征。Shen 等（2021a）的研究表明，数字技术不仅帮助提高了收入较高国家的普惠金融水平，而且也提升了低收入国家普惠金融水平。Shen 等（2021b）创建了可用于跨国比较的数字普惠金融评估系统，而且计算了数字普惠金融指数，评估了低收入国家的数字普惠金融水平。Shen 等（2021b）利用世界银行和国际货币基金组织（IMF）的数据，计算了数字普惠金融指数，并评估了 105 个国家的数字普惠金融水平，利用空间数据和工具分析了数字普惠金融与 86 个邻国经济增长之间的关系，发现了发展数字普惠金融对邻国经济增长具有空间溢出效应。Mhlanga（2020）研究了人工智能对人们获取数字普惠金融服务的影响，认为金融科技公司正在利用人工智能及其各种应用，以确保实现数字普惠金融目标，即确保低收入者、穷人、女性、青年和中小微企业参与主流金融市场。Mhlanga（2020）强调数字普惠金融正成为确保“金字塔”底层的人们获得金融服务的基础，包括低收入者、穷人、女性、青年和中小微企业等。Mhlanga（2020）认为人工智能在风险监控、管理、客户服务和服务台聊天机器人的可用性、欺诈检测和网络安全等金融服务领域对数字普惠金融发展产生了重大影响。Mhlanga（2020）总结道，政府、金融机构和非金融机构都应采用人工智能工具，并扩大其使用范围，因为这些工具的应用可以带来益处，以确保金融服务不充足的弱势群体能够以最低的成本参与正规金融市场，获得最大收益。

基于自回归分布滞后模型，Fernandes 等（2021）研究了 2011 年 1 月至 2019 年 9 月期间，数字金融服务对莫桑比克普惠金融发展的贡献。Fernandes 等（2021）利用莫桑比克的银行账户数量研究数字金融服务在普惠金融发展中的作用。第一个模型使用传统数字支付方式作为自变量，如通过自动取款机（ATM）、销售点（POS）的金融交易量，电子转账和数字货币的交易量，银行内外资金转账，直接借记以及国内和跨境汇款。第二个模型考虑了最前沿的数字支付方式，如网上银行、手机银行和数字货币等最前沿的数字支付方式。

Fernandes 等（2021）发现，除国内汇款、直接借记和网上银行交易（这 3 个因素的用户普及度最低）外，其余因素都有助于推动普惠金融发展。Fernandes 等（2021）研究表明，数字金融服务使金融服务不足的群体更容易获得和使用金融服务，对促进普惠金融发展发挥了作用。

18.3.2　非洲的发展前景

第 9 章为本节的分析奠定了基础。本节将讨论非洲数字普惠金融发展前景。国际金融公司（IFC）（2018）报告指出，由于数字普惠金融服务在非洲的引入和发展，现在大多数人可获得更多的正规金融服务。目前，非洲是全球发展数字普惠金融服务的政策措施最多的地区，在全球约 7 亿数字普惠金融个人用户中，非洲占一半以上（2018）。移动支付、代理银行业务为农村和城市地区提供了合理、可靠的支付、储蓄、贷款以及保险产品。2012—2016 年，国际金融公司（IFC）与 14 家非洲金融服务供应商合作，推动数字普惠金融服务的用户增加了 720 万，比基期增长了 250%；新增了 45000 家银行代理网点，每月交易额达 3 亿美元。可见，非洲的数字普惠金融发展前景非常广阔。

（1）年轻而充满活力的人口。据联合国经济和社会事务部的人口司预测，到 2050 年，世界人口第二大洲非洲的人口将达到 25 亿。非洲目前正处于前所未有的人口快速扩张阶段（United Nations，2019），非常适合进行数字化转型。根据 World Economic Forum（2022）的数据，非洲拥有世界上最年轻的人口，中位数年龄为 18 岁，大幅低于全球 31 岁的中位数，成为全球最年轻的地区。由于数字化解决方案更容易被年轻人接受，因此非洲具有进行彻底数字化转型的独特机遇。

根据 Shipalana（2019）的观点，企业将由人口结构变化产生的市场视为发挥创新的重要机会，因为他们现有的客户群可能正在减少。撒哈拉以南非洲的大学生人数从 1970 年的 40 万攀升至 2013 年的 720 万，青年识字率从 1990 年的 65% 上升到 2016 年的 75%（Darvas 等，2017）。Shipalana（2019）认为，随着识字率提高，数字化转型将帮助非洲打破其地理隔离，而在此过程中，政府、捐助者和商业部门进行数字扫盲是重要推手。

（2）数字普惠金融市场巨大。在普惠金融水平较低的非洲，尤其是在撒哈拉以南非洲，移动金融服务或支付有望成为传统银行业务之外的一种更经济实惠、更可扩展的替代方案。但是，Shipalana（2019）的研究表明，在非洲，除了 M - Pesa 之外，移动支付或数字金融服务的使用率并不高，部分原因是除肯尼亚以外的市场是否足够稳定尚不清楚。数据显示，撒哈拉以南非洲的 11 个国家超过 80% 的成年人仍使用现金支付账单，正如麦肯锡（McKinsey）报告所称，撒哈拉以南非洲的大部分地区仍在使用现金支付账单（Kendall 等，2013；Mhlanga，2022；Shipalana，2019；Mhlanga 和 Ndhlovu，2021）。IFC（2018）指出，在整个非洲，大量现金经常通过非官方途径转移。

Shipalana（2019）认为，对于移动支付等数字金融服务而言，这些大量现金交易意味着存在尚未开发的巨大市场。因为需要记录、清点、存储、安全运输，现金支付的成本很高，而通过数字技术方式进行这些交易会更简单、成本更低，这为非洲发展数字金融服务提供了机会。由于撒哈拉以南非洲地区 2/3 的成年人目前使用移动电话，进一步采用移动支付的主要障碍不是移动技术的短缺，而是需要进行立法，为在许多国家进行移动支付奠定法律基础（GSM，2016）。

世界银行称，许多监管机构正在为数字支付和汇款奠定良好监管基础，并允许非银行机构运营商提供数字普惠金融服务。新冠疫情推动了多个市场采用移动支付等数字普惠金融服务。非洲移动电话的使用率日益提高，虽然银行金融基础设施相对欠发达，但依然推动了移动金融服务激增。尽管该地区的金融科技投资价值很低，但还是促进了移动金融服务的爆炸式增长。移动技术有助于解决社会问题，如“数字鸿沟”和普惠金融方面，利用移动网络的力量，加快了普惠金融的数字化进程。世界银行 2017 年报告显示，在撒哈拉以南非洲地区，只有 35% 的人能够用上电，该地区的公路和铁路密度在新兴经济体中也最低。这成为数字金融发展的关键阻碍。因为智能手机等电子产品不仅需要网络接入，而且需要稳定的电力保障。因此，数字化转型将有助于新兴市场和非洲等发展中国家的经济发展，但需要其加快弥补其基础设施建设不足。

18.3.3 发展的政策措施

数字化成为所有创新项目的核心，因为数字化是经济发展的重要组成部分，在全球经济发展和制定经济发展战略过程中占据重要地位。政策制定者必须将推动数字化转型作为政策重点。现在，世界上 60% 以上的人口能够获得移动或数字金融服务，这为弱势群体提供了普惠金融机会（Eteris，2020；Makó 等，2019）。政策制定者必须制订完整计划，解决市场困难，降低金融消费者风险，以确保数字普惠金融可持续增长。这是因为新的金融产品、新界面、新供应商和新支付系统都会带来新挑战、独特风险和障碍。数字技术加速了数字普惠金融发展，提供了数字金融服务，增加了获得普惠金融的机会。但是，数字技术在全球范围内的发展并不均衡，对各国经济社会发展的影响也存在差异。

数字技术革命为个人带来了直接利益，如更加方便、快捷的通信和信息获取、免费的数字产品和新休闲活动。目前，人们强烈的社会归属感和全球社区感显著增强（Shipalana，2019）。世界银行报告称，尽管各国对数字化进行了大量投资，但与数字技术相关的发展优势仍然相对滞后，如更快的经济增长、更多的就业和更好的服务。为确保数字技术惠及每一个人，实现可持续发展，只依靠提高数字技术的使用率是不够的，世界各地的政府，尤其是新兴市场国家的政府，必须采取多项政策措施。各国政府应重点关注图 18.2 所列的 4 项重点政策措施，这是建立在第 9 章所述的促进普惠金融发展原则的基础上，以确保数字普惠金融服务在推动可持续发展方面取得更多成果。图 18.2 描述了各国政府，尤其是新兴经济体的政府，可从数字普惠金融中获得更多收益，以及采取的政策措施。为解决阻碍数字普惠金融服务发展的结构性问题，政策制定者必须改进监管、监督和市场行为。这些举措包括监管者应普及传统金融知识和数字金融知识，分析金融消费者和企业主使用数字金融服务面临的机遇与挑战，提供数字化发展的良好环境。

（1）普及传统金融知识和数字金融知识。监管机构应支持将数字普惠金融服务的金融教育内容纳入当前国家教育体系，向金融消费者和企业宣传传统金融知识和数字金融知识。金融扫盲又称金融教育，意为传授如何管理金融资源和使用金融产品和服务（Shipalana，2019）。金融教育通过培养弱势群体对购买和使用数字金融服务的信任，促进负责任的数字普惠金融发展。在新兴市场经济国家，受传统金融教育影响，贫困者和金融文盲不信任正规金融体系，迫切需要金融扫盲项目。金融教育对营造良好的金融消费者权益保护环境至关重要，并能帮助低收入群体建立对正规金融体系的信任。Ye 和 Kulathunga（2019）认为，金融知识是做出可持续金融决策的重要知识资源，但斯里兰卡的中小微企业的金融知识普遍不足，且并未受到足够重视。

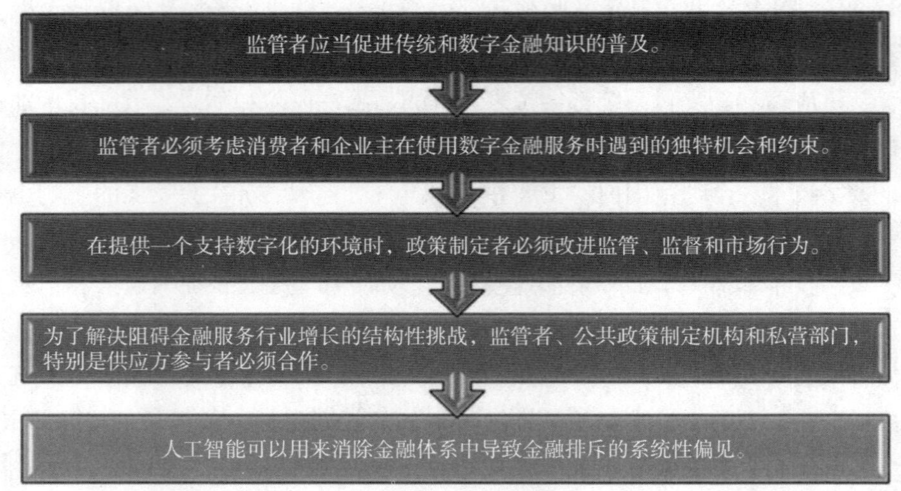

图 18.2　数字金融服务促进可持续发展的主要政策措施

根据 Ye 和 Kulathunga（2019）的数据，金融知识是获得融资和预测金融风险态度的重要因素，这些因素对可持续发展产生了直接有利影响，而金融风险态度和获得融资是金融知识与中小微企业的生存能力之间联系的中介因素。Mani（2022）认为，金融知识是作出明智的金融决策和实现金融目标所需的一系列认知、技能、知识、态度和行为，是解决金融排斥问题的一种方法。Mani（2022）研究了印度有关普及金融知识的政策、实践和证据；研究表明，在印度储备银行、其他监管机构和印度政府的努力下，金融扫盲中心（FLCs）正在帮助提高金融知识水平；其他监管机构和印度政府正在通过各种媒体开展金融知识普及活动，但这些活动需通过加大资金支持得以强化；将金融教育纳入高中和大学的课程，是利用数字普惠金融技术实现普惠金融长期发展目标的关键。

（2）考虑金融消费者和企业主独特的数字普惠金融需求。确保监管机构考虑到金融消费者和企业主在使用数字普惠金融服务时遇到的潜在和独特的困难。Shipalana（2019）认为，政府应与私营部门协调数据收集工作，以便更好地了解数字普惠金融服务对金融消费者和企业主发展的影响。Mhlanga（2020）认为，尽管数字创新，如人工智能的应用，可以显著提高普惠金融水平，但也给负责保护金融消费者权益的监管机构带来了新的困难。在快速发展和日益复杂的金融生态系统中，监管机构的任务是保护金融消费者权益。Mhlanga（2020）提到的障碍包括：数据质量问题以及在实施数字金融技术时需要承担的责任。监管机构还需解决人们的数字足迹所带来的数据不断扩大而产生的数据治理问题。数据治理问题包括如何获取、利用、保存和共享数据，需要监管机构之间进行协调（Malladi 等，2021；Mhlanga，2020；Nuryakin 等，2017）。

（3）营造数字化发展的良好环境。政府和其他当局必须改进监管规则、监督和市场行为，同时确保建立数字化发展的良好环境（Ayadihe Shaban，2020；Shipalana，2019）。鉴于监管在为数字金融供应商建立开放、公平的竞争环境，确保有效的市场行为和竞争，以及为银行和非银行市场参与者、移动网络运营商和其他市场参与者制定适当规则方面具有重要作用，Shipalana（2019）认为，监管问题和竞争行为是数字普惠金融领域最重要的政策问题。Mhlanga（2020）强调，新模式和新参与者的引入会给数字普惠金融服务带来风险，进而会对整个金融体系的稳定产生影响，因而监管机构必须妥善解决这一问题；同时，监管政策应具有足够的适应性，以应对市场、技术和商业模式的快速变化，并保证监管部门有足够的信心让企业承担风险并推动创新。此外，立法必须由兼具权力和知识的组织来实施，并考虑采取有用政策措施，以保障客户免受与特定金融服务相关的任何潜在风险的伤害（European Commission，2017；Shipalana，2019）。

（4）监管机构应与多方参与者通力合作。为解决阻碍中小微企业、女性和青年等群体金融服务增长的结构性挑战，监管机构、公共决策机构和私营部门，尤其是供应方参与者必须通力合作，因为为这些弱势群体提供金融服务的经济效益不佳，阻碍了资源和投资的投入。此外，这些用户群体缺乏金融知识，常常使解决方案无法满足金融需求。政府金融服务部门提供的解决方案没有吸引力，无法替代当前的非正规解决方案（Ayadi 和 Shaban，2020；Shipalana，2019）。在新冠疫情期间，社会规范和文化可能会对女性就业和收入产生巨大影响，而且女性的劳动参与率在新冠疫情发生前已经很低，因此在制定数字普惠金融支持政策时必须考虑性别因素。要做到这一点，可利用有针对性的贷款机制，这些机制可方便女性获得资金，并为女性拥有的企业提供贷款优惠条件（Ayadi 和 Shaban，2020；Shipalana，2019）。

（5）利用人工智能消除造成金融排斥的偏见。Mhlanga（2020）认为，关于如何确保“金字塔”底层的弱势群体获得金融服务的研究越发关注数字普惠金融。数字普惠金融的目标是确保低收入工人、穷人、女性、青年和小微企业都能参与正规金融市场。金融科技公司正利用人工智能及其各种应用来确保实现这一目标。根据 Mhlanga（2020）的研究，人工智能在以下领域对数字普惠金融产生了重大影响，如风险识别、风险监测和管理、解决信息不对称，通过聊天机器人提供客户支持和服务、欺诈检测和网络安全等方面，确保金融服务不充分的最弱势群体能够以最低障碍和最高回报参与正规金融市场。Mhlanga（2020）建议，世界各地的金融机构、非金融机构和政府应采用并扩大人工智能工具的应用和使用范围。此外，鼓励更多的人使用移动数字钱包也至关重要。政府的目标应该是实现社会支付数字化。这将增强人们对使用这些数字支付服务的信心，并鼓励习惯于用现金和支票支付员工工资的小微企业采用数字支付服务。与此同时，还应增加对邮局、自动取款机和银行分行的要求，以确保其使移动账户持有人能够提取现金。这些行动无疑将遏制非正规金融发展（Ayadi 和 Shaban，2020）。

18.4　小结

数字普惠金融是新兴产业，具有支持经济长期发展的潜力，不仅有助于推动普惠金融发展，而且能够促进经济发展和税收增长。此外，发展数字普惠金融对于解决受金融排斥群体，特别是女性金融服务至关重要。本章重点介绍了非洲数字普惠金融的构成要素，讨论了数字普惠金融发展面临的机遇与挑战。在非洲，金融服务用户、数字金融供应商、政府和经济部门都能从数字普惠金融发展中获益，但仍存在一些问题，如果得到解决，可能会使数字普惠金融更好地为个人、企业和政府服务。因此，本章最后概述了政府应采取的政策措施，以确保数字普惠金融能够更好地为个人、企业和政府服务，从而推动可持续发展。

参考文献

1. Ayadi, R. , & Shaban, M.（2020）. Digital Financial Inclusion：A Pillar of

Resilience amidst Covid – 19. EMEA policy paper.

2. Beck, T. , Demirgüç – Kunt, A. , & Maksimovic, V. (2008) . Financing patterns around the world: Are small firms different? Journal of Financial Economics, 89 (3), 467 – 487.

3. Bede Uzoma, A. , Omankhanlen, A. E. , Obindah, G. , Arewa, A. , & Okoye, L. U. (2020) . Digital finance as a mechanism for extending the boundaries of financial inclusion in sub – Saharan Africa: A general methods of moments approach. Cogent Arts & Humanities, 7 (1), 1788293.

4. Cicchiello, A. F. , Kazemikhasragh, A. , Monferrá, S. , & Girón, A. (2021) . Financial inclusion and development in the least developed countries in Asia and Africa. Journal of Innovation and Entrepreneurship, 10 (1), 1 – 13.

5. Darvas, P. , Gao, S. , Shen, Y. , & Bawany, B. (2017) . Sharing higher education's promise beyond the few in sub – Saharan Africa. World Bank Publications.

6. Demirgüç – Kunt, A. , Klapper, L. , Singer, D. , Ansar, S. , & Hess, J. (2018) . Opportunities for expanding financial inclusion through digital technology.

7. Eteris, E. (2020) . Sustainability and digitalization: Double strategy guidelines in national development. Acta Prosperitatis, 11, 42 – 56.

8. European Commission. (2017) . National Initiatives for Digitising Industry across the EU.

9. Fernandes, C. , Borges, M. R. , & Caiado, J. (2021) . The contribution of digital financial services to financial inclusion in Mozambique: An ARDL model approach. Applied Economics, 53 (3), 400 – 409.

10. GSM Association. (2016) . The Mobile Economy – Africa 2016. GSMA Annual Report.

11. International Finance Corporation. (2018) . Digital Access: The Future of Financial Inclusion in Africa.

12. International Monetary Fund (IMF) . (2019) . Financial access survey – 2019 trends and developments.

13. Kelikume, I. (2021) . Digital financial inclusion, informal economy and

poverty reduction in Africa. Journal of Enterprising Communities: People and Places in the Global Economy.

14. Kendall, J., Schiff, R., & Smadja, E. (2013). Sub – Saharan Africa: A major potential revenue opportunity for digital payments. SSRN 2298244.

15. Khera, P., Ng, S., Ogawa, S., & Sahay, R. (2022). Measuring digital financial inclusion in emerging market and developing economies: A new index. Asian Economic Policy Review.

16. Kofman, P., & Payne, C. (2021). Digital financial inclusion of women: An ethical appraisal. Handbook on ethics in finance (pp. 133 – 157).

17. Kouladoum, J. C., Wirajing, M. A. K., & Nchofoung, T. N. (2022). Digital technologies and financial inclusion in Sub – Saharan Africa. Telecommunications Policy, 102387.

18. Machasio, I. N. (2020). COVID – 19 and Digital Financial Inclusion in Africa.

19. Makó, C., Illéssy, M., & Heidrich, B. (2019). When will alpha and omega collide? In search of the theoretical relevance of EU innovation policies. Vezetéstudomány – Budapest Management Review, 50 (11), 66 – 73.

20. Malladi, C. M., Soni, R. K., & Srinivasan, S. (2021). Digital financial inclusion: Next frontiers—challenges and opportunities. CSI Transactions on ICT, 9 (2), 127 – 134.

21. Mani, M. (2022). Financial inclusion through financial literacy: Evidence, policies, and practices. International Journal of Social Ecology and Sustainable Development (IJSESD), 13 (1), 1 – 12.

22. Mhlanga, D. (2020). Industry 4.0 in finance: The impact of artificial intelligence (AI) on digital financial inclusion. International Journal of Financial Studies, 8 (3), 45.

23. Mhlanga, D. (2021). Financial inclusion in emerging economies: The application of machine learning and artificial intelligence in credit risk assessment. International Journal of Financial Studies, 9 (3), 39.

24. Mhlanga, D. (2022). COVID – 19 and digital financial inclusion: Poli-

cies and innovation that can accelerate financial inclusion in a post – COVID world through fintech. African Journal of Development Studies (formerly AFRIKA Journal of Politics, Economics and Society), 2022 (si2), 79 – 100.

25. Mhlanga, D., & Ndhlovu, E. (2021). Surrogate currency and its impact on the livelihoods of smallholder farmers: A Zimbabwean case. African Journal of Development Studies, 11 (4), 93.

26. Nuryakin, C., Sastiono, P., Maizar, F. A., Amin, P., Yunita, L., Puspita, N., & Tjen, C. (2017). Financial inclusion through digital financial services and branchless banking: Inclusiveness, challenges and opportunities. Lembaga Penyelidikan Ekonomi dan Masyarakat – Fakultas Ekonomi dan Bisnis, 1 – 10.

27. Shen, Y., Hu, W., & Hueng, C. J. (2021a). Digital financial inclusion and economic growth: A cross – country study. Procedia Computer Science, 187, 218 – 223.

28. Shen, Y., Hueng, C. J., & Hu, W. (2021b). Measurement and spillover effect of digital financial inclusion: A cross – country analysis. Applied Economics Letters, 28 (20), 1738 – 1743.

29. Shipalana, P. (2019). Digitising financial services: A tool for financial inclusion in South Africa?

30. United Nations. (2019). Population Division, "World population prospects 2019" Key Findings.

31. World Bank. (2022). Digital Financial Inclusion.

32. World Bank Group. (2017, April). Why we need to close the infrastructure gap in sub – Saharan Africa. Africa's Pulse.

33. World Economic Forum. (2022). Mapped: The median age of the population on every continent, February 2019.

34. Ye, J., & Kulathunga, K. M. M. C. B. (2019). How does financial literacy promote sustainability in SMEs? A Developing Country Perspective. Sustainability, 11 (10), 2990.

19. 结束语：在第四次工业革命背景下重新审视贫困理论

19.1 导言

由于金融与数字技术的融合，数字普惠金融这一重要的普惠金融发展范式应运而生，其主旨是让更多的人能够获得金融服务。近年来，金融服务获取渠道有所改善，这也是长期消除贫困战略的重要组成部分。数字技术在金融服务业的应用有所上升，但金融机构在增加穷人获得金融服务的机会方面仍有很多难点。因此，人们对数字普惠金融的能力寄予厚望，希望其能彻底改变金融服务行业（Ji 等，2021；Lai 等，2020）。

然而，在许多发展中国家，金融机构在向穷人提供金融服务方面存在困难。Wang 和 He（2020）认为，增加获得金融服务的机会是消除贫困最重要的措施之一。虽然金融机构积极开展了多项工作，但其中部分工作的结果不佳，如扩大农村地区的金融服务。

与此相反，Ahmad 等（2021）认为，当前数字普惠金融的迅猛发展，尤其是在新兴经济体的发展，极大地改善了金融产品的可用性和可得性，主要惠及那些以前在社会和经济上被排除在外的人，并对经济高增长产生了有利影响，尤其是仍处于发展中的经济体。根据 Ji 等（2021）的研究，数字技术给金融体系带来了重大变化，使以前无法获得正规金融服务的个人也能获得正规金融服务。

大数据和云计算正在缩小金融借贷行业中存在的信息鸿沟，使得以前无法获得贷款的家庭数量得以增加，也能更准确地反映金融消费者的信用状况（Ji 等，2021；Mhlanga，2020a，2021）。此外，数字技术规避了物理网点位置限制，解决了金融服务“最后一公里”问题，降低了金融服务的成本，扩大了金融服务的范围（Ji 等，2021）。移动技术和互联网正在部分行业中融合扩展，也为金融服务与数字技术的结合提供了有力支持。企业对企业（B2B）、点对点（P2P）和企业对消费者（B2C）等几种形式的数字普惠金融都取得了进步。除了向客户和个人提供高效的金融服务，数字普惠金融的内涵还可扩展至企业。数字普惠金融服务大大降低了交易成本。此外，对数字信息足迹的监控，有利于控制交易成本，以及更好监测贷款资金的流向（Mhlanga，2020a，2020b）。

19.2 数字普惠金融有助于消除贫困

数字普惠金融提高了金融服务效率，如供应链金融、小额贷款和租赁等金融服务效率（Ji 等，2021）。因此，小微企业面临的金融约束减轻，有利于其获得金融支持。农村居民现在可以获得资金支持，这有助于其更好地管理风险、增加消费，改善投资。数字技术促进了普惠金融的蓬勃发展。数字技术与金融服务的结合将加速普惠金融发展，提高对金融服务不足群体的包容性和金融服务的可及性，并消除城乡之间存在的金融服务差距（Aziz 和 Naima，2021；Kheh Naima，2021；Khera 等，2021；Mhlanga，2020a；Wang 和 He，2020）。尽管世界极端贫困者的比例从 1990 年的 36% 下降到 2010 年的 16%，进而下降到 2015 年的 10%，但世界仍难以摆脱极端贫困问题，即无法实现到 2030 年使生活在极端贫困中的人口比例低于 3% 的目标（Guterres，2019；World Bank，2019）。

尽管全球生活在极端贫困中的人数有所减少，但消除贫困的斗争依然任重道远，进展缓慢（Mhlanga，2020a，2020b）。到 2030 年，全球仍将有 6% 的人生活在极端贫困中。消除贫困的预期目标将无法实现（Guterres，2019；Mhlanga，2020b；World Bank，2019）。极端贫困作为一个根深蒂固的问题将持续存在，而且有时因暴力冲突和自然灾害的易发使实现消除极端贫困的预期目标更加困难。必须建立严格的社会安全机制，政府在基本服务方面投入大量资金，并为被排斥者提供更好的金融服务，极端贫困者才有可能摆脱极端贫困。因此，金融服务的数量和质量都需扩大（Mhlanga，2020b）。

撒哈拉以南非洲的极端贫困情况更为严重。Guterres（2019）指出，2018年，8%的家庭仍生活在极端贫困中，该地区的在业贫困者超过38%。南亚的极端贫困情况更为严重。Guterres（2019）发现，在南亚，8%的家庭仍然生活在极端贫困之中。根据世界银行数据，撒哈拉以南非洲地区仍然是极端贫困者最集中的地区。根据2019年的估计，尽管全球贫困率有所下降，但各地区间改善速度并不均衡，撒哈拉以南非洲仍然生活着占全球一半以上的极端贫困者（Mhlanga，2020b，2020c；World Bank，2019）。根据世界银行数据，世界上绝大多数极端贫困者都是务农、居住在农村地区的年轻人，且年龄在18岁以下。

若按照目前情况发展，到2030年，世界上超过90%的极端贫困者将出现在撒哈拉以南非洲地区（Mhlanga，2020c；Moffitt 等，2019；World Bank，2019）。世界银行指出，消除极端贫困仍有许多障碍需克服，如世界上许多国家经济增长缓慢（Moffitt 等，2019；World Bank，2019）。对此，Wang 和 He（2020）认为，数字普惠金融发展为推进数字金融创新带来了很多契机，数字普惠金融为金融服务不足和受排斥群体，以数字化获取和利用正规金融服务创造了条件。2007年在肯尼亚推出的 M－Pesa 是一项重大创新，其提出了点对点（P2P）移动支付。从那时起，世界各国都出现了成功的数字普惠金融商业模式。

除了通过移动网络供应商进行货币交易外，M－Pesa 主要用于存款。M－Pesa 最初在坦桑尼亚推出，随后扩展到阿富汗、南非、印度、罗马尼亚以及阿尔巴尼亚。M－Pesa 将当前世界面临的3个紧迫问题联系在一起，这些问题包括贫困［这是可持续发展目标1（SDG1）中确定的全球挑战之一］、第四次工业革命浪潮带来的机遇和风险、普惠金融和数字普惠金融。联合国资本发展基金会（UNCDF）认为，“普惠金融”涉及被列为17个可持续发展目标（SDGs）中的8个目标，并被确定为实现2030年可持续发展议程中其他发展目标的关键驱动因素。具体如下：可持续发展目标1（SDG1）的重点是消除贫困，可持续发展目标2（SDG2）的重点是消除饥饿，可持续发展目标3（SDG3）的重点是促进健康和福祉，可持续发展目标5（SDG5）侧重于实现性别平等和增强女性经济权能，可持续发展目标8（SDG8）侧重于促进经济增长和就业，可持续发展目标9（SDG9）侧重于协助工业、创新和基础设施，可持续发展目标10（SDG10）侧重于减少不平等。此外，可持续发展目标17

（SDG17）提出“改进执行手段”，隐含了通过发挥普惠金融作用，调动更多储蓄，推动投资和消费增长。

普惠金融具有促进国民经济增长以及实现更宏伟发展目标的潜力（Kelikume，2021；Lyons 等，2021；Mhlanga 等，2020；Polloni - Silva 等，2021；Wang 和 He，2020）。根据联合国资本发展基金会（UNCDF）在 2022 年进行的研究，仅使用数字金融就能造福数十亿人，促进包容性增长；在 10 年间，增加发展中国家的国内生产总值（GDP）3.7 万亿美元。联合国资本发展基金会（UNCDF）（2022）也提到肯尼亚移动支付服务 M - Pesa 的长期影响，该技术已成功改善了低收入女性和女性户主家庭成员的经济福利，并帮助了 194000 个家庭，以及全国 2% 的极端贫困者。

19.3　内容总结

联合国资本发展基金会（UNCDF）（2022）认为，发展普惠金融可以推动政府增加收入，调动国民储蓄以增加国内资源，支持金融体系和经济稳定发展。本书对目前普惠金融与消除贫困这一主题进行的学术讨论提出了质疑。本书与其他相关主题书籍的不同之处在于，其采用了独特的方法，将上述理念与第四次工业革命联系起来，就在第四次工业革命背景下推动数字普惠金融发展提供建议。

本书进一步探讨了普惠金融与消除贫困这一主题，并研究第四次工业革命如何推动数字普惠金融，及其如何帮助生活贫困者摆脱贫困。本书是对现有关于消除贫困、第四次工业革命和普惠金融服务等主题的研究成果的补充。“数字普惠金融”、“第四次工业革命”和“消除贫困”这 3 个词有什么共同之处？第四次工业革命为消除贫困带来了什么？本书探讨了几个重要问题，包括第四次工业革命将对消除贫困产生什么影响？数字普惠金融的潜在益处和挑战是什么？我们是否有研究案例可以证明数字普惠金融能够消除贫困？

正如第 1 章所述，本书的内容分为 5 个不同的主题。其中第一个部分是导论，主要介绍“第四次工业革命”和“普惠金融”的相关背景。

第二个部分是介绍传统的普惠金融理论。第 4 章至第 6 章讨论了第四次工业革命背景下的普惠金融理论。

第三个部分是重构普惠金融理论，从传统普惠金融向数字普惠金融转型，包括第 7 章分析第四次工业革命推动数字普惠金融转型，第 8 章研究通过数字普惠金融实现非正规金融体系向正规金融体系转型，第 9 章探讨数字普惠金融或金融科技的前景与挑战。

第四个部分是评估数字普惠金融的工具和影响，包括第 10 章第四次工业革命背景下的贫困问题导论、第 11 章普惠金融消除贫困的渠道、第 12 章数字技术在第四次工业革命中扮演的角色。第 13 章研究第四次工业革命背景下，从新古典理论视角探究普惠金融对消除贫困的影响；第 14 章探讨第四次工业革命背景下，从凯恩斯主义或自由主义视角看普惠金融对消除贫困的影响；第 15 章分析第四次工业革命背景下，普惠金融与激进主义贫困理论。

第五个部分是数字普惠金融案例研究，包括第 17 章发展中国家数字普惠金融成功案例、第 18 章数字金融普惠与新兴市场的未来之路：实现可持续发展，以及第 19 章结束语。

具体而言，第 2 章的主要目的是，阐明第四次工业革命与之前的工业革命的重要区别。通过分析所有工业革命的特点，阐明向第四次工业革命过渡是开始一场新的工业革命。为此，我们将前三次工业革命的特征与第四次工业革命的特征进行了比较。

第 3 章的目标是定义普惠金融，研究其含义，解释第四次工业革命的数字技术如何对普惠金融产生影响，重点讨论了前期研究成果对普惠金融的分析。

第 4 章概述了有关普惠金融的众多理论，包括受益人理论、供应代理理论和融资理论，并重点从第四次工业革命的角度讨论普惠金融的受益人理论。在谁应从数字普惠金融服务中获益的问题上，存在着各种相互冲突的假说和观点。该章讨论了第四次工业革命对受益人关于普惠金融含义的看法所产生的影响。

第 5 章从“供应代理理论”的角度，探讨了普惠金融主题。关于由谁来向公众提供普惠金融以实现其目标问题，存在着多种观点。本章最后一节讨论了第四次工业革命如何影响普惠金融的供应代理理论。

第 6 章讨论了关于普惠金融的各种观点，谁来资助为一个国家的人们提供普惠金融产生的相关成本。最后一节重点讨论了从资金角度看，第四次工业革命对普惠金融含义产生的影响。

第 7 章从第四次工业革命带来的创新角度，探讨了数字普惠金融的含义，全面讨论了数字普惠金融所使用的不同类型金融工具的构成，包括数字普惠金融的目的及其构成、提供数字金融服务的组织。

第 8 章主题是，数字普惠金融在促进个人从非正规金融体系向正规金融体系过渡方面所发挥的作用。

第 9 章研究众多利益相关者，尤其是企业和女性在获取数字普惠金融服务方面所面临的挑战。最后一节概述了促进实现数字普惠金融目标可能采取的政策措施。这些政策措施包括降低数字普惠金融服务成本、提高数字扫盲率、利用人工智能消除根深蒂固的系统性偏见。

第 10 章研究了第四次工业革命的影响如何体现在各种重要的贫困含义上，以及贫困的内涵是在第四次工业革命期间发生变化还是继续保持不变。本章还概括总结第四次工业革命背景下的弱势群体构成。

第 11 章讨论了数字普惠金融服务有助于减少或消除贫困的各种可能方式。为了明确数字普惠金融帮助消除贫困的多种方式，需要对相关研究成果进行全面评估。结论是，数字普惠金融与消除贫困之间具有显著关系。

第 12 章全面讨论了第四次工业革命及数字普惠金融与消除贫困之间的关系，及其对消除贫困的影响。本章主要目标是，从古典经济学的角度评估消除贫困的手段，以及第四次工业革命是否会对古典经济学提出的消除贫困理论产生影响。

第 13 章讨论了第四次工业革命和普惠金融对新古典经济学消除贫困理论产生的影响。

第 14 章尝试分析第四次工业革命背景下，普惠金融对凯恩斯主义消除贫困理论的影响，讨论了第四次工业革命以及普惠金融服务对消除贫困的影响。

第 15 章探讨了第四次工业革命发展对激进主义消除贫困理论的影响，重点是普惠金融对消除贫困的影响，最后一节讨论了普惠金融和第四次工业革命对贫困程度的影响。

第 16 章旨在研究贫困的各种非经济观点，并对这些观点进行总结和比较分析。其讨论了贫困的社会排斥、社会资本和心理学 3 个理论，及其与普惠金融服务和第四次工业革命的关系。

第 17 章讨论了发展中国家如何推动数字普惠金融成功发展。

第 18 章详细剖析了非洲数字普惠金融发展的诸多方面。通过分析非洲数字普惠金融成功案例，揭示数字普惠金融发展前景。结论部分提出了政府应采取的保障数字普惠金融推动实现可持续发展目标的政策措施。

第 19 章是本书的总结。

参考文献

1. Ahmad, M., Majeed, A., Khan, M. A., Sohaib, M., & Shehzad, K. (2021). Digital financial inclusion and economic growth: Provincial data analysis of China. China Economic Journal, 14 (3), 291 - 310.

2. Aziz, A., & Naima, U. (2021). Rethinking digital financial inclusion: Evidence from Bangladesh. Technology in Society, 64, 101509.

3. Guterres, A. (2019). Report of the secretary - general on SDG progress 2019: Special Edition (pp. 1 - 64). United Nations Publications.

4. Ji, X., Wang, K., Xu, H., & Li, M. (2021). Has digital financial inclusion narrowed the urban - rural income gap: The role of entrepreneurship in China? Sustainability, 13 (15), 82 - 92.

5. Kelikume, I. (2021). Digital financial inclusion, informal economy, and poverty reduction in Africa. Journal of Enterprising Communities: People and Places in the Global Economy.

6. Khera, P., Ng, M. S. Y., Ogawa, M. S., & Sahay, M. R. (2021). Is digital financial inclusion unlocking growth? International Monetary Fund.

7. Lai, J. T., Yan, I. K., Yi, X., & Zhang, H. (2020). Digital financial inclusion and consumption smoothing in China. China & World Economy, 28 (1), 64 - 93.

8. Mhlanga, D. (2020a). Financial inclusion and poverty reduction: Evidence from small - scale agricultural sector in Manicaland province of Zimbabwe (Doctoral dissertation, North - West University [South Africa]).

9. Mhlanga, D. (2020b). Industry 4.0 in finance: The impact of artificial intelligence (AI) on digital financial inclusion. International Journal of Financial

Studies, 8 (3), 45.

10. Mhlanga, D. (2020c). Artificial intelligence (AI) and poverty reduction in the fourth industrial revolution (4IR). Preprints, 2020c090362.

11. Mhlanga, D. (2021). Financial access and poverty reduction in agriculture: A case of households in Manicaland province, Zimbabwe. African Journal of Business and Economic Research, 16 (2), 73.

12. Mhlanga, D., Dunga, S. H., & Moloi, T. (2020). Financial inclusion and poverty alleviation among smallholder farmers in Zimbabwe. Eurasian Journal of Economics and Finance, 8 (3), 168 – 182.

13. Moffitt, R. A., Danziger, S. H., & Haveman, R. H. (2019). Understanding poverty. Industrial and Labor Relations Review, 57 (3), 469.

14. Polloni – Silva, E., da Costa, N., Moralles, H. F., & Sacomano Neto, M. (2021). Does financial inclusion diminish poverty and inequality? A panel data analysis for Latin American countries. Social Indicators Research, 158 (3), 889 – 925.

15. UN Capital Development Fund (UNCDF). (2022). Financial Inclusion and the SDGs.

16. Wang, X., & He, G. (2020). Digital financial inclusion and farmers, vulnerability to poverty: Evidence from rural China. Sustainability, 12 (4), 1668.

17. World Bank. (2019). Poverty overview.

本书索引

（页码为英文版）

A

D

F

G

M

N

O

P

R

S

T

U

V

W

Y